高速公路安全管理

（第2版）

王文武　李进保　著

人民交通出版社

北京

内 容 提 要

本书是高速公路安全管理方面的实用性图书。本书结合作者团队在高速公路安全管理方面的工作实践，对高速公路概念、安全管理、路政安全保障系统、安全行车特征、交通安全特性、交通事故发生机理与交通安全、交通安全管理对策及建议等主题内容作了比较全面、系统和准确的论述。

本书可作为高速公路运营管理部门、路政管理人员、公安交警、交通工程技术人员的培训学习用书，也可供大专院校师生学习参考。

图书在版编目(CIP)数据

高速公路安全管理／王文武，李进保著. —2版
. —北京：人民交通出版社股份有限公司, 2024.11
ISBN 978-7-114-19496-2

Ⅰ.①高…　Ⅱ.①王…②李…　Ⅲ.①高速公路-交通运输安全-安全管理-研究　Ⅳ.①U491.4

中国国家版本馆CIP数据核字(2024)第076799号

书　　名：高速公路安全管理(第2版)
著 作 者：王文武　李进保
责任编辑：郭晓旭
责任校对：赵媛媛　刘　璇
责任印制：刘高彤
出版发行：人民交通出版社
地　　址：(100011)北京市朝阳区安定门外外馆斜街3号
网　　址：http://www.ccpcl.com.cn
销售电话：(010)85285857
总 经 销：人民交通出版社发行部
经　　销：各地新华书店
印　　刷：北京虎彩文化传播有限公司
开　　本：787×1092　1/16
印　　张：16.75
字　　数：262千
版　　次：2001年3月　第1版
　　　　　2024年11月　第2版
印　　次：2024年11月　第2版　第1次印刷
书　　号：ISBN 978-7-114-19496-2
定　　价：78.00元

(有印刷、装订质量问题的图书，由本社负责调换)

前　言

高速公路的蓬勃发展，是历史前进的足迹，也是国家现代化程度的象征。进入21世纪以来，我国高速公路实现了快速发展，2022年底全国高速公路通车里程已达17.7万km，稳居世界第一位。高速公路运输已成为公路发展的必然趋势，为快速增长的国民经济带来了勃勃生机和巨大活力，为人们出行和物资交流提供了安全、高效、快速的服务。

然而，高速公路在为人们出行提供各种方便的同时，安全管理、控制协调方面的问题已引起了管理者的广泛关注。安全管理中的"隐形杀手"，正以前所未有的表现形式影响高速公路的安全，尤其是高速公路运营中安全管理不善、协调不平衡，往往会造成极为严重的后果。

在高速公路管理的实际工作中，高速公路运营管理部门与交通以及路政管理人员在使用高速公路相配套的交通工程设施方面，由于职责交叉等原因，没有最大程度地发挥高速公路交通安全设施的功能和作用。管理人员从各自部门的角度出发，对高速公路安全管理的协调配合的认识还处在磨合阶段，对因安全管理不善造成后果的严重性还缺乏较深刻的认识。面对高速公路不断出现的安全问题，需要认真思考、研究对策。多年来的工作实践，使我们从心底萌发了一个强烈的愿望：用我们有限的知识、工作实践，尽我们最大的努力，将高速公路安全管理的知识分享给大家，使每位业内人士都能认识到高速公路安全管理的重要性,从而最大限度地减少高速公路上的隐患。在此,希望《高速公路安全管理(第 2 版)》能给您一些启迪,并达到抛砖引玉的效果。

我国高速公路交通安全管理问题,是一个需要多部门、多学科密切协作,共同努力的系统工程,需要多方面的配合支持。《高速公路安全管理(第 2 版)》修订,认真吸取了国内外高速公路交通安全方面的研究成果,系统地归纳总结了近年来交通安全、运营管理的实践经验,着重突出技术性和方法论,力求体现高速公路安全管理主要内容的实用性及可操作性,使广大读者从中得到启示。

限于作者水平,书中内容难免有不足之处,敬请各位读者批评指正。

2022 年 5 月

目　　录

第一部分　概　　述

第一章　道路的起源 ……………………………………………………（ 6 ）

第二章　公路的分类 ……………………………………………………（ 8 ）

　第一节　我国公路的技术分类 ………………………………………（ 8 ）

　第二节　我国公路的行政分级 ………………………………………（10）

第二部分　高速公路安全管理

第三章　高速公路 ………………………………………………………（15）

　第一节　高速公路概述 ………………………………………………（15）

　第二节　高速公路的类型 ……………………………………………（19）

　第三节　高速公路运营管理 …………………………………………（20）

　第四节　高速公路立体交叉 …………………………………………（23）

第四章　高速公路交通安全管理 ………………………………………（29）

　第一节　高速公路交通安全管理概述 ………………………………（29）

　第二节　高速公路交通安全管理的内容 ……………………………（31）

　第三节　高速公路交通安全管理的方法 ……………………………（34）

　第四节　国外高速公路交通安全管理介绍 …………………………（35）

　第五节　高速公路的交通控制 ………………………………………（37）

　第六节　高速公路的交通监测与行车规定 …………………………（44）

　第七节　高速公路交通安全 …………………………………………（50）

第五章　高速公路路政安全保障系统 …………………………………………（60）
　第一节　高速公路路政管理概述 ……………………………………………（60）
　第二节　高速公路路产管理 …………………………………………………（67）
　第三节　高速公路路政巡查与事故处理程序 ………………………………（71）
　第四节　高速公路路政案件处理 ……………………………………………（77）
　第五节　高速公路路政、路产索赔案件现场图的测绘方法 ………………（89）
　第六节　高速公路超限运输、危险货物道路运输管理 ……………………（99）
　第七节　高速公路安全保障设施 …………………………………………（106）
　第八节　高速公路排障拯救系统 …………………………………………（111）

第六章　高速公路安全行车特征 ………………………………………………（116）
　第一节　进出高速公路的安全行车 ………………………………………（116）
　第二节　驾驶人视觉意识和车辆行驶特征 ………………………………（122）
　第三节　高速公路车辆故障与事故 ………………………………………（139）

第三部分　高速公路安全研究

第七章　我国高速公路交通安全特性 …………………………………………（155）
　第一节　我国高速公路交通安全概况 ……………………………………（155）
　第二节　我国高速公路交通事故的特点 …………………………………（157）
　第三节　高速公路安全研究方向——智能交通系统(ITS) ………………（159）

第八章　高速公路交通事故发生机理与交通安全 ……………………………（163）
　第一节　高速公路交通事故的主要特点 …………………………………（163）
　第二节　高速公路交通事故中人的因素 …………………………………（164）
　第三节　高速公路交通事故中车辆的因素 ………………………………（165）
　第四节　高速公路交通事故中道路条件因素 ……………………………（165）
　第五节　高速公路立交、桥梁、隧道与交通安全 ………………………（171）
　第六节　高速公路交通安全设施与交通安全 ……………………………（174）
　第七节　异常气候条件下高速公路的行车特性 …………………………（184）

第八节　高速公路大型运输车辆行驶与交通安全 …………………………（186）
第九章　高速公路交通安全管理对策及建议 ………………………………（193）
  第一节　我国高速公路交通工程建设及现状 ………………………………（193）
  第二节　高速公路交通工程建设建议 ………………………………………（196）
  第三节　高速公路交通监控系统的建立 ……………………………………（199）
  第四节　恶劣气候条件下高速公路交通事故的原因和交通管理措施 ……（206）
  第五节　高速公路救援工作的实施方法 ……………………………………（209）
  第六节　高速公路交通安全总体对策与措施 ………………………………（210）

附　录

附录一　美国高速公路管理概况及体会 ………………………………………（217）
附录二　相关政策依据 …………………………………………………………（225）
附录三　相关标准条款 …………………………………………………………（230）

参考文献 …………………………………………………………………………（257）

第一部分

概述

交通是指人们或人们借助某种运载手段,通过某种运动转移的方式,实现人或物空间位置移动的社会活动过程,即各种运输活动的总称。如果从广义上讲,交通还包括邮电和通信。

交通运输主要有铁路、公路、水路、空路、管道等基本方式。交通的先进与落后,不仅直接影响着人们的日常生活,而且还直接影响着一个地区乃至国家经济的发展。

衣食住行是人们生存必不可少的基本要素,也是社会进步和经济发展的基础保证,其中的"行"就是交通。随着世界各国经济发展的需要,尤其是高速公路的快速发展及大中城市经济振兴发展的需要,人类的交往活动越来越频繁、广泛。人们对"行"的要求即对交通的要求也越来越高:一是要快;二是求稳;三是方便,即解决交通运行的速度问题、安全问题和便利问题。

在现代交通运行中,由于现代交通工具和交通运行条件与社会交通需求的不平衡,交通问题显得更加突出。如飞机坠毁、船只沉没、火车出轨、汽车相撞等事故不断发生,严重危及人们的生命和财产安全,上述事故成为当今社会交通的主要灾难。为缓解这种矛盾,避免事故的发生,人们在实践中运用现代管理理论和技术,拟订了对交通安全管理的各项有效方案,使交通及安全管理得以显著改善和提高。其中,道路交通主要有以下特性:

第一,道路交通是以人、车、路为基本要素的统一系统。其中,人即指行人、驾乘车人员;车即各种机动车、非机动车;路指城市的街道、郊区或连接城乡的公路。人、车、路三者是具有各自特性而又有密切联系的一个整体。三者相互联系,相互作用,构成了完整的道路交通系统。

根据现代化道路交通理论的观点,交通环境应列入道路交通的基本构成要素。交通环境是指交通参与者的运动空间及其周围的建筑、设施、林木等人为或自然景观与废气、噪声以及各种交通现象所构成的静态与动态的环境。经实际调查分析,交通环境的优劣程度对道路交通的影响较大。

第二,道路交通是与其他系统有着密切联系的系统。社会是一个运转着的庞大母系统,而道路交通是其属下的子系统,并且与社会其他系统同步运转。如在一个城市内部,高速公路主骨架与连接城市的道路子系统有着密切的联系,而且同城市道路的子系统产生着同步和异步的运转效应和功能作用。

第三,道路交通是人们客观需要的一种社会活动。道路交通是社会生产、消费、交换、交往过程中所产生的一种社会活动。这种活动是人们日常生活和工作必不可少的。在目前现代化的城市中,由于社会化大生产带来的社会分工越来越细,人际协作和交往也越来越密切,人们在道路上的活动日趋频繁,道路交通成为一种社会的客观需求。

第四,道路交通是随着社会和经济的发展而发展的社会现象。道路交通是社会发展过程中所产生的一种客观现象,这种现象随着社会的发展不断地演变,从步行到马车再到今天的汽车,这个过程不仅表明人们对道路交通的追求意识和发展意识,也证明了道路交通是随着社会发展和经济发展而发展的客观存在的社会现象。

第五,道路交通的类型、特征主要决定于社会经济发展状况和人们的出行方式及交通习惯。我国目前的道路网络主要可划分为两部分:一部分是公路网络;另一部分是城市道路网络。从二者承受的运输量和运输方式上分析,城市道路网络交通量大而且比较复杂。

如果我们把全国的公路交通运行看作网络的大循环,把城市和乡镇的道路交通运行看作网络各联结点的内循环,试想一下,若内循环失控,不仅会使联结点脱节,还会导致联结点脱网,引起网络运行不畅和中断。可见,城市道路是与公路交通紧密联系在一起的大系统,每一个联结点的超负荷外溢,都有可能引起邻近节点及其相联结的网络产生失控现象,特别是在目前城乡交往和经济高度发展的时期,网络循环通畅显得非常重要。

高速公路的蓬勃发展,是经济发展的产物,也是现代化程度的象征。从第二次世界大战德国修建高速公路起,至今已有80多个国家和地区修建了近40万km的高速公路。以美国为例,其从20世纪40年代开始就规划和修建了庞大的高等级公路网。从世界各国总结60多年高速公路安全管理领域内成功与失败的经验看,高速公路安全管理是非常重要和迫切需要深入研究的课题。美国每年因高速公路交通拥挤、延误带来的经济损失已达数千亿美元。因此,他们不惜大量投入,不断完善管理技术和配套设施,提高决策及管理人员的水平,特别在安全管理的措施上尤为突出,从单运行到连线成网,管理技术由简单陈旧到复杂新颖,加上分工协作的体制,开辟了高速公路适应需要而不断发展的广阔前景。

高等级公路具有通过量大、快速安全、设备完善、运行舒适等优点,当然亦有修建费用高昂的特点。从慎之于始看,有规划决策的问题;从使用过后看,有安全管理的问题。鉴于上述特点,如果规划不周,带来的弊端会造成巨大的损失,给人民群众生命财产造成难以弥补的损失,严重影响经济效益和社会效益。

"要想富,先修路,修好路"——这一改革开放之初的背景已发展为:让更多公众享受高速公路的内涵和品质,实现公路出行从"走得了"到"走得好",再到"走得安全、舒畅"。改革开放40多年来,政通人和,万象更新。由于国民经济的不断发展和建设事业的飞速跃进,1988年我国大陆地区的高速公路开始有了零的突破。交通部于1989年初提出了修建国道主干线的号召并进行了初步规划。全国各地特别是沿海地区开放省市和特区,根据实际情况兴起了修建高速公路和高等级公路的热潮。30多年来,高速公路的建设规模随着国民经济的发展逐步扩大,建设地域已从沿海、平原等经济发达地区向内陆腹地、山区或较偏远的西北地区发展。高速公路作为地区经济动脉的作用已越来越被人们所认知。随着经济快速发展,高速公路的建设热潮正以不可阻挡之势在兴起,而高速公路的安全管理也已引起人们的重视和关注,这是因为高速公路的现代化设施亟须一套与之相适应的管理方式、管理体制及管理方法来充分发挥其功能。

高速公路安全管理是一个复杂的系统工程,需要多方面的配合与支持。为了系统地介绍高速公路安全管理的内容,以下将介绍道路的起源、公路的分类。

第一章 道路的起源

道路是自古至今人类为从事各项活动而在陆地上开辟或建设的通道。

道路是一个广泛的概念,各种形式的陆上通道,包括近100多年来行驶汽车或其他机动车而修建的公路,也包括当代全封闭、全立交的高速公路。我国的法律也给出了道路的定义。

历史长河中,道路的出现应同人类文明的出现相一致。

从古到今,道路的发展可以粗分为四个阶段。

第一阶段,供行人和牛马及其他家畜类行走、驮运货物的小径(Trail)阶段。在人类历史初年,远古祖先在艰难环境中求生存,常常辗转迁移,跋山涉水、披荆斩棘,人畜踩出小径(也称小路)以通行。

第二阶段,供畜力车辆和行人通行的大道(Cart Way)阶段。中国古代传说中,即有黄帝造车之说,《汉书·地理志》这样记载:"昔在黄帝,作舟车以济不通。"车的发明,现在没有确切的时间考证。中华民族将车广泛用于通行,至少不会晚于夏商时代,即距今4000年左右。

有车就有路。在尧舜时代,道路曾被称作"康衢"。到西周时期,人们就对路的等级作了划分,把可并行三辆马车的称作"路",把可并行两辆马车的称作"道",把仅通行一辆马车的称作"途",而把农村仅通行老牛车的支线称作"畛",如果不能通行畜力车,只供人行、骑马道行的小道,则称作"径"。

唐、宋、明、清各朝也十分重视道路交通,修建了通往我国边界少数民族地区的交通要道。例如,明朝时期修建的连接四川与云南、贵州的宽畅驿道,历史上称"龙场九驿"。清朝对道路网络进行了整顿,把驿路分为三等:一是"官马大路",由北京辐射四面八方,通向各省城;二是"大路",自省城通往地方的重要城市;三是"小路",指自大路或各地重要城市通往各市镇的支线。清朝的"官马大路"主要有东北路、东路、西路和中路四大干线,全长约4000华里[1](约2000km)。

---

[1] 1华里=0.5km。

第三阶段,行驶汽车的公路阶段。现代公路是随着汽车的发明和使用而兴起的。前述中外古代的道路,除极少量的木板路(美国)和石板路外,都是泥土路或砂石路,仅供行人、马车通行而已。汽车发明以后,道路建设也随之改革。由于汽车行驶速度快、载质量大,对路面、路基要求标准高,专为适合汽车行驶的现代公路也应运而生。

内燃机汽车是在1886年由德国人戈特利布·威廉·戴姆勒发明的。1902年,我国才从国外引进汽车,起初只在清朝宫廷和上海等大城市街道行驶。我国的第一条公路,是1906年由苏元春驻守广西时兴建的龙州到镇南关的公路。1913年,湖南兴建了长约50km的长沙到湘潭的公路。

截至2020年,世界公路总里程已超7000万km,可绕地球赤道1750圈,占各种运输方式运输网总长的2/3(综合运输网总长度3000多万公里)。其中,北美洲拥有公路网超800万km;欧洲超520万km,亚洲超650万km;南美洲超200万km;非洲超130万km,澳洲超100万km。

第四阶段,以高速度分层行驶的高速公路阶段。高速公路起源于20世纪30年代初德国为战争修建的快速路。

第二次世界大战之后,以美国为首的发达国家在20世纪50—70年代先后兴起了修建高速公路的高潮。2020年,世界上超过80多个国家有高速公路,据统计,到2020年底,全世界高速公路通车里程超40万km,中国高速公路里程最长,达到16万km,占比达世界高速公路总长的30%以上。美国第二,高速公路总里程11万km。俄罗斯以3万km位居第三。加拿大则位居第四,达到1.7万km。

与第三阶段的普通公路相比,高速公路最大的不同是高速公路为全立交、全封闭;而普通公路则是平面交叉、混合交通。高速公路的立体交叉最少是两层,在交叉路线更多、更加繁忙的交叉点,也有三层甚至四层立体交叉,可以保证不同方向车辆会车时同时行驶、互不影响,从而安全快捷、畅通无阻。

第二章 公路的分类

公路是适应汽车行驶需要产生的。以前行驶马车的道路并没有一定技术标准,而现代公路则复杂得多,必须有一定的技术规范和分类,与第二阶段的道路相比,现代公路有以下分类。

第一节 我国公路的技术分类

按照交通运输部颁发的《公路工程技术标准》(JTG B01—2014),我国公路划分为五个技术等级,表现每个等级主要特征的有定量的技术经济指标和定性的技术经济指标。其中,定量的技术经济指标有交通量、行车速度及规范的工程技术标准等;而定性的技术经济指标有使用任务和其他政治经济因素。

下面简要介绍其主要的定量指标。

1. 交通量

交通量是指单位时间内(每小时或昼夜)通过两地间某公路断面处来往的实际车辆数。在公路上行驶的车辆多种多样,归纳起来有小客车、载重车、半挂车、大客车、摩托车、拖拉机和非机动车(包括自行车和各种人力车、畜力车)等。不同的车型对公路的作用和影响(占路面面积、一定行驶速度时需留够的前后左右空间,以及对路面的摩擦力、压力和压强形成的破坏与磨损等)是不相同的。为了便于公路设计计算与管理,常以一种典型的车辆为标准单位,通过实验和测算,将其他车型根据其作用与影响的比较折算成典型车辆的标准单位,这样便于形成直观数量概念,有利于公路的设计与管理。交通运输部参照国际标准,对我国公路交通量折算单位规定为:高速公路与一级、二级、三级、四级公路以小客车为标准车辆单位,其他机动车辆折算成小客车进行计算。

2.行车速度

汽车在公路上行驶速度的快慢与以下几个因素有关:第一,与汽车自身的技术特性相关,如发动机的功率;第二,与驾驶人的技术操作水平有关;第三,也是非常重要的一个客观外界条件,就是与公路的技术标准有关,如路面的宽度、路面的质量等。当路线技术标准高(即平曲线半径大、视距良好、路基质量好、路面宽、纵坡较平缓)时,汽车能充分发挥其技术特性,可以较高的速度行驶。

这里的行车速度是指公路的设计计算行车速度,它是在保证行车安全的前提下,公路受限制部分(如弯道、视距、竖曲线等)所能允许汽车达到的最高行车速度。我国《公路技术标准》(JTG B01—2014)规定了各等级公路的计算行车速度,参见表2-1。

各等级公路计算行车速度　　　　　　　　　　　表2-1

公路等级	高速公路			一级公路		二级公路		三级公路		四级公路	
地形	平原微丘	重丘	山岭	平原微丘	山岭重丘	平原微丘	山岭重丘	平原微丘	山岭重丘	平原微丘	山岭重丘
行车道宽度(m)	2×7.5	2×7.5	2×7.5	2×7.0	2×7.5	2×7.0	3.5	3.5	3.5	3.25	3.25	3
计算行车速度(km/h)	120	100	80	60	80~100	60	60	40	40	30	30	20

3.公路分级

以交通量、计算行车速度等技术指标为依据,我国公路的技术分类为五个等级:高速公路,一级、二级、三级、四级公路。

(1)高速公路。有效行车道在4条以上,全封闭、全立交,能适应折合成小客车的年平均日设计交通量1.5万辆以上,具有特别重要的政治、经济意义,专供汽车分道高速行驶并全部控制出入的公路。

(2)一级公路。要求有4条有效行车道,能适应折合成小客车的年平均日设计交通量为1.5万辆以上,供汽车分道快速行驶并部分控制出入的公路。

(3)二级公路。一般至少有2条有效行车道,能适应汽车的年平均日设计交通量为5000~15000辆小客车。

(4)三级公路。为供汽车、非机动车交通混合行驶的双车道公路,三级公路的年平均日设计交通量宜为2000~6000辆小客车。

(5)四级公路。为供汽车、非机动车交通混合行驶的双车道公路或单车道公路,双车道四级公路年平均日交通量为2000辆小客车以下,单车道四级公路年平均日设计交通量宜在400辆小客车以下。

公路技术等级的选用,应根据交通量调查、预测交通量和公路网整体规划,从全局出发,结合公路的使用任务、性质综合确定。在公路设计时,我国规定高速公路、一级公路设计使用年限为15年;二级公路为12年;三级公路为10年;四级公路一般不超过8年,可根据具体情况适当缩短。

第二节　我国公路的行政分级

《中华人民共和国公路法》规定:"公路分为国家干线公路,省、自治区、直辖市干线公路,县公路,乡公路和专用公路五个行政等级。"这就是我国按照行政管理体制,根据公路所处的地理位置、公路在国民经济中的地位和作用以及公路交通运输的特点所做的公路行政分级。这种分级影响和决定了我国公路投资体制、公路建设与管理体制等一系列法规、制度的形成。总的来说,我国公路系统实行"统一领导、分级管理"的原则。

全国公路按照行政级别分为五个级别:国道、省道、县道、乡道和专用公路。

1.国道

国道即国家干线公路,是指具有全国性政治、经济意义的主要干线公路,包括重要的国际公路、国防公路,连接首都与各省、自治区首府和直辖市的公路,连接各大经济中心、港站枢纽、商品生产基地和战略要地的公路。它由中央政府统一规划,由各所在地省(自治区、直辖市)负责建设、管理和养护;维修养护的资金过去由养路费解决,费改税后由燃油税提供资金,大中型新建、改建项目以国家投资、其他集资、融资等方式解决。

2.省道

省道即省(自治区、直辖市)干线公路是指具有省(自治区、直辖市)政治、经济意义,以省会(首府、直辖市)为中心,连接省内重要城市、交通枢纽、主要经济区的干线公路,以及不属于国道的省际重要公路,它们是在中央政府划定国道后,由省(自治区、直辖市)交通运输主管部门对具有全省意义的干线公路加以规划,并负责建设、养护和改造的公路。

3.县道

县道即县公路,是指具有全县(旗、县级市)政治、经济意义,连接县城和县内主要乡(镇)、主要商品生产和集散地的公路,以及不属于国道、省道的县际间的公路。大部分县道由县政府自行负责规划、建设、养护及使用,少部分县道由省级政府规划、建设及养护。

4.乡道

乡道即乡公路,是直接或主要为乡、村内部经济、文化、行政服务的公路和乡、村与外部联系的公路。乡道要由县级政府统一规划,并由县、乡组织建设、养护、管理和使用。

5.专用公路

专用公路是专供或主要供某特定工厂、矿山、农场、林场、油田、电站、旅游区、军事要地等与外部连接的公路,它由专用部门或单位自行规划、建设、使用和维护。省专用公路的专用性质因故发生变化时,经专用部门或单位申请,省级政府公路主管部门批准,可以改划为省道或县道。

第二部分

高速公路安全管理

第三章　高速公路

随着公路建设的不断发展,高速公路逐渐地为人们所熟悉,汽车以100km/h以上的速度,从一个城市到达另一个城市。伴随着高速公路的建设发展,应用何种理论及手段去解决管理上一些结构性和体制上的矛盾,以充分发挥高速公路的功能,使之收到应有的社会及经济效益成为当前主要研究方向。从这个意义上讲,应认识、了解高速公路,并研究其安全管理的理论及方法。

第一节　高速公路概述

一、高速公路的定义

我国行业标准《公路工程技术标准》(JTG B01—2014)规定:高速公路是指供汽车分方向、分车道行驶,全部控制出入的多车道公路。

1962年11月,在日内瓦召开的联合国欧洲经济委员会运输部会议将高速公路定义为:所谓高速公路,是利用分隔的行车道,往返行驶交通的道路。它的两个行车道用中央分隔带分开,与其他任何铁路、公路不允许有平面交叉,禁止从路侧的任何地方直接进入公路,禁止汽车以外的任何交通工具出入。

从上述规定、解释或定义可以看出,高速公路一般具有以下特征:
(1)汽车专用,行驶速度高。
(2)道路设置中央分隔带。
(3)交叉路口全部立体交叉。
(4)道路沿线封闭,严格控制车辆进出。
国内外高速公路主要技术指标,参见表3-1。

国内外高速公路主要技术指标　　　　表 3-1

公路等级		高速公路					
计算速度(km/h)		120			100	80	60
车道数		8	6	4	4	4	4
行车道宽度(m)		2×15.0	2×11.25	2×7.5	2×7.5	2×7.5	2×7.0
路基宽度(m)	一般值	42.5	35.0	27.50或28.00	26.00	24.50	22.50
	变化值	40.5	33.0	25.50	24.50	23.00	20.00
极限最小半径(m)		650			400	250	125
停车视距(m)		210			160	110	75
最大纵坡(%)		3			4	5	5
车辆荷载	计算荷载	汽车—超20级					
	验算荷载	挂车—120					

注:本表仅为简单汇总,所列各项技术指标应按有关条文规定选用。

二、高速公路的特点

1. 高速公路实行交通限制,规定汽车专用

交通限制主要指对车辆和车速加以限制。高速公路规定,凡非机动车和由于车速低,可能形成危险和妨碍交通的车辆(包括机动脚踏车、拖拉机以及装载特殊货物的车辆等),均不得使用高速公路。为减少车速相差过大现象和超车次数,在高速公路上还对最高和最低车速加以限制。一般规定设计速度60km/h以下的车辆不得驶入,行驶车辆的最高车速不能超过120km/h。

2. 高速公路实行分隔行驶

这里的分隔行驶包括两个方面:一是在对向车道间设有中央分隔带,实行往返车道分离,从而避免对向碰撞。有关统计资料表明,有中央分隔带的四车道公路比没有中央分隔带的事故率要降低45%～65%。二是对于同一方向的车辆,至少设有两条行车道,并划分车道。对于行驶中需超车行驶的车辆,设有专门的超车道,以减少超车和同向车速差造成的干扰。同时还在一些特殊地点设置爬坡车道、加/减速车道等,使一些车辆在局部路段分离,如图3-1～图3-3所示。

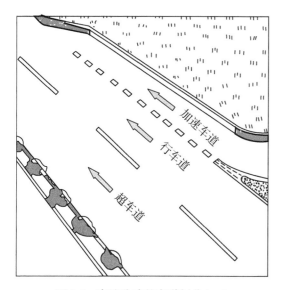

图 3-1　高速公路的车道划分(一)

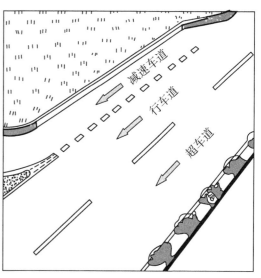

图 3-2　高速公路的车道划分(二)

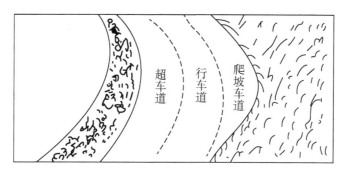

图 3-3　高速公路的车道划分(三)

3.高速公路沿线封闭、控制出入

用护栏和路栏在高速公路的沿线把高速公路与外界隔开,以控制车辆出入。所谓控制出入,从狭义上讲,有两个含义:第一,只准汽车在规定的一些出入口进出高速公路,不准任何单位或个人将道路接入高速公路。第二,在高速公路主线上不允许有平面交叉路口存在。

从广义上讲,控制出入还应包括另外两个含义:第一,只准符合高速公路行驶规定的汽车进入高速公路,其他车辆、行人和牲畜都不允许进入高速公路。《中华人民共和国道路交通安全法》规定:行人、非机动车、轻便摩托车、拖拉机、电动车、轮式专用机械车以及设计最大时速小于 70km 的机动车辆,不得进入高速公路。第二,不准高速公路沿线两侧的任何单位和个人产生的有害气体或光线等侵入高速公路,影响车辆正常运行。

这里所说的是"完全控制出入",其基本特点是完全排除横向干扰。但在人口稀少、横向干扰很小的地区,以及高速公路上交通量不大的路段,为节省投资,有的也在高速公路上设置少量的平面交叉,这就叫作"部分控制出入"。

4.高速公路设施完善

采用较高的线形标准和设置完善的交通安全与服务设施,从行车条件和技术上为安全、快速行车提供可靠的保证。

三、国外高速公路

目前,由于各国的发展建设情况不同,各国对高速公路的表述也各不相同。欧洲多数国家称为"汽车公路""汽车专用公路";德国、意大利、瑞典等称为"快速公路";美国早期称为"超级公路",后统一称"快速公路""自由公路";日本初期称为"自动车道",后改称"高速公路"。

1.美国

美国是高速公路运行最早、路网最发达的国家。从1944年美国制定国防和州际高速公路网的13年规划算起,到2020年美国已建成11万km高速公路,占全世界高速公路总里程的27%左右,最长的一条跨越东西北美大陆的高速公路是从纽约到洛杉矶的高速公路,全长4556km。美国发展高速公路的"黄金时代"是20世纪的60—70年代,20多年平均每年建成高速公路3000km。美国于20世纪70年代完成了州际高速公路网的建设,从20世纪80年代开始,重点转向对已建成高速公路网络的完善与改造,不再有大规模的建设任务。从1981年开始,美国联邦政府对州际高速公路的资助转向"4R"(Restoration、Resurfacing、Reconstruction、Relocation,即重修、重新、重建和重置)项目。1982年美国国会通过的《陆上运输资助法》规定用于州际高速公路的资助金额中,用于"4R"项目的不得少于40%。仅1987年,美国联邦政府对州际高速公路"4R"项目的资助金额已达31.5亿美元。

2.日本

日本的高速公路由道路公团建设和管理。日本政府在1956年4月制定了《道路公团法》,规定对高速公路进行收费。日本道路公团直接受其建设省的领导和监督,具有自主经营的权力和法人地位,受法律保护,道路公团总裁和监事由建设大臣任命。

道路公团下设建设局、管理局、试验所和研修所。建设局负责高速公路的规划和建设。管理局负责养护管理、交通管理和公路收费,管理局下设管理事务所,约50km设立一个,全权负责管辖范围内的运营管理工作。试验所进行高速公路各个方面的研究工作,解决建设技术和管理技术问题、负责开发新技术等。研修所主要是协助政府对其他国家培养研修人员及派出专家指导。

日本不仅汽车工业发达,高速公路也很发达。日本国土面积约37.8万km^2,截至2021年,高速公路总里程为7803km。现日本电子不停车收费(Electronic Toll Collection,ETC)技术已普及,沥青质量和护栏设计相对国内较完善。

3.意大利

意大利的高速公路分为收费和不收费两种类型,分别由不同的部门管理。不收费的高速公路由公共工程部管理,收费的高速公路由专门的开发公司建设,且由道路管理厅进行指导和监督。在管理上,公共工程部制定有关规则,专门的开发公司负责实施,交通警察负责执法。

截至2020年,意大利高速公路总里程超7000km,其中约6000km为收费类型。

第二节 高速公路的类型

高速公路的设置尚没有统一的形式,各国都是因地制宜,根据具体情况安排,如日本东京城市高速公路以高架结构为主。高速公路按其横断面结构可分为以下几种类型。

1.路堑式

路堑式高速公路与所有的相交道路都是下降式的公路,其下降深度为4~5m。这种类型的高速公路便于与各类相交道路修建立体交叉,其优点是造价低、噪声小。

2.高架式

高架结构的高速公路与地面交通没有干扰,但由于用地条件限制,往往只在跨越河道或大型铁路枢纽时才考虑采用,其缺点是造价高、噪声大、影响市容。

3.地平式

地平式高速公路一般适于平原地带,与其相交的道路从上面或下面通过,一般城乡间的高速公路多为此种类型。

4.组合式

在很多情况下,特别是在市区,为了适应城市建设规划及环境布局要求,高速公路常常是几种形式的组合,这种由不同类型路段组合而成的高速公路称为组合式。

此外,若从高速公路交通控制方式考虑,除了真正意义上的高速公路,还经常提到"准高速公路"问题。

由于一些地区受交通量及现有资金不足的影响,在设计上可按总体设计的要求,实行分期修建,即仅修建中央分隔带一侧道路,先建成一幅,待交通量增大、资金充足后,再修建另一幅,如京港澳高速公路河北段。单幅高速公路不能分隔往返双向交通、实现交通全部控制,因此,只能看作一种准高速公路。规划发展为高速公路的一级汽车专用公路,多为按高速公路标准修建的准高速公路,待时机成熟后,可扩建为标准化的高速公路。

第三节 高速公路运营管理

高速公路具有快速、便捷、舒适、安全、省油、减少机械磨损等优点而得到发展。但要真正发挥这些优点,必须有科学的现代化管理,不然,再好的工程、装备、设施,也发挥不了作用。

一、目的

(1)保证公路各种设施及附属构造物经常处于完好状态,从而为汽车运行提供快速、安全、舒适、畅通的使用功能。

(2)确保通行费收取,以便尽快偿还贷款,保证支付管理费及养护费。

(3)保护国有路产、路权,及时排除路障、救援、救急,保证路线畅通、安全。

(4)维护交通秩序,及时处置交通事故现场,防止交通阻塞。

(5)利用监控、通信系统,及时收集交通信息,指挥控制交通,使之达到安全、快速、舒适、高效的目的。

(6)为驾乘人员提供舒适、安全、方便、周到的服务。

二、内容

高速公路的运营管理本身构成一个管理系统。这个管理系统中的多个子系统密切联系、互相配合,共同完成运营管理工作。高速公路运营管理基本内容如图 3-4 所示。

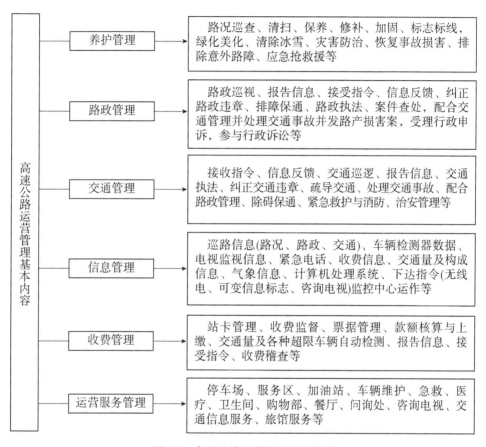

图 3-4　高速公路运营管理基本内容

1. 养护管理

养护和维修是保障高速公路在运营期内能否发挥和维持其功能的重要手段,是高速公路管理工作的重要组成部分。

2. 路政管理

路政管理是高速公路管理的重要组成部分,是公路主管部门及其授权的公路管理机构,依照国家有关法律、法规、规章,履行保护路产、维护路权和发展公路事业的行政管理的职能活动。

路政管理具有社会性、政策性和复杂性。为了做好路政管理,必须"管养结合,综合治理,预防为主,依法治路"。

3.交通管理

交通管理就是按照交通法规,运用各种手段、方法和设备,合理地限制和科学地组织、指挥交通,保障交通安全,处理交通事故。

4.信息管理

信息管理就是运用现代化的信号装置、通信设备、遥控遥测及计算机设备等对动态的交通进行准确的调度,使其安全通畅地运行。

5.收费管理

高速公路收费是一项非常重要的工作,是否收费、收费标准高低、是按一条高速公路单独计算还是高速公路全程的统一计算,取决于国家的经济政策及高速公路的管理制度。所谓收费管理,是对车辆征收公路通行费中各项活动过程及财务工作的各种要素进行决策、计划、组织、指挥、控制和激励活动的总称。

收费管理主要是收费政策的提出与制定、费率标准的测定、收费方式选择、收费站设置与人员配备、收费票证监制印刷、保管存储、发放使用、收款及收费上缴、票据稽核等,收费财务工作主要是记账、估算、报解、上缴、存储分配等,收费管理是完成收费工作开始至费用分配的全过程管理。

6.运营服务管理

服务区是高速公路的窗口。文明优质的服务,不仅可使驾乘人员满意、保证行车安全,还可以为高速公路管理增加服务中的有偿收入。

三、职责

高速公路管理职能是指管理主体在高速公路管理活动中承担的职责和功能,分为决策、计划、组织、协调和控制五个基本职能,这些基本职能体现在交通、路政、养护、收费、信息和运营服务的具体管理活动之中。

(1)决策。决策指为了达到特定目的,根据对当时具体情况和环境的分析,在所有可能的对策中作出的最优抉择。

(2)计划。根据已作出的决策,对上述六项管理活动的开展,提出具体的安排方案,制订实施的步骤、方法和措施,将计划指标落实到各个职能机构和具体工作环节。

(3)组织。根据计划安排,将高速公路管理活动的各要素及各管理环节,在时间和空间上合理地组织起来,使各要素有机结合、协调运行,保证高速公路管理目标的有序实现。

(4)协调。对不同管理主体进行规范、调节和信息沟通,以解决不同利益主体之间的矛盾或冲突,调整与实现整体管理目标不一致的管理行为。

(5)控制。科学、合理、适度地对高速公路管理活动的质与量进行调节和监控,使其与原定计划、程序和目标相一致,使所有管理主体都要围绕管理目标的实现展开工作,及时发现和纠正管理行为的偏差,保证高速公路运营管理优质、高效地运转。

第四节　高速公路立体交叉

高速公路与普通公路或其他高速公路相交时,全部采用立体交叉,消除了平面交叉路口的车流冲突点,因而大大提高了道路的通行能力,对保证车辆安全畅通有重要意义。气势宏伟的大型立交桥往往成为高速公路的标志。

驾驶人在高速公路行驶时,必须了解从哪个立体交叉口驶入和从哪个立体交叉口驶出,所以,对不同形式的立体交叉口应该有较为清楚的认识,否则对顺利驶入高速公路以及安全驶离高速公路不利,有时甚至会产生不良的后果。

一、高速公路立体交叉的作用及分类

高速公路立体交叉的形式很多,按照两条交叉道路是否相通,可分为分离式和互通式两大类,如图3-5所示。

分离式立体交叉的两条道路互不相通,相交道路上的车辆通过上跨在高速公路上的跨线桥或下穿高速公路的地下通道通行。分离式立体交叉由于两条道路互不相通,也就不存在机动车和驾驶人迷路的问题。

互通式立体交叉的两条(或两条以上)相交的道路可以互相出入。这种形式的立体交叉之所以被高速公路广泛地采用,主要是对改善交通来说有以下好处:

(1)消除了左转弯,相交道路进出自如,不致产生交通堵塞和冲突,提高了道路通行能力和行车安全性。

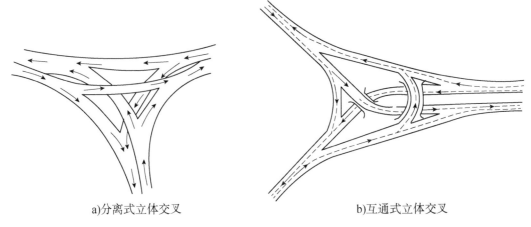

a)分离式立体交叉　　　　　　b)互通式立体交叉

图 3-5　分离式与互通式立体交叉

（2）经过交叉路口的车辆无须停车等候，缩短了行车时间，提高了车辆使用经济性和行车舒适性。

互通式立体交叉又分为全互通式和部分互通式两类。全互通式立体交叉是指无论从哪一方向驶来的车辆经过交叉口后，可驶往左向、直行、右向中任一方向的立体交叉；而部分互通式立体交叉往往是为降低造价或减少用地时采用的限制某方向出入的一种交叉形式。

互通式立体交叉也有其自身的不足之处。单就使用角度来说，主要是过分复杂的立体交叉容易使驾驶人迷路。根据交通的需要，交叉的道路，尤其是多条道路交叉时，如果每一条道路都要求实现以左、右两个方向转入其他道路，立体交叉的结构和层次就需要很复杂，这对初次使用该立体交叉桥的驾驶人说，很容易迷失方向。

二、高速公路立体交叉的基本组成

互通式立体交叉通常由跨线桥（或地道）、主线、出入口及加/减速车道等部分组成。图 3-6 所示为比较典型的高速公路立体交叉的基本组成。

1. 跨线桥（或地道）

跨线桥是立体交叉实现车流分离的立体构造物。跨线桥有上跨式和下穿式（地道）。

2. 主线

主线是两条相交道路的直行车道，它是组成立体交叉的主体。

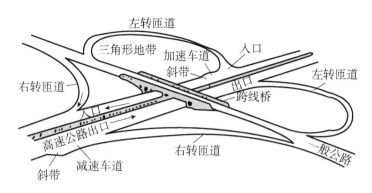

图 3-6　高速公路立体交叉的基本组成

3. 匝道

匝道是两条相交道路的连接通道,匝道主要供以左转弯或右转弯进入相交道路的车辆使用,分为左转匝道和右转匝道。

4. 出口和入口

由高速公路驶出进入匝道的路口称为高速公路出口;由匝道进入高速公路的路口称为高速公路的入口。

5. 加/减速车道

由于匝道有一定的坡度,与主线有一定的角度,因此,车辆在匝道上的行驶速度应比高速公路上低。车辆从匝道进入高速公路,或者从高速公路进入匝道前应改变车速。在高速公路进出口附近、主线右侧增设的专用于车辆进出变速用的附加车道称加/减速车道。入口端的加/减速车道称为加速车道,出口端的加/减速车道称为减速车道。

三、高速公路立体交叉的形式

立体交叉的常见形式有喇叭形、叶式、环形、部分苜蓿叶式、梨形和定向式六种。

1. 喇叭形立体交叉

喇叭形立体交叉常见的形式如图 3-7 所示。其共同特点是:均用一个内环匝道和一个外环匝道来实现车辆左转进入另一条道路,因此左转匝道为双向匝道。这种类型的立体交叉右转方向明确,视线好,匝道短,因此车辆右转非常容易。图 3-7b) 中甲方向车辆左转的方法是走内侧车道继续沿匝道前行即可,但图 3-7a) 中甲方向车辆沿匝道以实际的右转弯来实现左转的。图 3-7a) 中丙方向的左转车辆应走外侧车道,见出口即驶出,沿匝道转弯即可进入另一道路,但图 3-7b)中是以实际的右转弯实现左转,图 3-7a)中则以实际的左转弯达到左转。

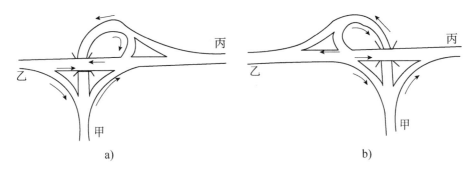

图 3-7 喇叭形立体交叉

2.叶式立体交叉

如图 3-8 所示,车辆右转同喇叭式一样,右转匝道短,方向明确,视线好。各方向左转匝道相互独立,均为单独车道,转弯半径小,绕行路线长,车辆左转均以实际的右转弯来达到。叶式立体交叉左转要领与喇叭形立体交叉相同。

3.环形立体交叉

如图 3-9 所示,各方向左转匝道共用一个环道,由交织路段形成。其特点是左转环形匝道半径大,车辆去往的方向与实际的转弯方向一致,方向明确,但环形匝道上的交织路段对行车速度和道路通行能力有不利影响。行车方法是:右转在注意瞭望的同时,走右侧出口即可;甲方向左转车辆应继续走内侧车道,驶到环形匝道的最外端后,应变换到外侧车道,继续沿车道前行;丙方向左转车辆,在确认本方向无右转后,从右侧出口驶出,达到环形匝道的最外端后,应变换到内侧车道,继续沿本车道前行即可。

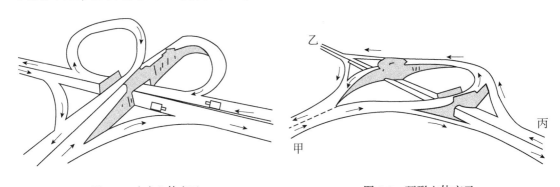

图 3-8 叶式立体交叉　　　　图 3-9 环形立体交叉

4.部分苜蓿叶式立体交叉

如图3-10所示,其特点是左转匝道相互立体交叉(有时平面交叉),左转方向明确,且车辆去往的方向同实际的转弯方向一致,行走容易。

5.梨形立体交叉

如图3-11a)所示,同部分苜蓿叶式立体交叉相似,但左转匝道和右转匝道不相

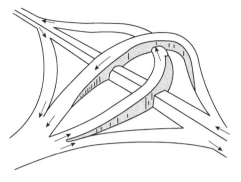

图3-10 部分苜蓿叶式立体交叉

交,左转方向明确,尤其丙方向的左转通过瞭望就可确认。有时,为减少占地,甲方向的右转匝道设于左转匝道的内侧,如图3-11b)所示,但右转匝道较短,驾驶人很容易辨认出内侧车道是同右转匝道相通的,所以不致使驾驶人走错。

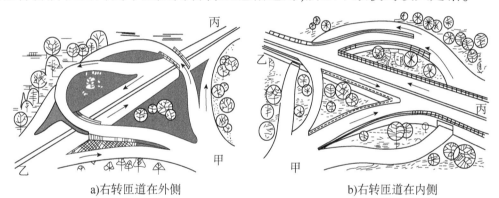

a)右转匝道在外侧   b)右转匝道在内侧

图3-11 梨形立体交叉

6.定向式立体交叉

定向式立体交叉如图3-12、图3-13所示。

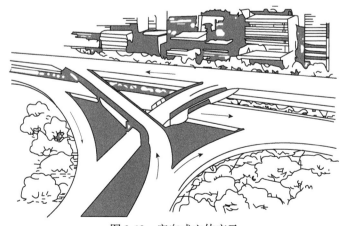

图3-12 定向式立体交叉

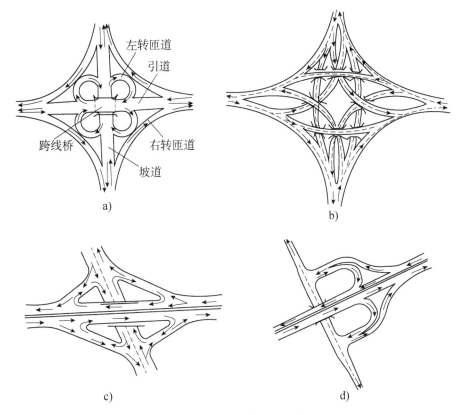

图3-13 几种立体交叉形式

总之,要正确地通过立体交叉,一是要放慢车速,二是要看清标志,三是要多观察匝道走向。通过高速公路立体交叉还要树立两个观念,一是左转可能先右转,二是右转可能走内侧。

第四章 高速公路交通安全管理

第一节 高速公路交通安全管理概述

交通安全管理是高速公路管理的主要内容之一。结合高速公路具体情况和特点,本节对高速公路交通安全管理的概念、管理内容、管理办法做简要介绍。

一、高速公路交通安全管理的概念

高速公路交通安全管理,是指政府通过制订和实施相关的政策法规,规范高速公路上的交通行为,维护高速公路的交通秩序,保障高速公路的交通安全和畅通的行政执法管理活动的总称。

国内外大量的实践已经证明,只有科学地应用高速公路上一系列现代化的管理系统,集中、统一、高效地进行交通安全管理,才能充分发挥高速公路快速、方便、舒适、安全、经济的效益。只有认识到高速公路行车速度高、通行能力大、设备完善,建立一套不同于一般公路的法规体系,成立集中、统一、高效的管理机构,进行现代化的交通安全管理,才能体现高速公路的特色,充分发挥高速公路作为现代化交通设施的巨大潜力。

二、高速公路交通安全管理的性质

高速公路交通安全管理既有行政管理的性质,又有技术管理的性质。

1.高速公路交通安全管理是一种专业化的行政管理

行政管理是管理的一种,它是指国家根据宪法和有关法律,通过行政机关对国家事务进行管理的组织活动,是国家行政权的运用和实施。高速公路交通安全管理是一种专业化的行政管理,它以人、车、路、环境为管理对象,以实现高速公路安全、畅通为目标,研究高速公路交通安全管理活动规律,探求有效提高管理效率的途径、方法,从而建立科学的高速公路交通安全管理体系,提高管理效能。

2. 高速公路交通安全管理是一种科技含量高的技术管理

高速公路交通安全管理的技术管理性质,包含两层含义:第一,是对与交通安全相关的技术性因素的管理。如对驾驶人培训质量的检查、车辆的技术检验、道路安全设施的技术监督与检查等。第二,是指高速公路交通安全管理具有技术密集型管理的特点。以监控、通信等系统为代表的信息跟踪系统体现了高速公路交通安全管理的智能化方向,它们是适应高速公路管理特点而产生的,同时,也是高速公路交通安全管理区别于普通公路交通安全管理的关键之一。

三、高速公路交通安全管理的特点

作为一门专业化的行政管理,高速公路交通安全管理除具有普通行政管理的一般规律外,还具有广泛性、全时性、复杂性、先进性等特点。

1. 广泛性

衣食住行是人类最基本的生活内容,"行"即交通。人类的生产和生活离不开交通,因此,高速公路交通安全管理涉及千家万户,与人民群众有着密切联系。另外,高速公路影响面广,与工业、农业、商业、邮电、通信、环保等部门有着千丝万缕的联系。综上,我们说高速公路交通安全管理具有广泛性。

2. 全时性

高速公路作为一个全封闭的系统,除特殊情况外,实行昼夜开放连续运营,因此,管理部门必须对高速公路实施全天候、全方位的交通安全管理,以便及时排除各种隐患,确保高速公路安全、高效地运行。

3. 复杂性

高速公路交通安全管理的复杂性主要表现在:一是高速公路交通安全管理涉及法律、法规、管理体制等诸多方面;它们之间相辅相成,存在着调整—适应—不适应—调整的动态协调过程;二是高速公路安全管理内容广泛,涉及面广,公安、交通等部门在工作职责上有交叉,各部门的法规和政策又不配套。因此,各部门之间也存在着复杂的协调、平衡和配合等问题。

4.先进性

高速公路作为一种先进运输生产力的代表,对安全管理提出了更高的要求。只有在先进的理论指导下,综合运用法规、现代管理科学以及先进的工程技术等一系列手段,协调系统内各管理要素的关系,使系统达到整体最优,才能适应新的运输生产力发展要求。

四、高速公路交通安全管理的意义

(1)有效的交通安全管理,能营造良好的高速公路交通秩序,既有利于收费任务的顺利完成,又有利于维护公路交通部门的良好形象,对公路交通的发展有着重要意义。

(2)有效的交通安全管理,使运输工具的效能得以充分发挥,高速公路的利用率得以提高,投资环境得到明显改善,对国家经济效益和社会效益的提高有着深远意义。

(3)高速公路交通安全管理通过各种有效措施,确保行车安全,最大限度地减少人员和财产损失,保障了国家和人民的合法权益。

(4)高速公路交通安全管理对打击犯罪、维护社会治安、保障物质文明和精神文明建设的顺利进行也有着重要的意义。

第二节 高速公路交通安全管理的内容

高速公路交通安全管理涉及面广,内容很多,概括起来,主要有以下几个方面。

一、交通安全教育

高速公路在我国仍处于建设发展阶段,广大交通参与者对高速公路管理还在探索完善阶段,对高速公路交通法规、通行规律还不甚熟知。充分利用报纸、广播、电视、电影、微信、报告会等多种宣传工具和形式,运用教育和培训等手段,普及使用高速公路的知识,提高广大交通参与者保护高速公路的法制观念和交通安全意识,是做好交通管理的基础工作和预防交通事故的有效措施,也是十分必要和迫切的任务。

二、法规建设

高速公路交通安全法规建设主要包括以下几方面内容：
（1）贯彻执行国家有关高速公路交通安全的法律、法规。
（2）依据国家有关法律、法规，制定配套的管理条例或规章，并监督其执行。
（3）不断研究新情况，总结新经验，对交通安全法规进行动态建设与完善。

三、车辆管理

高速公路交通安全管理的车辆管理主要包括以下内容。

1.车辆注册登记

公安机关车辆管理部门审查机动车的整车出厂合格证明，查验机动车，核对车辆识别代号拓印膜，制作机动车标准照片，并粘贴到机动车查验记录表上。

2.核发车辆号牌、证照

公安机关车辆管理部门审查《机动车注册、转移、注销登记转入申请表》、机动车所有人身份证明、机动车来历证明、合格证或者进口凭证、车辆购置税完税证明或者免税凭证、机动车交通事故责任强制保险凭证、车船税纳税或者免税证明、机动车查验记录表。符合规定的，录入登记信息，向机动车所有人出具受理凭证。确定机动车号牌号码。制作机动车号牌、机动车行驶证、机动车登记证书和机动车检验合格标志，交机动车所有人。

3.驾驶人的转籍登记

驾驶人因工作变化或其他原因，发生户口迁移的，应到两地公安机关车辆管理部门办理转籍手续。主要是通过计算机管理系统核查申请人信息、机动车驾驶证信息，以及不具有记满12分、逾期未审验、被扣押、扣留、暂扣、注销、吊销、撤销机动车驾驶证或者道路交通安全违法行为、交通事故未处理完毕的情形；核对机动车驾驶人姓名、年龄、照片等信息，确认申请人姓名、年龄、照片等信息与驾驶证登记的驾驶人信息相符的，予以办理，同时变更相关信息。

四、道路管理

1.道路及其安全设施的验收与管理

道路本身的构造(如线形、路面状况)对行车安全十分重要，此外，道路安全设施(包括交通标志、标线、护栏、分隔带、可变信息标志等)也是保障高速公路安全、畅通的重要设施。因此,高速公路的建设与修复必须符合安全要求。《中华人民共和国公路法》规定,公路建设和公路修复项目竣工之后,应当按照国家有关规定进行验收,未经验收或验收不合格的,不得交付使用。另外,还应对安全设施进行维修、管理,确保其有效地发挥作用。

2.保护路产

高速公路管理部门应依法检查、制止、处理各种侵占、破坏公路、公路用地及公路设施的行为,消除安全隐患。

五、维护高速公路交通秩序

1.纠正交通违章

在高速公路上,交通违章是随时都可能出现的交通安全隐患,往往也是交通事故的"导火索"。因此,依法及时、有效地纠正高速公路上的交通违章现象,是保障高速公路交通安全、畅通必不可少的一项基础性工作。

2.处理交通事故

交通安全管理部门在处理交通事故时,负有下列职责:

(1)接到报案后,立即派员赶赴现场。
(2)发挥快速、高效的交通事故紧急救援体系作用,抢救伤者和财产。
(3)勘查现场,收集证据。
(4)采取有效措施迅速恢复交通秩序。
(5)侦破交通肇事逃逸案件。
(6)认定交通事故责任的构成。

3.道路治安管理

高速公路上的治安秩序对交通秩序有着重要的影响,因此,对高速公路上发生的各类治安事件和刑事案件,要果断采取有效措施,及时予以打击,避免危害后果扩大。

4.交通污染管理

交通污染管理,包括对机动车车辆尾气排放和噪声污染的管理以及其他任何污染公路、危害交通环境的污染行为(如车辆装载货物滴漏腐蚀路面、利用高速公路边沟排放污物等)的管理。

第三节　高速公路交通安全管理的方法

高速公路交通安全管理方法指的是在高速公路交通安全管理活动中,为实现管理目标,保障行驶车辆快速、安全、舒适、畅通地通行所采取的工作方法。归纳起来,有以下四种。

一、教育方法

所谓高速公路交通安全管理的教育方法,是指通过普及高速公路交通安全知识,提高全民交通安全意识,从而保障高速公路安全畅通的管理方法。

许多驾驶人和群众对高速公路交通法规、安全行车常识了解不到位。提高广大群众的高速公路法制观念和交通安全意识,是预防交通事故的有效措施,也是一项基础性、全面性、长期性的工作。

二、行政方法

所谓行政方法,是指依靠高速公路交通安全管理机构的权威,运用命令、规定、指示、条例等行政手段,直接指挥被管理者的管理方法。

高速公路交通安全行政管理方法,主要是通过国家赋予的行政命令权、管理权以及处罚权来监督、检查、制约与高速公路交通安全发生关系的社会组织和个人。它是实现高速公路交通安全管理的一个重要方法,大多数交通安全管理活动是靠行政方法来完成的。

三、经济方法

所谓经济方法,是根据客观经济规律,运用各种经济手段,调节不同经济利益之间的关系,以实现高速公路交通安全管理目标的管理方法。经济方法也是高速公路交通安全管理的一个常用的方法。例如,对某些违反交通安全的行为,可以实施适当的罚款扣分等。

四、法律方法

所谓法律方法,是指通过各种法律、法规、规章的制定与执行,调整高速公路交通安全管理中所发生的各种社会关系,保证交通安全管理目标得以实现的管理方法。

高速公路交通安全管理,必须以法律、法规作保证,行政方法、经济方法都是通过立法的形式得以实现的。有了明确的法律规定,也就明确了安全管理的责任和界限,在具体的管理行为中,才能依法行政。

值得注意的是,高速公路交通安全管理的教育方法、行政方法、经济方法、法律方法是一个综合的方法体系,它们相辅相成、相互渗透,体现了交通安全管理科学化与法制化的统一。在实际工作中,切忌将四种方法割裂开来,而应将它们视为一个有机的整体,应用于交通安全管理实践,只有这样,才能真正实现高速公路交通安全管理目标。

第四节 国外高速公路交通安全管理介绍

为实现高速公路交通安全管理的总体目标,发达国家依法建立了公路部门、警察部门和其他有关部门分工合作的交通安全管理体制。虽然这种多家参与的体制中,各国的模式并不完全一致,部门的职责和权力划分也不是十分清晰,但就多数国家而言,其高速公路交通安全管理具有以下特点。

一、高速公路交通安全管理在公路交通部门的统一协调下进行

公路交通部门在交通安全管理中处于主导地位,发挥着主导作用,主要表现在:

(1)公路交通部门负责拟订交通安全管理的政策、标准和法规,并承担着大部分交通安全管理职责。如制订并推行交通安全计划、驾驶人管理培训、车辆检验、统计分析交通事故等。而交通警察的主要职责是配合公路交通部门加强安全管理、处理交通事故、维持交通秩序。从中可以看出,公路交通部门在交通安全管理中发挥着主导作用。

(2)在管理机构的设置上,一般都采取在公路交通部门设立交通安全管理

机构的办法,负责交通安全管理。如美国运输部设有联邦公路交通安全管理局。有些国家采用公路部门与警察部门联合负责的方式。如英国高速公路交通安全管理,由交通部的道路部门和警察部门共同执行。德国各州高速公路局下设的管理事务所与交通警察合作,处理高速公路上发生的紧急事件。美国20多个州还建立了公路巡逻队。有些国家则将部分职能交由高速公路所在地的警察部门执行,如日本、法国等。日本高速公路的交通安全管理由道路公团和警察部门分工合作进行,一旦发生交通事故,还有消防、医疗、汽车联合会及民间救援组织等参加处理。道路公团还设疏通管理队从事路上巡逻。法国在交通部门负责交通安全管理的前提下,由国防部下属的宪兵管理地方治安和道路交通、内务部下属的警察管理城市治安和道路交通。

大多数国家管理高速公路交通安全的公路部门与警察部门是各自归属其上级单位的,但也有共同归属一个管理部门的。如美国有些州的高速公路巡逻队就归州属的运输厅领导。

(3)从公路交通部门与警察部门在高速公路管理业务的主次关系上看,以公路交通部门为主导、有关部门参与的统一协调的交通安全管理体制是各国的普遍形式。有些国家交通警察受公路交通部门聘用,双方签订协议;有些国家则建立由公路交通部门、警察部门及其他有关部门共同保障交通安全的合作机制,交通警察接受公路交通部门的统一调度。

从各国高速公路交通安全管理的实践来看,以公路交通部门为主导、各部门参与的交通安全管理体制,对合理配置资源、提高管理效率、增强对紧急事件的快速反应能力起到了良好的效果。

二、交通安全管理体制的发展趋势是实现系统化管理

在交通服务需求不断提高、交通管理信息化程度不断加深的形势下,交通安全管理各部门之间的相互协调越来越重要。为进一步提高高速公路的运行效率和服务质量,更好地满足道路使用者的要求,发达国家正在研究和实施更加系统化的高速公路交通安全管理体制。其主要特征是在不同职能部门之间建立紧密的合作关系,并寻求不同部门在更高级交通安全管理系统中的相互融合。如1995—2010年,美国的一些州(如得克萨斯州和佛罗里达州)成立了由高速公路有关部门共同参加的高速公路交通管理工作组。工作组的目标是通过改善不同

机构和部门之间的交流、协调与合作,利用各单位现有的优势和资金,为道路使用者提供更好的服务,对以高速公路为主体的运输通道的交通实施更有效的管理。实践证明,这种不同部门的协作和相互配合,可以从技术上更好地满足高速公路交通安全管理的时间紧迫性和环境适应性的要求,并有利于各方面人力、物力和财力的综合优化。它反映了当前高速公路交通安全管理体制的发展趋势,即增强交通安全管理的整体性和系统性,从而全面提高工作效率和高速公路的服务水平。

以上是部分发达国家在高速公路交通安全管理实践中积累的一些宝贵经验,这些经验对我国建立现代化高速公路交通安全管理体制具有一定的借鉴意义。

第五节 高速公路的交通控制

一、高速公路交通控制系统的构成

高速公路的交通控制是保证车辆能高速运行的必要条件,若交通控制与高速公路不相适应,即使按高速公路标准进行建设,也无法达到预期的效果,甚至使交通事故频频发生,人民生命财产受到严重损失。如美国洛杉矶的市区高速公路,经常保持250万辆轿车的日交通量,由于交通控制问题未能妥善解决,约50万辆车行驶速度须降至80km/h以下,平均每日每车误时2min,据各项数据推算,每年因误时产生的损失可达8000万美元。

由于每个国家的国情不同,高速公路的重要程度及功能不同,高速公路的管理体制不可能采用相同的模式,但从交通控制系统构成看,每条高速公路不管控制方法、手段、设备是否先进、完善,其控制系统组成基本相同。图4-1所示为典型的交通控制系统组成,包括中央控制室、信息收集系统、信息提供系统和通信系统四部分。

1. 中央控制室

中央控制室是进行交通管理控制的核心部分,它对终端设备收集来的信息进行加工处理,然后再向终端设备发出工作指令,以实现交通控制的目的,其相当于整个系统的总指挥部,主要由计算机、交通状况监测装置等组成。中央控制室是高速公路系统的重要设施,其目标为:监视高速公路上的交通状况,收集并处理交通信息,及时发现可能引起高速公路交通拥堵的问题,采取适当的措施控制和诱导交通流,以减少高速公路上的交通拥挤,保证交通安全,达到最合理利用高速公路通行能力的目的。

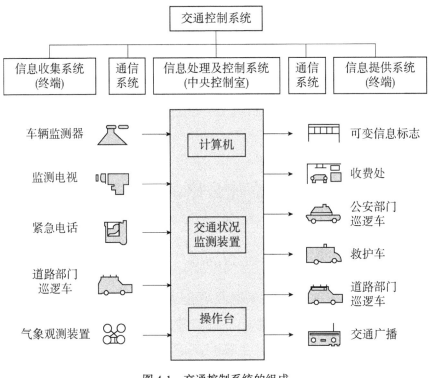

图 4-1 交通控制系统的组成

2.信息收集系统

各种交通信息、道路信息、气象信息是中央控制室进行交通控制的依据和基础,信息收集系统即通过车辆监测器、监控电视、紧急电话、巡逻车及气象观测装置等,提供高速公路各有关信息。信息的内容和数量将直接反映高速公路交通控制与管理的水平。

3.信息提供系统

交通控制的最终目的是为汽车用户服务,服务的方式便是向驾驶人提供交通信息、发出指令,促使驾驶人采取合理的行车方式或路线,节约时间,降低成本,提高运输效益。同时,也可为驾驶人提供多种行车方式及路线,使道路交通流量均匀分布,提高道路利用率,增加社会效益。驾驶人从信息提供系统中获取信息的主要方式、方法如图 4-2 所示。

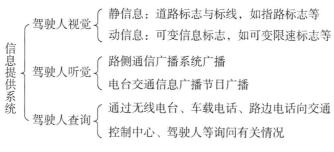

图 4-2 信息提供系统的组成

4.通信系统

在中央控制系统与信息收集、提供系统终端之间,借助通信系统进行联系。常见的通信方式有电话通信、数据通信和图像通信,其中电话通信是最主要的工具。当车辆发生事故、出现故障等,都可以通过设在道路两侧的紧急电话与中央控制系统取得联系,请求指示或救援等。

二、高速公路交通监控系统的功能

高速公路交通监控系统(图 4-3)应能够监视、处理和诱导交通流,它的具体功能为:

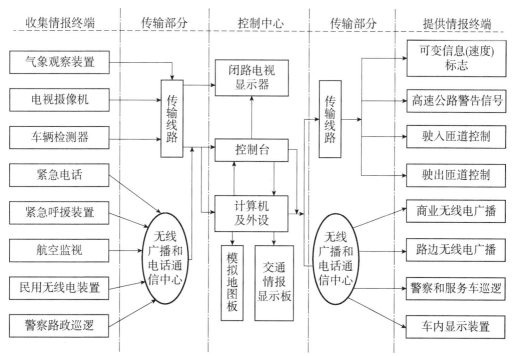

图 4-3 高速公路交通监控系统

(1)监视和处理由检测器与信息收集系统提供的高速公路交通状况。
(2)通过闭路电视、监控录像等设备确认监控路段的交通状况。
(3)利用设在高速公路关键位置的可变信息标志,控制和诱导交通流。
(4)接收并处理由巡逻车及紧急电话提示的交通信息。
(5)在紧急情况下,利用通信设备指挥和调度高速公路管理人员及交通。

随着现代监测、控制、通信技术的不断发展,交通控制系统将为驾驶人提供更完善的服务,驾驶人行车中特别应时刻注意信息提供系统中的信息变化情况,掌握利用这些信息的方法,以作出正确的行车选择。

三、高速公路交通控制的方式

根据交通流理论,当高速公路的交通量超过道路的容量时,就会发生交通拥堵。人们将交通需求超过容量的那一段高速公路称为瓶颈。瓶颈的出现可以是由于交通需求超出容量,或者是由于容量下降到低于需求水平。高速公路的交通拥堵是控制系统要解决的主要问题,高速公路的瓶颈交通拥堵现象可以通过交通量密度及速度这些参数及它们之间的关系来描述。图4-4所示为交通量与交通密度之间的关系曲线。

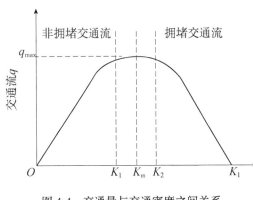

图4-4 交通量与交通密度之间关系

高速公路一旦发生阻塞和事故,处理情况比较复杂,耽误的时间也比较长。因此,在正常情况下,控制的目的是预防自然阻塞,在紧急情况下,则是以解除阻塞作为目标。对高速公路的交通控制,一般采取控制车辆驶入、驶出及限制行驶速度等措施,常见的控制方式有进口匝道控制、主线交通控制和通道控制等。

1.进口匝道控制

一般的道路交通控制是以平面交叉路口的信号控制为主要内容,而高速公路则是以匝道处的交通控制为中心内容。匝道是指连接互通式立体交叉道路或不同高度道路而设置的联络道路,它是进出高速公路的唯一通道。因此,从匝道进入高速公路的交通量,必须保持较佳的车速、车流密度和行车间距。低于一定车速,就容易造成时快时慢、时停时行的不稳定车流,延长运行时间,并容易导致交通事故。控制出入口可以保持车速、密度在一定交通量上的最佳组合。

控制高速公路匝道上的交通流,主要通过设置在匝道上和邻近道路系统上的车辆监测器,将整个立体交叉系统车辆的运行情况传送到交通控制中心,由计算机决定不同方向路口的开放与关闭,同时,对整个系统的出入口发出信号,指示车辆按指定方向运行。常见控制进口方法有以下几种:

(1)完全封闭。收费高速公路可以采取关闭收费站的办法,不收费的高速公路可采用人工设置障碍的办法,如设置栅栏、采用自动上升台阶式路障、设置信号灯或可变信息标志等,阻挡或指示车辆,禁止驶入干道。

(2)定周期封闭。与城市道路信号控制一样,在入口匝道上利用信号灯周期地变换信号,控制车辆驶入,调节干道上的交通量不超过通行能力。

(3)感应式封闭。与定周期不同的是,利用在各个入口公路或干道上设置的车辆监测器,掌握要进入高速公路的交通量、干道上行车速度和道路占有率,由交通控制中心进行数据处理,决定是否关闭入口。

2.主线交通控制

所谓主线交通控制,就是在高速公路主线上采用交通管控设施、交通警告及诱导等方式协调、稳定主线交通流,以此保证高速公路主线的交通运行安全并提高其利用率。

主线控制主要用于以下几个方面:

(1)当高速公路交通流量接近道路的通行能力时,通过对主线交通流最佳参数的控制,保证交通流的均匀性与稳定性,预防瓶颈段出现,以减少交通阻塞与事故。

(2)根据高速公路上交通流方向分布的特点,通过调整不同方向上的车道数量,实现换向交通,即允许交通流大的方向使用逆向车道,满足不同方向上交通流对道路的需要,提高高速公路的利用率。

(3)当高速公路上发生紧急交通事故或交通拥堵时,通过实施主线控制,可将高速公路上的交通流量转移到其他替换道路上去,使高速公路迅速从拥堵状态恢复到正常状态。

主线控制的作用是使车速均匀一致,提高瓶颈部位的通行能力,防止追尾事故的发生;在道路通行能力因车辆事故或故障而下降时,可提高干道使用率。

常用的控制技术有以下几种：

(1)驾驶人信息系统。驾驶人信息系统向驾驶人提供需通行的高速公路交通实时情况,如交通阻塞发生的地点、阻塞可能持续的时间、可供选择的其他路线及出口控制等,目的是提醒通行路段存在潜在危险,促使驾驶人在干道上以及邻近路网上合理地重新选择行车路线。驾驶人信息系统主要靠可变信息标志、路边广播、商业电台等手段提供交通信息。

(2)可变速度标志系统。可变速度标志系统的原理是使车速维持在某一最佳值,以使通行能力最大,但仅适用于车流稳定时,即流量不超过通行能力,否则,可变速度控制只能推迟阻塞的到来,而不能防止其出现。一般,该系统应与进口匝道控制配合使用,才能发挥最大效益,常通过可变信息标志和可变车速限制标志来实现。

可变信息标志主要用于向驾驶人提供多种实时交通情报,这些交通情报主要包括交通状况(如交通拥堵程度、地点及时间等)、路线(当匝道关闭后可供利用的路线)及影响车辆正常行驶的天气与环境状况等。所提供的这些情报是为了增加每个驾驶人的行车安全意识和舒适感并保证高速公路交通运行总的安全与效率。

可变信息标志的信息是由高速公路控制中心计算机提供,同时系统提供一套显示信息的选择标准,为每块信息标志提供应该显示的信息。信息选择标准中还包括一个优先系统,为各类信息分配优先权。这样在任意时刻,如果对同一信息标志来说,同时有两个以上交通信息需要显示,则系统将选择优先权最高的信息。

可变信息标志沿高速公路布设,在某些条件下也可由人工根据眼睛观察定性进行控制,但绝大部分还是在电子监视和定量分析的基础上由计算机控制。可变信息标志由微处理器进行控制,该微处理器一般安装在路边缘处的控制箱内,并通过通信网络与控制中心计算机相连接。可变信息标志的显示和关闭、显示的内容以及可变信息标志的工作状态监视等,均由控制中心控制,如图4-5所示。

单一的可变信息标志在我国公路交通管理上已有很久的历史,如各种指示、警告标志等。随着我国高等级公路事业的发展及电子技术与计算机技术的普及应用,可变信息标志系统的应用也越来越广泛。各条高速公路上安装多处可变信息标志,采用点矩阵排列显示交通控制信息,点矩阵的每个单元采用光纤或磁翻转板技术进行信息变换。

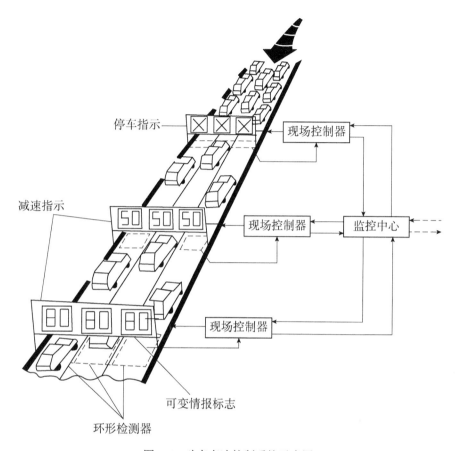

图 4-5 动态车速控制系统示意图

（3）车道控制系统。车道控制包括关闭车道和逆向使用车道。关闭车道用于下游阻塞时,通过减少下行量、减轻阻塞并为下游进入车辆提供可能,关闭车道通常与限速控制同时采用。

在上下行交通方向上明显不平衡的场合,可以通过设置逆向行驶车道来提高通行能力,但应使逆向行驶具有定时性和规律性,以避免误入。

3.通道控制

通道控制是以高速干道为主体,将匝道及附近的平行道路、联系道路、城市干道等组成一个整体系统,通过系统控制,使整体交通处于最佳状态。高速公路接近城市部分,一般流量较大,高速公路上以及城市干道上车辆进出时,对两个部分的控制都有影响。因此,将城市交通控制与高速公路交通控制结合起来,必然提高全部路网上的整体通行效益。

由于高速公路与一般公路控制方法不同,驾驶人必须根据高速公路的控制特点,了解有关控制方法。在驶入高速公路前,对其出入口分布、交通状况等进行全面深入了解;行驶中,熟悉有关管理控制信息,注意收听交通广播,掌握前方交通状况,如因交通事故、气候条件等因素,哪些路段出现阻塞,哪些路段暂停行驶,哪些路口将临时关闭等,以免行驶中出现不必要的绕行、停车等待等。

第六节　高速公路的交通监测与行车规定

一、高速公路的交通监测

高速公路交通监测系统是高速公路交通管理的重要组成部分,监测系统是通过一系列的监测手段,收集道路的交通状况,经过分析处理,形成适用的交通控制或诱导、劝告方案,再通过一定的方法通知道路使用者,保证人和货物更有效、更安全地移动。安装、使用与维护各式各样的监测、通信与显示设备,是顺利完成这项任务的安全保证。

高速公路监测的概念一般指两个方面:一是高速公路交通参数及交通状况的监测,用以发现高速公路上的异常情况(如交通事故、交通违章与拥挤等),属于交通运行监测;二是对高速公路控制与管理系统设备状态的监测,包括对系统各部分故障的自动检测,用以提高系统设备工作的可靠性,减少或避免因系统设备故障造成的不必要损失与失误。

高速公路监测系统的主要方法可分为人工监测和电子监测。

1. 监测的目的

监测系统主要用于以下目的:

(1)为高速公路科学管理提供依据,并为提高在线系统设备的可靠性提供必要的保证。

(2)为准确选择交通控制方案的效果评价,以及为适用于高速公路交通状况控制方案的选择提供必要的参数。

(3)对高速公路交通系统的运行进行监测,及时发现交通异常与故障,提高系统的服务水平。

(4)对系统控制、设备工作运行进行监测,提高设备的可靠程度。

(5)确定控制系统中各组成部分的状态与参数。

(6)对环境条件进行监测,保证交通运行安全与环境保护要求。

2.监测的内容

(1)环境条件监测。

环境条件监测主要为了考查环境因素对高速公路交通性能的影响,诸如道路上的雾、雨、冰、雪或隧道中的一氧化碳含量等。一旦监测到上述有碍行车安全的环境因素存在,控制器就会驱动可变信息标志或信号控制显示,向驾驶人及管理人员发出警告,以提醒注意安全。

(2)交通量监测。

交通量是在一定的时间间隔内通过道路某一断面的车辆数。用电子计算机对检测器进行周期扫描,并累计检测器被车辆感应的次数。

(3)交通事故监测。

交通事故监测包括对各种交通违章的监测,如对车辆的超高、超宽、超长、超重运输、超速行驶及酒后驾驶等。监测目的是便于严格执法,及时纠正违章,预防事故,保证畅通与安全。

用于高速公路交通事故及交通违章监测的主要方法有:

①电子监测系统。由于高速公路的交通事故均会引起交通某些参数(例如交通量、车流速度、密度与车占有率等)的相对变化,因此,可以认为这些交通参数的变化是由于交通事故引起或者与交通事故有关。而检测器监视系统实际上是以计算机为核心的交通信息收集系统。如果检测器检测的交通参数相对时间或空间的变化大于预定的某些指标,则表示在检测器处可能有交通事故发生。基于这一原理,事故监测系统通过设置在高速公路上的电子检测器,检测实时交通数据,经过终端控制器的处理得到交通流量、速度、密度或占有率等参数。这些参数经过通信系统,传给中央主控计算机,中央主控计算机使用事故自动检测程序,分析处理由各个终端控制器发送的参数,以确定事故是在什么时间、什么地点发生的,最后通过媒介反映出来,完成交通事故的电子监测。

②闭路电视监视系统。通过闭路电视监视系统,交通管理人员可以在监控中心直观地了解到设有电视摄像机现场的交通事故的性质及其严重程度,并可

根据具体情况,采取处理措施。

闭路电视监测作为现代化高速公路监测系统的一个重要手段,实际运行中,闭路电视系统常与电子监测器自动异常判断系统配合使用。一般设置在高速公路主线上的检测器向中央控制计算机输送实时检测的交通参数,经系统事故自动检测程序处理,以判断可能发生的交通事故,计算机将结果输出给监控中心交通事故控制台,然后由操作人员使用闭路电视系统,选择相应路段的电视摄像机,以确定可能发生交通事故的地点、事故的性质,以及应当采取的处理措施。

经验证明,带有闭路电视的电子检测器自动异常判断系统是最有效的事故检测系统。

③路政管理监测紧急电话系统。紧急电话是沿高速公路设置的,向驾驶人提供援助的一种手段,此系统能够准确反映驾驶人的需求,了解此时此地高速公路的交通运行状况,保证提供所需要的支援。实践表明,此系统能够节省驾驶人的旅行时间,减少汽油消耗与空气污染,并防止潜在的交通事故,是一种行之有效的监测手段。

在高速公路上一般每隔一段距离设有救援服务电话指示牌及紧急电话提示。紧急电话连接到设在管理中心的控制中心。当驾驶人使用紧急电话和控制中心联系时,话路自动接通,监控中心监控画面上显示出驾驶人所在的位置。管理人员及时询问驾驶人,了解情况,作出决策。控制中心设有覆盖各种设施的移动式无线电话显示系统,主要用于高速公路维修和抢险车的通信联络。这一套以高速公路为骨架的紧急电话系统,对高速公路通信十分有益。

在高速公路上,路政服务巡逻车上还装备有无线对讲机及移动通信设备,在巡逻中可随时接收监控中心的信息,看是否有事故故障需要处理,从而可大大缩短处理故障的时间。

在某些情况下,特别是在高峰期间交通量很大的高速公路上,可以采用以服务车代替或协助巡逻车的办法。这类服务巡逻车上常带有汽油、水、汽车备件及小型维修工具等配合高速公路的路障救援车,以便为抛锚的驾驶人提供日常的援助。诸如路边加燃料,加水,换轮胎以及简单的机械维修等。路政巡逻车同交警巡逻车一样,可以迅速解决驾驶人的需求,其耗费人力、物力较多,但社会效益很好。

二、高速公路行车规定

高速公路及其各种设施对车辆行驶的安全和畅通提供了"硬件"上的保证,使高速公路交通事故率较一般道路低,但总的来说事故还是会发生的,因而,要确保高速公路行车正常,还必须严格规范驾驶人的驾驶行为。可以说,高速公路行车规定,是保证高速公路安全行车的"软件",驾驶人必须自觉遵守这些规定。

高速公路设计速度高,中途严禁随意停车,如果车辆技术状况差,中途易出现故障,故障车的熄火势必影响正常行驶的车辆。有时,车辆的突发性故障往往使车辆在行车道上熄火,这对故障车和驾驶人及正常行驶车辆来说是非常危险的。由此看来,提高高速公路行车安全性,除由公路设施本身提供保证外,对进入高速公路的车辆进行限制也是必不可少的手段,即对进入高速公路的车辆进行技术把关,是高速公路安全、畅通、高速的重要保证。为此,有关交通法规对进入高速公路的车辆和人员做了如下限制。

1. 行车行驶原则

汽车驶入高速公路,为保证行车安全,行驶中必须遵循以下原则。

(1)严格分道行驶。

在任何道路上驾驶,驾驶人都要遵守交通规则,争道抢行、越线穿行、强行超车,不仅对自己车辆是一种危险行为,同时还会对路线上其他车辆造成影响,从而引发交通事故。

车速越高,对道路上车流的秩序要求也越严格。在高速公路上越线穿行,这是极其危险的行为。由于人们习惯于混合交通环境,人车同行,交叉路口混杂,驾驶汽车在人流与车流中穿行已成为习惯,一旦进入高速公路的汽车专用、分道行驶的新环境中,有时难以克服原有越线穿行的习惯,如突然横穿车道、向车道外侧冲出、从车道中突然冲向护栏或中央分隔带等。据统计,高速公路中90%以上的事故都是由于不正常改变车道、干扰车流引起的。因此,高速公路行车应切记,分道行驶,不随意穿行、越线。

特别当高速公路出现交通阻塞时,驾驶人应不急不躁,耐心跟进缓行,严禁越线抢行。同时,驾驶人不得随意离开车辆,探听前方情况,由于无人驾驶车辆,会进一步加剧交通阻塞,甚至发生事故。

(2)不得占用紧急停车带。

高速公路分道线最外侧设有紧急停车带,它是救急车辆特别通行使用的专用车道,同时也可供故障车临时停车使用。

一般车辆如果占用了紧急停车带,一旦发生交通事故,就会影响清障救援、消防抢险、救护车辆的通行,延误伤员的救治和抢险工程的作业。因此,在紧急停车带行驶是被禁止的,不能为争取时间,抱有侥幸的心理。违章并不一定发生事故,但事故发生往往却是违章造成的,驾驶人必须学会约束自己,将行车安全谨记在心。

(3)禁止随意超车。

超车是行驶中常见的操作,超车过程中,汽车必然要有驶离、驶入原车道的过程,这就要操纵转向盘,改变行驶方向,而且最少要变换两次,甚至多次。在高速公路上,赶超车和被超车都在快速行驶,转向盘稍有转动,汽车行驶方向将会大幅改变,很难控制,因此,绝不可随意超车。

如果必须超车,首先要观察清楚被超车及前方车道占用情况,当前方确实安全无其他车辆时,缓慢、小幅度转动方向,用缓和曲线进行超车。

(4)严禁逆向行驶。

汽车一旦驶入高速公路,必须顺车流方向行驶,严禁逆向行驶。在一般道路上,当误入行驶车道,或临时改变行车方向,驾驶人往往趁道路交通条件允许改变方向逆行行驶,这一做法在高速公路上是极其危险的,因为有良好的交通条件,驾驶人并不注意逆向的车辆,只是注意前方行驶的车辆,在前进的方向突然出现逆行汽车,往往不能及时采取措施,以致发生交通事故。

在夜间行车,由于能见度差,这一点更为重要。一旦错误地驶入路口,不要着急而逆行改变方向,应注意交通信息提示,在下一路口进行调整,进入正确行驶车道。

(5)禁止疲劳驾驶。

在疲劳状态下,人的感觉机能减弱,听觉、视觉灵敏度下降,注意力转移困难,操作的准确性下降,不能按规定程序操纵汽车,判断错误和驾驶错误增多,严重时出现行车中打瞌睡,这些都极易引起重大交通事故。统计资料表明,疲劳驾驶是交通死亡事故的主要原因,因此,应禁止疲劳驾驶。

单调无味的长距离高速行驶,使得驾驶人极易疲劳。对高速行驶的汽车,每延误1s,就意味着已走过几十米的路程,行车中若出现疲劳,反应、判断迟缓,对安全行车来说是极其危险的。因而,在行车中感到疲劳时,可打开收音机,增加一些环境刺激,并立即就近驶向服务区或停车场休息,切不可勉强赶路行车。

2.行车规定

(1)非机动车、行人严禁进入高速公路。高速公路是全封闭的汽车专用公路,非机动车和行人进入后,势必干扰车辆的正常运行,所以必须严格禁止。除了入口处进行控制外,高速公路沿线的隔离栏也是基于这个目的而设置的。

(2)拖带挂车的汽车、三轮机动车、拖拉机、轻便摩托车、轮式专用机械和轮式专用机械车、挂试车号牌的车辆以及教练车号牌的车辆都不得进入高速公路。

上述车辆之所以被禁止进入,主要是这些车辆速度低,进入后容易"拖后腿";此外,挂试车号牌的车辆以及教练车号牌的车辆禁止进入,是为了防止这些车辆在高速公路上进行试车或进行驾驶教练。

(3)最大设计速度低于70km/h的机动车辆不得进入高速公路。这条规定是对上述规定的补充,对上述规定以外的一些车型,包括已有的和今后可能生产的,设计速度达不到要求,都不能进入高速公路。

(4)道路交通管理部门可以视情况禁止某厂型号的机动车在高速公路上通行。作出这条规定的原因是,道路交通管理部门根据对大量事故的分析或车辆检测场的实际检验,可能发现某种厂型号的车辆在设计上存在一些较严重的问题,且这些问题是车辆故障或事故的潜在因素。如果允许这种车辆进入,发生故障或事故的可能性很大,所以,道路交通管理部门为安全起见,有权禁止某厂型号的机动车进入。

(5)汽车的外形宽度(含载货)超过2.5m、高度超过4m的,须经公路管理机构及公安交通管理部门批准方可进入,并按规定时间、路线行驶。高速公路是按外形宽度2.5m、高度4m的基本车型设计的,高速公路跨线桥的桥下净空高度按5.0m设计,各种机动车辆在一般公路上以40~60km/h的速度行驶时,侧向间距要求保持在1~1.4m,而高速公路上的车辆速度一般保持在80km/h以上,侧向间距应适当加宽,如车辆外形超过规定的限度,就不能提供足够的侧向安全间距。同样,跨线桥下通过车辆时,也应有足够的安全净空高度。

（6）严禁驾驶人酒后驾驶的车辆进入高速公路，酒后驾驶极易发生事故。

此外，一些国家对高速公路入口处的车辆还进行一定的检验，如日本在高速公路入口处设有车重及车高测量计等，严禁超过限制指标的车辆驶入。

第七节　高速公路交通安全

交通安全状况关系到人民生命财产的安危、道路经济效益和社会效益的发挥。保证交通安全是确保公路运输通畅、舒适、快速的基本条件。要确保交通安全就必须使公路上的人、车、环境等基本要素相互协调，处于受控及平衡状态。

高速公路排除了道路两侧进入行人、车辆的干扰，并具有较高的服务水平，给驾乘人员提供了舒适、安全、便捷的行车环境。由于具有优越的交通环境，高速公路交通事故率比一般公路低得多，被认为是安全程度高的公路。但由于高速公路上行车速度快，如果发生交通事故，则严重程度相应增加，同时，造成的交通堵塞影响更为严重，经济损失更为惨重。

一、高速公路上常见的车辆故障及处理方法

车辆在高速公路上行驶时，发动机、轮胎等各部机件长时间在高负荷下运转，如果事前没有进行仔细检查和维护，很可能在行驶途中出现这样或那样的故障。根据高速公路建设较早的一些国家的统计，高速公路上常见的车辆故障及所占比例如图4-6所示。由图可知，发动机过热所占比例最大，其次是轮胎损伤，这两项故障合计约占故障总数的一半。

在高速公路上行驶时，万一遇到车辆发生故障，不要惊慌失措，否则不仅干扰其他车辆正常行驶，还可能引发严重事故。当车辆因故障而无法继续行驶时，绝对不可停在行车道上，必须设法驶到紧急停车带停车，并采取必要的安全措施。需要援助时，可通过就近的紧急电话等设施与管理部门联系，决不可拦截过往车辆。

下面以几种典型故障为例，具体说明处理方法。

1. 发动机过热

进入高速公路之前未对发动机冷却系统认真检查维护，行驶中便有可能出现发动机过热的故障。这时，由散热器温度表可看出发动机温度超出正常标准，

同时还可能出现异响,发动机动力也会迅速下降。出现发动机过热故障时,应尽快将车辆驶入紧急停车带停车,并采取下列措施:

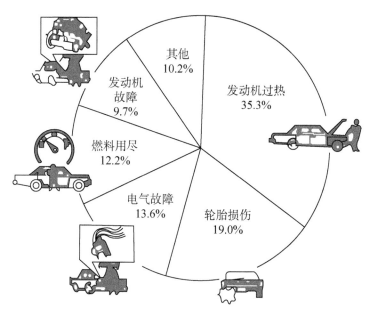

图 4-6　高速公路上常见的车辆故障

（1）不要马上熄火,要保持发动机怠速运转,打开发动机舱盖使发动机逐渐降温。

（2）不要立刻开启散热器盖,以防散热器内积蓄的高压蒸汽突然喷出烧伤手臂和脸面。应等待发动机温度下降后,用抹布等垫住散热器盖,并稍微开启,待大量蒸汽排出后,再将散热器盖取下。

（3）发动机温度未充分下降之前,不得加注冷却水,因为发动机缸体在高热状态下突然被冷水急剧冷却时,可能发生破裂。

（4）发动机的高热会引起机油变质,降低润滑作用,应尽快在附近的服务区内放出原有机油,更换新机油。

2.轮胎损伤

高速行驶时若遇到轮胎突然爆破,车辆会突然向一侧倾斜或危险地摇摆,尤其是前轮胎爆破时,这种现象更加明显。为防止发生事故,这时应紧握转向盘,全力控制住车辆的行驶方向,保持加速踏板不要放松,将车辆驶向紧急停车带后,再停止车辆。如果慌乱间突然实施制动会引起方向失控,反而容易发生事故。

在紧急停车带上将车停稳后,可通过紧急电话请求援助,不要自己进行修理。因为在紧急停车带上从事更换轮胎作业,不但影响其他车辆正常行驶,也容易给自身带来危险。

3.发动机油电路故障

发动机油电路出现故障或燃料用尽时,将导致发动机熄火。发动机熄火后不但不能产生动力,还要消耗车辆动能,形成发动机制动,使车辆迅速减速。这时,最重要的是设法离开车道,千万要避免把车辆停在行车道上。一旦发现发动机发生故障熄火,应立即踏下离合器踏板,并注意后面来车,依靠车辆惯性驶向紧急停车带或安全停车区停车,再做下一步处理。

4.风窗玻璃突然碎裂

这种故障在普通道路上一般不会发生,但在高速公路上却偶尔发生过。使用钢化玻璃作为风窗玻璃的车辆,在高速行驶时,由于振动等原因使风窗玻璃突然碎裂,形成密密麻麻的网状裂纹。这些网状裂纹发生漫反射作用,使风窗玻璃失去透明度,驾驶人无法看清前方情况。遇到这种故障时,不必惊慌,也不要实施紧急制动,应该进行缓慢减速,并从车门侧窗向外观察,把车辆驶向紧急停车带停下。

5.轮胎爆胎及其选型使用

轮胎爆胎属于汽车的突发性事故。汽车在高速公路上高速行驶时,这类突发性事故对车辆和驾乘人员的危害极大。

轮胎生热和热破坏是轮胎损坏的主要原因,轮胎使用时,在负荷外力的作用下反复压缩伸张变形又恢复原状,循环往复,轮胎变形的外力所做的功大部分转变为热,气压越低、变形越大,生热越多,轮胎升温也越高。轮胎的升温还与变形的速度有关,车速越快,变形也越快、引起轮胎的升温也越高、爆胎的危险也就更大,气压偏高也会引起轮胎受力过大、行驶面突出、地面附着力降低,寿命降低,安全性也受到威胁。因此,要注意轮胎的选型与使用。

(1)轮胎的选型。

高速公路行驶的车辆应使用子午线轮胎。子午线轮胎升温低、散热快,爆胎的概率很低。子午线轮胎的识别方法:在轮胎型号的中间有 R 字样的即子午线轮胎,如 185/60R14 是用斜交胎上高速公路,应当保持中速行驶。

慎用翻新轮胎,翻新轮胎价格相对比较便宜,只是新轮胎价格的一半左右,但使用翻新轮胎在高速公路上行驶是有一定危险性的。

（2）轮胎的使用。

正确保持轮胎气压，"气压是轮胎的生命"。轮胎气压过低或气压过高，都会影响所受压力和应变。在高速公路上行驶的车辆宜选用无内胎轮胎，无内胎轮胎发热低、质量轻，使用安全，当外胎被刺破后，内压不是在一瞬间泄压，而是缓慢地降压，驾驶人有比较充裕的时间应急处理。

（3）子午线轮胎不得与斜交胎混装，同一轮轴不能混装不同结构、不同负荷级别、不同规格的轮胎，也不能前轮装子午胎、后轮装斜交轮胎，因为即使在充气外缘尺寸相同的情况下，它们的滚动半径、下沉率及对地面的附着系数都不尽相同。因此，子午胎与斜交胎混装会造成不正常磨损及个别轮胎超负荷而增加行驶过程中的不安全因素。

（4）高速行驶车轮必须经动平衡测试和配重校正。轮胎与轮毂总成质量不均匀、轴向和径向的不平衡会引起汽车的振动与摆动。车轮没有经动平衡检测校正，保持中速行驶问题还不明显。然而高速行驶下轮胎不平衡会引起汽车激烈跳动、摆动和发飘，这将严重影响整车的操纵性、平顺性及安全性。

（5）在进入高速公路行驶之前必须检查轮胎。不能使用长年不用已老化的轮胎，以及有割痕、被扎和经修补的轮胎。此外、必须定期检查轮胎花纹，由于长期使用，轮胎花纹会逐渐磨损，胎冠花纹深度小于 0.6mm 时必须更换。

二、高速公路交通事故

1.交通事故的定义

对于道路交通事故的定义，目前国内和国外有不同的说法，美国国家安全委员会对交通事故的定义为：交通事故是在道路上所发生的意料不到的或危险的事件。日本对交通事故的定义为：由于车辆在交通中引起的人员伤亡或物的损坏。我国上海辞书出版社出版的《法学词典》中对交通事故作了如下定义："交通事故通常指人、车在城镇街道、公路上造成人身伤亡或公私财产损失的事故。"交通事故的发生原因是多样的，一般由违反交通规则和操作规程造成，有因为驾驶人疏忽大意而没有预见，或者已经预见而轻信能够避免所造成的；也有个别的是人为蓄意破坏造成的。但由于不能抗拒（如自然事故）或者不能预见（如突然发生的事故)的原因,或者不在上述区域而在车站、码头、广场、海堤、工矿厂区、建筑工地、田间等处发生类似的事故,不能以道路交通事故论处。

交通事故一般是指人、车行驶在特定道路上,至少一方因违反交通规则而造成人员伤亡或车物损失的事件。

伤——医生证明需要休息一天以上者,或有骨折,或有皮肉裂伤需缝合者,或脑震荡者。

亡——主要因交通事故造成的在事故后 7d 内死亡者。

物损——直接经济损失 20 元以上者(大城市)或 50 元以上者(在公路上)。

从上述意义可以看出,构成交通事故必须具备五个要素:

(1)人、车辆。

车辆包括各种机动车和非机动车,这是交通事故的前提条件,即当事各方中,至少有一方使用车辆。如无车辆则不认为是交通事故。人是指参与交通的自然人。

(2)在特定道路上。

这是道路交通事故的特征,是指事故发生的空间处在国家交通法规明确规定的"公路、城镇街道和胡同(里巷),以及公共广场、公共停车场提供车辆、行人通行的地方"。厂矿、企业、机关、学校、住宅区内不具有公共使用性质的道路不在此列。

(3)通行过程中。

即车辆不是静止,而是在行驶中。确切地讲,至少有一方车辆和交通事故有关的因素处于交通单元间相对运动状态,如车与路、车与人、车与车相对运动。

(4)具有违法性质。

指当事人的行为具有违反交通法规规定的主观过错,也包括没有主观过错,但按照法律规定应当承担责任的行为。但是因为人力所无法抗拒的原因,如地震、台风、山崩、洪水、雪崩、泥石流等原因造成的事故,自杀或利用交通工具进行其他犯罪,以及精神病患者在发作期行为不能自控而发生的事故,区别于交通事故。

(5)损害后果。

既要有以上特定条件,又要有人、畜伤亡或车、物损失的后果,没有后果不能称为交通事故。

2.高速公路交通事故分类

原因分类统计和多发事故主要原因类型,见表4-1、图4-7、图4-8。

高速公路交通事故原因分类统计表　　　　　　表4-1

事故原因	比例(%)	事故原因	比例(%)
车间距离过小	29.09	机件故障	8.10
操作不当	25.71	轮胎爆破	14.15
疲劳驾驶	3.93	其他	12.97
超速	6.05		

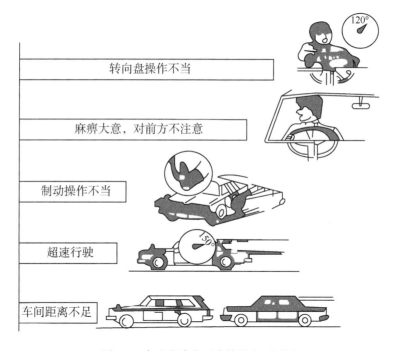

图4-7　高速公路交通事故的主要原因

3.线形对交通事故的影响

从事故与道路条件的关系分析可以发现,尽管高速公路道路条件大大改善,但同样,有些路段对安全行车带来不利影响,主要有以下几种路段:

(1)直线路段。

直线是道路最多的线形,其方向明确,距离最短。但直线对驾驶人来说,线形景观单调、呆板、操作单纯,尤其是高速公路,驾驶视觉特性的变化,使之枯燥乏味,观察移动的速度减弱,反应迟钝;夜间行车易受对向行驶灯光影响,造成眩目等。国外一般倾向道路直线长度不超过 1~2min 路程,据对上海沪嘉高速公路、广东广佛高速公路上行车的驾驶人进行调查,大多数驾驶人认为在直线上行驶 5~6min 便觉得疲劳,希望改变环境。可见,直线段对行车安全有一定的影响。

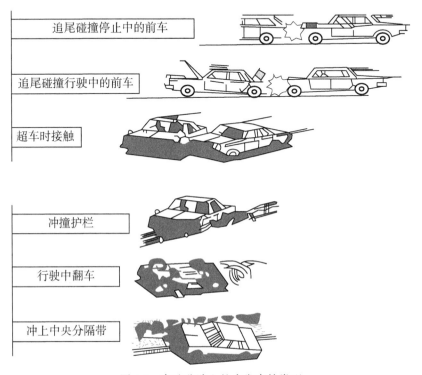

图 4-8　高速公路上的多发事故类型

(2)转弯路段。

由车辆行驶特征分析可知,当车辆转弯行驶时,离心力的大小与行车速度平方成正比,由于驾驶人习惯于一般道路的驾驶,在高速公路上常常不能及时减速,特别是在驶离高速公路的匝道上,速度快,离心力大,在离心力作用下,易造成侧滑或横向倾翻等事故。此外,雨后行车,由于路面积水,路面光滑,道路附着条件变差,如不注意控制行驶速度,极易造成侧滑、横向倾翻等事故。

(3)坡道路段。

在近乎直线路段上坡坡顶附近,特别是夜间行车,交通事故较多。这是因为高速公路上车速快,夜间大型车辆驾驶人的视线高度较高,看不清前面坡度大小,感觉到是上坡时,往往降低一挡爬坡,到了坡顶坡度变小时,本应立即换挡,但往往感觉不出坡度的变化,仍用低速挡行驶,如果后面的汽车换入高速挡而加速,就很容易冲上来相撞,这种情况极易出现在夜间车队尾随行驶、行车间距不足的情况。

4.安全分析与评价

交通安全或行车安全是指交通事故不发生或少发生。衡量交通事故多少及严重程度的指标,多以死亡人数为单位。交通事故死亡人数的统计对各国来说是一样的,具有可比性。而同是死亡一个人,由于各国社会制度、经济条件的差异,计算得出的经济损失不一样,甚至相差悬殊,没有可比性。

要想对高速公路交通事故情况作出客观全面科学的反映,得到社会认可,必须建立必要的确定交通事故的指标和评价体系,并使其与当前社会的经济和交通状况相适应,以此作为衡量高速公路安全状况的依据,从而针对安全问题,提出防治措施。

对交通事故评价指标选用的评价因素和所建立的数学模型,应符合一般科学规律,建立的指标应有实用性和可比性,并能明确反映出事故发生的频率及其严重性。所建立的指标与计算模式应简洁、明了,便于使用时收集数据资料,计算方法也应简单、方便和实用。

(1)安全分析。

安全分析是安全评价和安全管理的前提和依据,只有通过适当的安全分析,才能进行安全评价及进一步实行安全管理。

安全评价的基本思路是在一般系统分析思想指导下进行的,具有一般系统分析的特点。

安全分析的方法,不仅适用于工程,而且适用于管理。高速公路的安全分析,主要用来解决以下几方面问题:

①发现事故隐患;

②预测事故引起的危险;

③设计和调整安全措施方案;

④调查清楚事故的真正原因;

⑤实现最优化安全措施;

⑥设计新的安全系统,采用更先进的安全技术,杜绝事故发生;

⑦与行为科学、管理科学结合起来,实现安全现代化管理;

⑧不断完善安全措施。

(2)事故分析。

交通事故的分析研究,包括对事故的成因分析和对大量交通事故的综合分析。前者是对典型交通事故或对众多事故中取样做全面的成因分析,探求主观与客观原因、直接与间接因素;后者则从大量的交通事故中总结出共性的普遍的规律,为制订防止和减少交通事故的对策与措施提供依据和基础资料。前者称为微观分析,后者称为宏观分析。

(3)交通事故的成因分析。

所谓交通事故的成因,系指造成交通事故的各种原因与因素。造成交通事故的原因有各种各样,造成事故的因素亦非单一。一起交通事故往往包含着多种事故因素,因此,研究交通事故的成因,必须从多方面分析,分清哪些是主要因素、哪些是次要因素,哪些是直接原因、哪些是间接原因,哪些是主观因素、哪些是客观因素。

从现象上看,多数交通事故是偶然的、孤立的事件,每次交通事故都有各自的成因与各自的不同点。但从统计学的观点考虑,大量交通事故中,一定存在着某些普遍性的因素,即存在着一定的共性。故对交通事故的成因分析,既可为确定预测、预防交通事故的具体措施提供依据,又可为探求交通事故的规律提供基础资料。

具体分析时,可分为直接原因和间接原因,亦可分为人的因素、车、路与环境的因素。

表4-2为日本驾驶人责任事故的统计资料,从中可以看出,察觉迟缓是造成事故的一个主要因素,因此,驾驶人是造成交通事故的重要因素。

日本驾驶人责任事故的原因分布 表4-2

内在原因	交通事故次数	占总数百分比(%)
察觉迟缓	656	59.6
判断错误	384	34.8
驾驶错误	53	4.8
其他	9	0.8
合计	1102	100

5.高速公路预防事故的根本措施

（1）健全与完善交通法律法规和条例等。交通法律法规是交通参与者和交通管理与被管理人员共同遵守的行为规范，是处理交通违章和交通事故的法律依据。为适应高速公路的发展，应及时补充、修订和完善各种交通法律法规和条例。

（2）完善高速公路的设施与管理。

（3）加强安全教育宣传。交通安全教育与宣传工作是执行交通法规、维护交通秩序、保障交通安全、发挥道路功能、提高交通效率的有力保证。

（4）对行驶在高速公路上的车辆进行控制。

（5）限制最高速度。限制最高速度既可以提高安全，又可减少环境污染。

（6）加强对驾驶人、乘客及货物的管理。前排驾驶人及乘客应系安全带；乘客不得在车中站立，不得向车外吐痰和抛投物品；装载货物必须平稳均衡捆扎牢固。

（7）除收费站（卡）实施收费检查外，不准任何机构和个人拦截检查车辆。

（8）驾驶人应具备高速公路行车的基本知识，应懂得高速公路特有的标志、信号的内容和含义，会使用紧急电话等。

第五章　高速公路路政安全保障系统

第一节　高速公路路政管理概述

一、高速公路路政管理的目的、意义与特征

1.高速公路路政管理的目的

高速公路路政管理是指高速公路管理机构(一般指各省、自治区及直辖市的高速公路管理局等),根据国家或地方法律、法规及规章的规定,为保护高速公路及其用地和高速公路附属交通设施,维护高速公路的合法权益所进行的行政管理,路政管理工作遵循"统一管理、分级负责、依法治路、保障畅通"的原则。

高速公路路政管理的目的在于:

(1)保护、管理高速公路路产。

(2)维护高速公路合法权益。

(3)保障高速公路的行车安全与畅通。

(4)保证高速公路的汽车专用性质。

(5)协助高速公路交通管理,进行高速公路交通的综合治理。

2.高速公路路政管理的意义

高速公路路政管理,对提高车辆的运行效率和充分发挥高速公路的社会经济效益具有重要的现实意义,具体体现在以下几个方面:

(1)保护高速公路系统的完整性。

高速公路、公路用地及其所有配套设施,从路基、路面、桥梁、涵洞、排水与防护构造、交通监控、通信与服务设施等,均受到国家法律的保护。所有的公路设施及设备构成了一条完整的高速公路,只有在国家法律、法规的强有力制约下,

才可有效地制止各种侵害、破坏高速公路路产路权的违法行为,保证耗资巨大的高速公路处于完好无损的状态,确保高速公路的良好使用质量。

(2)保证高速公路具有良好的路况与交通环境。

改善高速公路交通运输环境、提高使用质量包括两个方面:其一是要保证高速公路本身具有良好的道路条件,尽量排除一切行车的干扰因素;二是改善高速公路的交通条件。因为对高速公路行车来说,除了提供良好的道路条件外,还需有良好的交通条件,才能保证高速公路行车效益的发挥。具体措施为在高速公路上禁止行人、非机动车、拖拉机以及不符合高速公路行车规定的车辆进入高速公路,保证高速公路交通流的良好环境。总体来讲,要使高速公路这一投资巨大、折旧周期长、能够产生巨大经济效益和社会环境效益的重要基础设施在国家经济发展中发挥作用,就必须坚持"三分建,七分管"的管理方针,切实加强高速公路的路政管理工作,并把加强高速公路路政管理工作列入各级领导的议事日程,提高各级领导对路政管理工作的重视程度,提高高速公路路政管理工作的水平,减少国家财产损失。

3.高速公路路政管理的特点

高速公路的路政管理作为一门专业化的行政管理,它除了具有普通行政管理的一般规律外,还具有以下特征:

(1)高速公路路政管理的政策性。

高速公路路政管理具有更强的政策性,主要体现在其管理活动必须是有法可依,所有管理活动都必须在法律、法规及规章的范围内进行,而从事路政管理的组织机构也必须是经法律、法规授权的机构,这一特性是由行政管理的本质所决定的。

高速公路路政管理是一种合法的管理行为,其根本在于它具有高速公路管理方面的法律、法规作为执法依据,因此,路政管理活动得到国家强制力的保证。同时,路政管理活动直接影响国家、集体和个人的权益,有时其引起的直接经济效益极大,容不得半点疏忽,所以高速公路的路政管理具有极强的政策性。

(2)高速公路路政管理的社会性与复杂性。

高速公路路政管理的社会性主要体现在两个方面:其一是作为国家或地区主要运输通道的高速公路,具有较强的社会公用性及开放性,因此高速公路上运输车辆分布广泛以及运输管理机构分散(运输客户遍及国内外);其二是一般高速公路路线较长(多为跨地区或省市),沿线涉及农业、水利、林业、电力、电信、铁路及沿线的乡镇等多个部门,因此路政部门必然要与这些部门发生极密切的联系。由此形成了高速公路路政管理较强的社会性。

高速公路路政管理的复杂性主要是因其作为一种特殊的行政管理,涉及法律、法规、规章、管理体制及机构设置等众多方面。这些方面互相联系、互相制约、互相依赖又互相交叉,关系千家万户,涉及许多部门。同时,高速公路路政管理的法规及政策与公安、工商及城建等部门的法规和政策又互有联系或制约,所有这些都增加了路政管理工作的复杂性。

由于高速公路路政管理的上述特点,因此,在高速公路路政管理中,提出"管养结合,综合治理,预防为主,依法治路"的路政管理原则。有法可依、有法必依作为社会主义的法制原则,同样适用于高速公路路政管理工作。作为政府职能部门的高速公路路政管理主体,是代表国家对高速公路实施路政管理权,但是这种管理权的行使必须有国家法律、法规和规章作为依据。

二、高速公路路政机构、人员与装备

1. 路政管理机构

高速公路路政管理工作专业性、技术性、时间性、政策性都很强。无论是从管理内容、作业形式方面,还是从执法标准、机构设置、人员组成及设施装备等方面,都不同于一般公路。

高速公路路政管理机构的设置与管理模式,应本着"集中、统一、高效、特管"的原则,建立一种适合我国国情的路政管理机构与管理方式。

高速公路路政管理机构一般分级设置,路政大队作为最基层的管理单位,负责路政管理的具体工作。每一个路政大队的高速公路管辖区域通常为100km左右。路政大队的专职管理人员可因需而定,一般为8~10人。各级路政管理机构应该有明确的执法权限与职责分工,对重大案件进行逐级审批管理。

2. 路政管理人员

高速公路路政管理需通过法律、行政、经济及科学技术等手段,实施对高速公路的路政管理活动。因此,要求从事路政管理活动的人员要有良好的业务素质与高度的责任感。不仅要求要掌握道路、桥梁的专业知识,还应具有跨行业、跨学科的专业技能;要熟悉各种相关的法律、法规及规章、条例等,具有一定的执法水平;要具有一定的社交能力,以协调和处理好路政管理工作与社会各行业的关系;要具有一定的宣传教育能力,能够在路政管理活动中,积极向社会各界宣传路政管理的有关法律法规,取得他们对高速公路路政管理工作的支持;同时还要求路政管理人员具有一定的组织能力,能够妥善处理好路政管理中的案件与问题。只有使全体高速公路路政管理人员达到上述要求,才能使高速公路路政管理机构成为名副其实的技术密集型的管理机构。

加强高速公路路政队伍建设的具体方法是:

(1)建立路政管理人员业务培训机制。

路政人员上岗前及每年都应培训,培训内容有:

①高速公路建设、养护维修、运营管理知识培训。要求路政管理人员掌握一定的道路设计、修建、日常养护及运营管理方面的一般知识与技能。

②有关法律常识的培训。要求路政管理人员了解掌握有关路政管理的法律、法规及规章,路政执法的责任和界限,做到路政执法有据可依和执法适度。

③现代化管理技术与设备的培训。现代化的高速公路,要求现代化的管理与现代化的装备。因此,要求路政管理人员必须掌握现代化技术设备的使用与维修方面的管理技能。

(2)加强对路政管理人员职业道德与修养的教育。

要求路政管理人员在认真贯彻执行国家有关高速公路路政管理的法律、法规的同时,在执法工作中必须做到:

①着装整洁,作风正派。

②服从命令,坚守岗位。

③坚持原则,秉公执法。

④文明办事,热情服务。

⑤认真巡逻,当好参谋。

⑥严明纪律,接受监督。

(3)建立健全高速公路路政管理规章制度。

建立健全行之有效的路政管理工作制度是做好路政管理工作的基础。随着我国高速公路建设的发展,高速公路路政管理工作应纳入全国统一化、规范化的轨道,建立统一的高速公路路政管理规章制度。其主要内容包括以下几方面：

①高速公路路政管理责任制度。
②高速公路路政巡查制度与职责。
③高速公路路政案件办理制度。
④高速公路路政管理工作奖惩制度。

3.路政管理设备

由于高速公路的大流量、长线路、全封闭及出入口间距大等特点,使得路政管理在装备配置上与一般公路有较大的区别。具体体现在以下三方面：

(1)高速公路的路政巡查及紧急救援设备。

为保证高速公路及其配套设施不受侵害,及时纠正路政违章以及侵害路产路权案件的行为,并配合交通管理处理交通事故等工作,需要对高速公路进行24h不间断的路政巡查工作。因此,需要配备专用的路政巡逻车,保证该项工作的及时与顺利进行。

为了对事故车辆及其伤亡人员进行紧急救援,还需配备紧急救援车辆及救护设备。如消防设施、医用救护设施及简单的汽车修理工具和配件。

(2)高速公路路政排障设备。

为保证高速公路交通安全与畅通,保证高速公路的有效使用宽度,减少交通延误,需要对高速公路上停放的故障车辆进行及时清理,这项工作对保证高速公路的快速疏通能力有着极其重要的作用。因此,在高速公路路政管理机构中,需配备专用的排障设备。

(3)现代化通信设备。

高速公路路政管理具有点多、线长、面广等野外特殊工作特点,决定了对路政管理信息通信的特殊要求。为保证高速公路紧急救援及路政执法工作的及时性,路政管理信息收集与反馈系统的通畅,控制中心指挥系统与高速公路全线路信息、命令的正常传输,必须给路政管理部门配备满足工作需要的现代化通信工具。通常有车载通信台、手持通信台及集群通信电话等设备。

同时,为了对路政处理案件的现场进行取证、存档,作为资料保存,还需给路政管理机构配备一定的照相、摄像、录音等取证设备。高速公路路政管理基本设备配备见表5-1。

高速公路路政管理基本设备配备 表 5-1

设备名称	设备用途	数量	备注
路巡设备	巡逻车	2~3辆	—
	指挥旗(灯)	1套/车	
	警笛警棍	1套/人	
	验光电筒	1套/人	
	应急灯	1套/车	
清障设备	牵引车	2辆	—
	重型起重机	1辆	
	轻型起重机	1辆	
	平板车	1辆	
通信设备	车载电台	1部/车	或装组网通信系统
	手持台	1部/人	
	集群电话	1~2部	
勘察设备	照相机	1部/队	—
	摄像机	1部	
	照明设备	1套	
	量测器具	1套/队	
抢险救护设备	车载灭火器	2个/车	或按属地签订消防救护合同
	金属切割机	1台/车	
	轻型担架	1个/车	
	急救用品、药品	1套/车	

三、高速公路路政管理特点

概括地说,路政管理可以分为五个方面,即路政巡查、路产保护、路权维护、路况监督、法律保护。

1.高速公路路政管理与一般公路路政管理不同

高速公路的路政管理就其一般属性而言与大多数公路是一致的,但是因其采用全封闭、全立交、渠化通行、控制出入的管理方式,其违章占用及盗毁设施等现象随通行时间的延长会逐步减少,随之增加的却是故障车辆的牵引拖带、事故现场的清障救援工作,施工作业及恶劣气候条件下的交通管制、环保监督等一系列新的内容。因此,高速公路在路政管理观念、管理手段、管理方式上与一般公路出现了诸多不同。概括起来大概有三个方面:

（1）高速公路路政管理的主要职责是保证高速公路的安全畅通。

高速公路的路政管理除要保证路产设施完整、维护路权不受侵犯外,还应包括维持行车秩序,提供路面信息、清理路上障碍,参与抢险救援,提供救助服务等其他管理功能,从而拓展了路政管理的外延。只有这样才能充分发挥高速公路路政管理的职能,真正体现高速公路的经济效益与社会效益。

（2）高速公路的路政管理理念应由监管向服务转换。

高速公路运营管理的目的是最大限度地吸引车流,向过往车辆提供优质服务。这种服务与被服务关系是由收费公路所形成的管理者与使用者间的权利义务关系决定的。因此,向使用者提供及时满意的服务(包括有偿服务),提高路政管理的服务意识也是高速公路路政管理的宗旨。路政管理水平的高低不仅直接影响着高速公路的通行能力,也决定着高速公路的声誉,在现代高速公路管理中具有举足轻重的作用。

（3）高速公路的路政管理是一种全新的动态管理。

一般公路的路政管理主要是对公路、公路用地、公路设施及活动在这些范围内的所有客体行为的静态管理。而高速公路路政的所谓动态管理,是指路政管理工作在其职权范围内,要依据路政管理要素的变化实行经常性昼夜不间断的全天候巡查管理。

2.高速公路路政管理特征

高速公路的路政管理是一种新型的管理,其特性可归纳以下几点：

(1)管理方式的特定性。

高速公路是一个全封闭的系统,实行昼夜连续监管。路政工作主要是在这一系统内进行,管理的主要对象是高速流动的车流。因此,高速公路的路政管理是一种全时间段、全方位、全区域的路上跟踪管理,这就决定了高速公路路政管理的特定方式。

(2)管理手段的先进性。

由于高速公路为汽车专用,设施先进、流量大、车速快、事故(件)突发性强,因此,要求路政管理必须具备优越的监控通信手段、精良的路巡清障设备、专业的抢险救援用品,以便及时获取路面信息,作出快速反应,采取有效对策。

(3)管理内容的复杂性。

高速公路实行全面的多维管理,决定了路政管理内容的复杂性。这集中表现在执法管理与服务管理的交织,人、车、路与社会组织等管理对象的交织,高速公路管理中不同业务的交织等。这种直接或间接的管理关系存在着各种矛盾,决定着高速公路路政管理工作的复杂程度。

第二节　高速公路路产管理

高速公路路产管理是指高速公路财产方面的管理,它包括高速公路的主体工程、交通工程设施和各种附属设施以及公路用地等。高速公路的路权管理是指对公路的管理权,它是路政人员运用法律法规,对公路财产进行管理的具体表现。

高速公路是国民经济的大型基础设施,任何侵占公路产权、破坏公路完好、影响公路路况、损坏公路使用服务等级的行为,都是路政管理执法所不允许的。

公路路产是公路、公路用地、公路设施的总称。公路路产受国家法律保护,任何单位和个人不得侵占和破坏。保护公路路产发挥公路的使用效益,是高速公路路政管理的主要任务。

凡建设工程需要挖掘占用公路、公路用地,利用高速公路时,建设者必须事先向高速公路管理机构提出书面申请,申请的内容必须包括挖掘占用时间、路段、深度、施工用途、完成期限等。施工单位和个人提出申请时,必须提供施工说明、施工计划和施工平面图等。

一、高速公路路产的审核审批程序

高速公路路产管理直接表现形式之一就是审批和核发许可证,建立严格、缜密的许可证核发制度,对保护高速公路合法权益有着十分重要的意义。它主要包括以下几个方面的内容。

1.关于设置永久性设施的审批

永久性设施,主要指因特殊需要占用时间在半年以上,利用高速公路用地或设施,开挖沟渠,修建上跨或下穿的桥梁、管线和其他设施,其审批程序如下:

(1)申请单位递交申请报告。申请单位应向高速公路的主管部门逐一提交申请报告,报告中应详细阐明项目名称、来源及其所处位置;该项目的必要性、可行性的论证;它给高速公路带来的影响因素及解决办法等;还应附上该项目的平面示意图、设计图、施工图等。

高速公路管理机构必须对申请报告的真实性、合理性、必要性进行严格审查，可以要求申请单位出具上级批复文件并且要调查核实，勘查现场、实物等；经过审查、论证，重大案件要呈报上一级路政管理机构批准备案后，才可签发许可证。

(2)核发许可证。上述审查获得通过后，双方签订协议，协议内容包括：

①工程概况：工程名称、位置、工程规模、范围、工程技术标准、工程施工时间要求等。

②施工组织：施工队伍的责任、施工期限、施工期间安全。

③责任事故的处理办法。

④收费补偿办法。

⑤待申请单位对上述内容认可交纳应收的费用后，核发许可证。

2.关于建立临时性设施的审批

临时性设施，主要指临时性施工需要而占用、利用高速公路及用地或设施，时间在半年以内。其审批程序如下：

(1)事先向高速公路主管部门提出书面申请。

(2)高速公路主管部门审查后，提出具体意见，主要是交通管制和保证高速公路设施完好的措施等。

(3)申请单位应向高速公路主管部门按标准缴纳有偿占用费及设施维护费等。

(4)核发临建设施或临时施工许可证需要特别说明的是：如果临建设施在高速公路用地以外，在建筑控制区以内的，还需办理建筑项目审批、土地征用手续等。

3.关于设置广告、标志牌的审批

(1)批准广告、标志牌设置的种类。

基于交通安全方面的考虑，任何破坏行车环境、影响行车安全的行为都必须加以制止。因此，在高速公路上除高速公路管理机构外，其他任何单位和个人禁止在高速公路上、公路用地范围内、建筑控制区、立交桥、跨线桥等处设置广告牌、非公路标志牌、标语牌等。确需设置的，须经高速公路主管部门批准。

①在公路、公路用地上设置指路、厂(店)名、宣传、告示、地界等商业性标牌及必要的服务性指示牌。

②在建筑控制区设置包括①中提到的各类商业性广告牌。

(2)设置广告、标志牌须办理的手续。

需要设置以上各类标志、广告标牌的应按下列步骤和规定办理设置手续。

①向所在高速公路主管部门提出申请,申请时应填写《高速公路及两侧设置广告标牌申请表》,并提供以下资料:广告标牌拟设置的位置、提供设置位置平面图、广告标牌的尺寸、结构、广告标牌固定形式及总体占地面积(正投形面积)、广告、标志的用途、设置期限等。

②高速公路主管部门接到申请后,对予以许可的,15日内应给予广告申请人开具证明核发许可证。不予许可的,说明理由,予以答复。

③高速公路用地及建筑控制区内不宜设置大型(公路用地的单板面积为$40m^2$以上,建筑控制区单板面积为$108m^2$以上)广告标牌。

(3)广告、标志牌设立的期限。

广告标牌的设置期限一般不超过2年,需延长设置期限,应征得高速公路主管部门同意并重新申请批准。否则,按违章设置处理。

(4)广告、标志牌违章设置处理及设置时应注意的事项。

违反以上程序步骤设置的广告标志牌,高速公路路政管理部门限期广告业主自行拆除,过期不拆除的,由公路路政管理部门强行拆除。此外,在设置广告、标志牌时还应注意以下几点:

①设置的广告标志牌应统一规划、设计、设置,做到整齐、美观、大方,符合公路及公路 GBM 工程(公路两旁净化、绿化、美化建设标准的简称)标准的规定。

②广告、标志牌设置的位置、尺寸不能影响交通安全和干扰公路交通标志的正常使用,设计的图案、颜色要与公路交通标志严格区别。

③经批准设置的广告、标志牌的右上角应标注"许可证"编号。

(5)在公路用地设置广告、标志牌,其广告业主应向高速公路主管部门交纳占用补偿费。

在公路两侧建筑控制区内的广告标牌收费按事业性补偿费收取,以广告标牌的有效面积计算,按省(自治区、直辖市)物价局公布的标准执行。

4.关于因特殊需要必须砍伐高速公路绿化树木,变更高速公路设施的许可证核发

高速公路的花、草、树木及其附属设施是受法律保护的国家财产,任何单位

和个人不得随意破坏,因特殊需要必须砍伐或变动的必须按下列程序办理手续:

(1)提出申请,阐明理由。

(2)高速公路管理机构经过认真审核,认为确属特殊需要,别无选择,可按赔偿标准赔偿后,由辖区绿化部门、高速公路主管部门核发路树砍伐许可证或设施变动许可证。

二、挖掘、占用高速公路的赔(补)偿

公路管理条例及其实施细则,规定了挖掘公路的损失费由建设单位或个人承担。其损失费应根据高速公路造价、挖掘公路的面积、深度以及筑路材料的价格及人工费用等原则确定,基价可参照《公路工程概算定额》标准。公路赔(补)偿费可按下式计算:

$$T = P \cdot S \tag{5-1}$$

式中:T——赔偿费(元);

P——单价[元/($m^2 \cdot$日)];

S——挖掘面积(m^2)。

占用高速公路补偿费,可按下式计算:

$$T = P \cdot S \cdot D \tag{5-2}$$

式中:T——补偿费(元);

P——单价[元/($m^2 \cdot$日)];

S——占用面积(m^2);

D——占用天数(日)。

占用公路补偿费应按高速公路建设标准、车流量大小,以当时当地的经济发展情况和各省各地的相关规定等收取合理的补偿费。

按照高速公路的要求,一般来讲,下穿管线最小深度在原地1m以下,并低于边沟沟底0.5m。油气管道的防护层,应在公路建筑控制区范围以外。受条件限制时,距离边沟外缘间的安全距离,石油管道应大于10m;天然气管道应大于20m;油气管道与大中型桥梁的距离应大于100m;管道作业开挖位置在路基20m以外,要求采取顶管加保护措施埋设。

配电高压线路不应低于12m的净空高度,送电线路应高于路面8m以上,而且要考虑与高速公路正交、斜交锐角大于60°,受条件限制时,也必须大于40°。

第三节　高速公路路政巡查与事故处理程序

高速公路路政管理职权所涉及的内容较多。目前我国各地区情况不同,在具体管理中存在较大的差异并各具特色。但根据不同的管理内容建立一套较规范的操作程序,是高速公路路政管理必须解决的课题。现将高速公路路政管理内容分述如下。

一、路政巡查

路政巡查是高速公路路政外业工作最重要的环节。只有经常巡护公路,才能及时发现和处理侵害路产、路权的行为;对侵害路产、路权行为的人和事起着威慑作用。同时,能及时了解和掌握各路段路政管理情况,指导和协助各路段处理各种交通事故和路政案件,充分发挥辖区路政管理网的作用,从而确保高速公路快速畅通、安全舒适。因此,为了加强高速公路路政巡查工作,原则上应实行全天候路巡,巡查方式包括定时巡查、临时巡查及异常情况下的紧急出动等。路巡间隔可根据车辆人员配备情况及管辖路段合理确定。通常有首尾相接式和交叉滚动式两种,但无论何种方式,在目前条件下高速公路至少应保证同一地点定时有巡逻车通过,遇有异常情况或特殊天气,要随时增加巡查密度,夜间则可适当加大巡查间隔。

1.巡查责任

(1)辖区内路产及标志、标线巡查。

(2)高速公路建筑控制区内状况巡查。

(3)通报路旁故障车辆及事故情况。

(4)记录并及时向值班室汇报路面、路基、路肩、缘石、边坡、路上设施及夜间照明状况。

(5)向高速公路用户提供及时帮助。

(6)回答值班室的询问,通报行车情况及位置。

(7)处理临时发生、发现的其他紧急事宜。

2.出巡准备

(1)出巡前应按规定着装,携带路政管理有关证件,夜间巡查应加穿反光标志背心。

（2）应随身携带指挥旗（灯）、路巡手册，检查无线通信设备电源，并将灵敏度与频率按值班规定调整一致。

（3）检查随车携带的勘查用具、临时标志、灭火器具的完好程度。

（4）检查巡逻车车况及标志灯是否正常。

（5）确定巡查人员并做好安排。

3.路巡分工

常规路巡一般不少于两人，也可为三人一组。三人一组巡查时的乘坐位置为：正驾驶位、副驾驶位、后排左侧位。

（1）正驾驶位：负责驾驶、观察路面情况。

（2）副驾驶位：担任主要巡视，包括右侧标志、路肩、缘石、边坡、边沟、隔离栅、泄水槽、应急电话、桥涵通道、护栏、建筑控制红线内状况等，并协助进行路面巡视。

（3）后排左侧位：担任辅助巡视，包括路面及左侧防撞护栏、中央分隔带及设施、里程碑的巡视。

路巡为两人一组时，三人巡查时的正驾驶位和后排左侧位负责的巡查事项由正驾驶位一人承担。

4.巡查一般规定

（1）巡查普通公路时，巡逻车速度通常不应超过60km/h，巡查高速公路时，巡逻车速度通常不应超过80km/h，巡查时应开启危险报警闪光灯，不能影响其他车辆正常行驶，夜间行车或恶劣天气通行条件较差时，应加开危险报警闪光灯减速慢行；接到突发事件处理指令时，巡查车辆不得超过该路段限速值。

（2）路巡人员处理紧急事件必须横穿高速公路时，应距离通行车辆240m以上疾步通过，夜间通行时应向路面来车方向加晃强光手电。

（3）巡查中发现停靠车辆或有人拦截时，应距其30m外在紧急停车带上停车，由主要巡视人员下车处理。在问明情况或作出初步处理前，汽车发动机不能关闭，驾驶人不能离开座位。

（4）路巡以发现问题及时通报为主，服从值班室指挥调度，除紧急情况须立即处理外，一般不宜长时间原地滞留。

5.路巡交接

（1）每次值班后，路巡人员应在巡查手册上详尽记述巡查结果，复杂事项应于现场及时记录。

（2）每班次交接前，应由班长查阅班内路巡手册，并依此填写《路政巡查交接班记录》，必要时可召集路政人员核实有关情况。本班次未尽事宜，应在交接班记录中注明，由班长向下班负责人做好交接。

二、事故处理

高速公路的事故分为交通事故（双方事故）和车辆自身事故（单方事故）。除遇有交通事故须交警部门裁定责任归属外，事故的其他处理一般由路政管理部门全权负责，其中包括救援、清障和路产赔偿等。事故处理内容有如下几点。

1.救援

事故发生后，应尽快赶赴现场救援，救援时应遵循以下程序：首先，在事故现场摆放有关标志，以避免其他车辆重复出现事故；其次，将滞留人员撤离危险区并抢救伤员，同时防止有毒、有害、易燃、易爆物的侵害；再次，抢救贵重货物及乘客财产；最后，保护路产。

以上抢救程序体现了行车安全至上、生命至上、驾乘人员财产至上的三原则。把保护路产放在最后，这是因为路产损失常伴随事故发生，并经赔偿仍具有恢复原状的特性，一般情况下也不会影响通行。

2.现场勘查

路政人员应迅速了解事故现状、事故性能、涉及范围、确定路产损害数量等，并测量有关数据，绘制"路产索赔案件现场平面图"，标明路产设施损坏情况；有条件时，应拍摄现场全景及局部照片3~5张存档。

3.询问笔录

对于较大路产损害事故，路政人员应向有关当事人就事情经过、认识态度、肇事人意愿等提出询问，制作询问笔录。

三、交通管制

高速公路路政管理范围内的交通管制一般包括两种情况：一是路上作业时的管制；二是恶劣气候条件下的管制。管制的目的是维持正常的通行秩序，保证高速公路的安全畅通。

1.作业现场交通管制

高速公路作业现场需实行交通管制的通常有:重大事故、大规模清障、养护施工等,交通管制主要通过设置标志,改变某一区段的交通流来引导车流安全通过,并保证作业人员安全。

作业现场的交通管制常分为5个区段:

(1)警示区提供行车状况改变提示。设置警告标志、第一级限速标志、禁止超车标志、前方作业或事故现场标志、前方车道变化标志等。标志间距不少于100m。最末标志距下一区段的距离不小于50m,区段长度为800~1500m。

(2)前渐变区引导车辆逐渐驶离正常路线进入改道段。设置禁止驶入标志、指向标志、第二级限速标志、渠化隔离标志。区段长度为:

$$限速60km/h以下(含):L=wV$$
$$限速60km/h以上:L=0.6wV \tag{5-3}$$

式中:L——区段长度(m);

w——车道平移距离(m);

V——限制车速(km/h)。

为便于操作,根据以上公式,可求得该渐变区长度与车道平移距离之间的倍数关系,见表5-2。

渐变区长度与车道平移距离的倍数关系　　表5-2

限速车速(km/h)	20	30	40	50	60	70	80	90	100
渐变区长度(m)	2.7w	6w	10.7w	16.7w	24w	42w	48w	54w	66.7w

注:当车辆横移一个车道,w值即等于车道宽度。

(3)缓冲区提供误入时的制动空间,禁止停放车辆、器具及材料,不准人员滞留,设置渠化隔离装置、故障、第三级限速标志。区段长度为:

$$L=0.4V \tag{5-4}$$

式中:L——区段长度(m);

V——限制车速(km/h)。

(4)作业区主要为清障、事故、施工等活动区域。设置渠化隔离装置、导向标志,夜间应配备警示信号灯。区段长度按实际需要确定。

(5)后渐变区引导车辆驶回正常车道。设置渠化隔离装置、作业区终止标志、区段终止标志。区段长度30~50m。并于100m处设解除限速标志、禁止超车标志等。

以上所述及各种标志、装置须为夜间反光式,作业现场应有夜间照明。

各区段标志及不同情况的交通管制如图5-1所示。

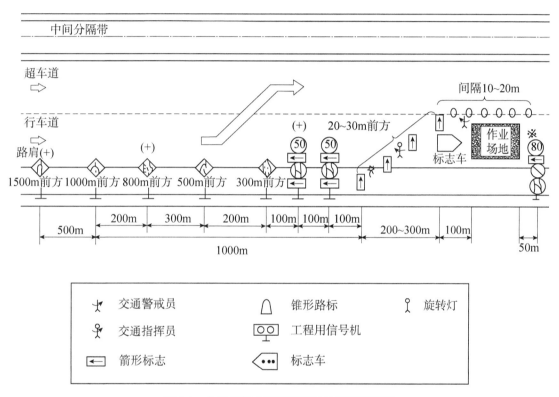

图5-1 各区段标志及不同情况的交通管制图

(+)字标志是在视线恶劣区段或交通量特别多时增设。增加设置管制标志时,设置标准的补助标志为区段标志;※的标志表示该区段的限制速度。

2.气候异常的交通管制

高速公路全封闭、全立交、无行人及非机动车干扰,则越是恶劣的天气便越能充分体现高速公路的通行优越性。管制的关键是实行合理、必要的交通管制。任何草率关闭高速公路交通的做法,都是管理者缺乏调控能力的表现。

异常气象的交通管制一般分三种情况:

(1)冰雪天气的管制。

冰雪天气高速公路行车的主要问题是路滑及制动失效,特别是高架桥及跨河桥上,由于下部凌空桥面极易产生冰凌,制动不当就会出现事故。经实地测试,冰雪天气车速一般限制在60km/h为宜,安全行车间距可控制在50m以上。有关限速及保持车距等提示标志可设置在进出口及各类桥前。

(2)雾霾天气的管制。

雾天行车的主要障碍是能见度及视距错觉。冬季的雾天也常伴有路面小冰凌的出现。当能见度低于100m时,行车困难较大。由于与各路段的位置、地理环境及周围空气温度不同,高速公路常会出现有雾与无雾或相邻路段雾况不同的现象。路政管理的任务就是积累经验,制定全线不同的雾况曲线,找出规律并根据雾况及时设置标志,加强路巡。

由于雾况不同所造成的光线反射、视力折减等均不同。因此,在不同雾况下对行车的交通管制也不相同,见表5-3。

雾天交通管制表 表5-3

能见度	车速限制(km/h)	安全行车间距(m)	超车
200m以上薄雾	不特殊限制	>100	允许
100~200m中雾	≤60	>50	允许
50~100m大雾	≤50	>50	不允许
50m以下大雾	≤30	>50 控制放行	不允许

(3)风雨天气管制。

风雨天气,特别是遇到大暴风雨和与行车方向垂直的横风时,高速公路行车均较危险。但由于这些气候条件给予驾驶人的主观感受较为明显,一般除典型地段外可设提示性语言标志,不再具体限制车速,行车中由驾驶人依据情况自行把握,实践效果较好。

四、拖带清障

拖带清障是高速公路管理部门日常主要工作之一,是一项必须使用专门机械来完成的有偿服务项目。从事日常路政巡查的车辆,除紧急情况外,一般不宜担任此项工作。

1.拖带

拖带通常指对高速公路上故障车辆的牵引。拖带中应注意:

(1)拖带前应向当事人出示"高速公路车辆清拖作业收费标准",事先讲明收费数额,严禁乱收费。

（2）一般简易拖带在抵达现场后,应先安排专人摆放有关标志牌。移动作业时应有人持指挥旗（灯）疏导车流。对占用车道时间较长、装载复杂的拖带,应实行作业现场交通管制,管制方式可依据实际情况适当调整、简化。

（3）无论何种情况,牵引拖带作业均不准逆行,牵引车亦不准同时拖带两辆以上车辆。

2.清障

清障系指清除因事故或其他原因滞留在高速公路上的故障及事故车辆或物资。清障主要应注意：

（1）大规模清障应按作业现场交通管制办法摆放有关标志、设施。

（2）一般规模清障只设警示区、渐变区和作业区,相应的标志设施要求与大规模清障相同。

（3）小规模清障由于机动性强,可于现场前方500m外开始设置第一级限速标志,采用渠化隔离装置布设作业区及改道,于后方100m处设解除限速标志。

（4）排障遇有易燃、易爆、有毒物品时,要采取必要措施,确保人身安全。

（5）清障完毕后,要清扫作业区,将残留物品清出现场,及时撤除有关标志。

第四节　高速公路路政案件处理

路政处罚是指高速公路管理机构对违反国家有关高速公路管理规定的行为当事人给予的行政处罚。

路政处罚是以违反路政管理规定的义务为前提,如破坏路面及附属设施等行为。处罚的对象是违反路政管理规定的法律义务的公民、法人和其他组织。路政处罚由各级高速公路主管部门的专职路政执法人员根据行政管理法规的有关规定来作出决定。

一、路政处罚的形式

1.返还原物,恢复原状

适用于对路产的侵害案件,在肇事方力所能及的条件下,允许其自行恢复或返还。

2.警告

如在禁止的范围内采挖砂石、施工作业,则可通过警告的方式,责令其停止作业,限期迁出,如无视警告,则视情节作出进一步处罚。

3.赔偿损失

违法者的行为给高速公路财产造成损失时,应依法以违法者的财产补偿高速公路的经济损失。路产清偿工作是路政管理工作中的一项很重要的内容,它所涉及的事务很多,因此赔偿标准必须予以明确。高速公路路产赔偿项目分类见表5-4。

高速公路路产赔偿项目分类表　　　　表5-4

公路用地	挖掘公路用地、占用公路用地、公路用地取土、挖沙、开荒、采石、放牧
路面	损坏路面、占用路面、污染路面、挖掘路面、挖掘土路肩、散落脏物、制动测试
桥涵	损坏桥头端柱、损坏护柱、损坏锥坡、损坏护轮带、损坏挡墙、损坏桥面、损坏照明设施、超载过桥、河道挖掘、堵塞
排水设施	损坏缘石、损坏集中泄水槽、损坏泄水井
交通工程设施	损坏里程碑、损坏界桩、损坏防撞栏、损坏防眩设施、损坏限速板、损坏紧急电话、损坏高速公路标志和/或标线
绿化	损坏树木、损坏草坪、损坏花卉、损坏景区设施
收费设施	损坏收费亭、损坏收费设备
其他设施	损坏封闭隔离栅、围栏、损坏通信设施、供电设施、设备、广告牌等

4.罚款

高速公路管理部门依照有关法律、法规等对违法者强制其在一定期限内缴纳一定金额的处罚形式。

5.其他

对违反规定超限运输及其他相关行为,可按法规责令其暂停行驶,并在指定地点停放。此外,对违章建筑,可责令停工或限期拆除。

二、路政处罚程序

1.发放违章通知书

发现违反路政管理行为,通知当事人,告知此行为违反公路管理法律法规的具体内容及所承担的责任。

2. 立案

高速公路管理机构发现路产、路权受损事实后需向当事人追究应承担的责任,对事实进行调查核实,这一过程就是立案。

3. 调查取证

高速公路管理机构发现违法行为后,必须通过调查取证来确定违法的事实及情节轻重、损坏数量等。

主要是询问违法行为人或向其他人收集证据。询问违法行为人时应做笔录,并由当事人签章。现场取证应取得当事人陈述、证人笔录、案件现场图、视听资料(照片、录像、录音等)并取得其他物证。如解决专门技术问题,应聘请专业人员就案件作出科学鉴定和分析意见。调查取证必须客观准确、实事求是,调查取证活动必须合法。

4. 处罚决定

依据调查取证的客观事实,确定行为性质,正确运用有关的法律规定,对当事人作出书面处罚决定。主要以"违章通知书""违章处罚决定书"的形式作出,必须写明处罚的依据、理由,并告知当事人的申诉权、申诉的期限、申诉的管理部门等。若当事人接受处理即结案。

5. 处罚执行

"违章处罚决定书"一旦经有关程序送达,若当事人逾期不申请复议(申诉),又不履行处罚决定的,做出行政处罚决定的机关可以按照《中华人民共和国行政处罚法》规定,采取如下措施:

(1)到期不缴纳罚款的,每日按罚款数额的3%加处罚款。
(2)根据法律规定,将查封扣押的财物拍卖或者将冻结的存货拨抵缴罚款。
(3)申请人民法院强制执行。

6. 复议

若当事人对处罚决定不服,申请复议,则该案件转到高速公路主管部门的上级管理部门,高速公路主管部门的工作是配合上级做好复议,服从复议的结果。

7. 配合办案

涉及交通事故案件并发生路产损失案件时,须在路产损失案件处理完毕后,由路政人员通知交通警察,此案方能结案。这项事宜需与交通警察协商,相互配合,共同办案。

8. 结案归档

高速公路管理机构对违法行为人执行处罚后,将有关材料(包括调查取证材料、技术鉴定书、违章通知书、处罚决定书等)收集齐全,整理立卷归档。

上述是常规路政案件处理程序。实际工作中,处理程序往往是根据路政案件的大小、繁易程度不同,采取较灵活的方式依法处理,这种灵活的依法处理对于高速公路尤其必要。高速公路上有一种常见损坏路产案件,即因驾驶人本身原因,驾驶不当、身体疲劳或是汽车突发性故障。如爆胎等引发的交通事故,造成路产损失。这种责任明显、案件简单、容易处理的案件,就可采取速战速决、现场处理、现场结案,尽快疏通。其文书档案的建立,可事后回办公室根据现场图片资料进行处理。

如××牌号5t货车,因右前轮胎爆裂,致使货车向右偏离行车道,撞向防撞护栏,造成两块4m长波形防撞护栏,3根立柱损坏,没有人员伤亡。此案件简单、责任明确,路政人员可按赔偿标准,即刻填发"赔偿(处罚)决定书";事主签字认可,交付赔偿金;路政人员开具票据,即可结案。对于故障车,若不占据行车道,短时间能修复,可允许就地修复;若占据行车道或短时间不能修复,可调清障车拖离现场,保证道路畅通,现场拍的照片及立案至结案等文字档案,可事后整理入档。

三、路政处罚规定

违法事实确凿并有法定依据,对公民处以200元以下、对法人或者其他组织处以3000元以下罚款的行政处罚,适用《中华人民共和国行政处罚法》规定的简易程序,可以当场做出行政处罚决定,填写公路路政(当场)处罚决定书,并当场交付当事人。

路政管理人员当场做出行政处罚决定,必须在5日之内报所属公路管理机构备案。

当场不能做出处罚决定的,适用《中华人民共和国行政处罚法》规定的普通程序,按下列程序处罚。

1. 调查取证

公路管理机构或公路路政人员接案后,应立即组织人员对案件情况进行全面、客观、公正的调查,收集有关证据。必要时,依照有关法律、法规的规定,可以进行检查。

证据包括书证、物证、视听资料、证人证言、当事人陈述、鉴定结论、勘验笔录和现场笔录。

路政管理人员调查、收集证据,应当遵守下列规定:

(1)不得少于2人。

(2)询问证人和当事人,应当分别进行并告知其做伪证应负的法律责任;制作询问笔录须经被询问人阅核后,由询问人和被询问人签名或盖章,被询问人拒绝签名或者盖章,由询问人在询问笔录上注明情况。

(3)对与案件有关的物品或者现场进行勘验检查的,应当通知当事人到现场,制作勘验检查笔录,当事人拒不到场的,可请在场的其他人员见证。

(4)对涉及专门性问题的,应当指派或者聘请有专业知识人员鉴定,并制作鉴定意见书。

(5)证据可能灭失或以后难以取得的,要先行登记保全,制作证据登记保存清单,并在7日内作出处理决定。

2.发出违法通知书

当查明当事人和其所造成的损害结果后,公路管理机构应当向当事人发出违法通知书,责令其停止违法行为,并按指定时间到指定高速公路管理机构接受处理。

3.作出处罚决定

公路管理机构经调查取证,在事实清楚、证据充分的基础上,应正确适用有关法律、法规和规章,对案件作出处罚决定,制作处罚决定书,按规定送达当事人。处罚决定前,应听取当事人的陈述、申辩,申辩不得加重处罚并记录在案。

对公民、法人或者其他组织处以数额较大罚款的,应当告知当事人有要求听证的权利,当事人要求听证的,按法律规定组织听证。路政处罚实行罚缴分离制度。

4.当场收缴罚款

依照《中华人民共和国行政处罚法》的规定,有下列情形之一的,路政人员可以当场收缴罚款:

(1)依法给予200元以下罚款的。

(2)因特殊情况事后难以执行的。

(3)在边远、交通不便的地区,当事人向指定的银行缴纳罚款,确有困难时,经当事人提出,路政人员可当场收缴罚款。

公路管理机构及其路政人员当场收缴罚款,必须向当事人出具省级财政部门统一制发的罚款收据。

5.路政管理人员处理路政事务案件程序

路政管理人员处理路政事务案件程序如图5-2所示。

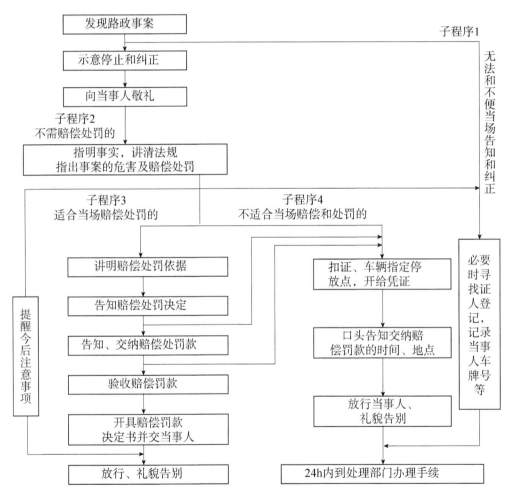

图5-2 路政管理人员处理路政事务案件程序

6.路政管理人员处理路政事务案件程序表说明

为了便于说明值勤巡逻时路政管理人员处理路政案件的程序,图5-2中列出了主程序和四个子程序。

(1) 主程序。

路政巡逻人员发现路政案件后,即应提出示意违章人停止违章行为,如在检测点则可示意超高、超限车辆靠边停下或经检验后到指定地点停放,"示意"包括用指挥手势和语言。路政管理人员与违章人正面近距离接触的第一件事,便是向违章人敬礼、出示证件后执法,随后根据路政案件的事实,准确地指明其违章的事实、违反的法规及规定,简明扼要地指出该违章行为的危害。

遇路产赔偿案件,向当事人敬礼、出示证件后,可请当事人出示机动车驾驶证、机动车行驶证、营运证等以便确定其身份,进行登记,看证件与人、车是否相符。

在执行完上述几个步骤后,路政管理人员应确定是否能给该当事人(违章人)处罚以及是否适合当场处罚。

(2) 子程序1。

该子程序适用的是无法或不便当场向当事人询问的违章或案件。如中央、省、军区的专车损坏路产,享有外交特权及豁免权的外国人驾驶的车辆以及无法示意其停车,或看、听不到路政执法人员的示意和驾车逃跑的违章事物案件,应立即记录下车辆号牌、案件发生的时间、地点、行为等(可采用填写通知书的方法);必要时路政管理人员还应寻找能证明该车违章情况的证人(不能辨别是非、不能正确表达的人不能做证人),记录下证人的姓名、单位(住址)、电话号码等,在 24h 内将记录上报上级主管部门,由上级主管部门处理。

(3) 子程序2。

该子程序适用的是不需处罚处理的事件和违规行为,不需处罚的,即符合免予处罚,不予处罚条件的。对这种类型的行为人及事件,一般只是提醒其今后注意,予以教育后,即可放行。路政管理人员在放行时,应礼貌告别。可以敬礼,也可以说"今后请注意""再见""谢谢""谢谢您的合作"等礼貌性语言。

(4) 子程序3。

该子程序是适用路政执法人员当场处罚和处理的案件。在确定违章或案件属"需处罚"或"需赔偿"后,应随即判断其是适合当场处理,适合当场处罚或赔偿的判断依据是适用哪种(种类及幅度)法规和给予路政执法人员的限定权限。当场处理过程中,被处理人有异议的,就超出了路政执法人员的限定权限,则属于"不适合当场处理的",应执行子程序4。对适合当场处理的处罚和赔偿,应向当事人讲明处罚或赔偿依据(有关处罚赔偿的法规),对其宣布处罚或赔偿决定或"告知缴纳罚款或赔偿款"后,如果当事人不服处理处罚决定,或者不能、不愿意当场交纳,则转为执行子程序4,即按"不适合当场处理处罚的"处理。如果当事人按数交纳了罚款和赔偿金,路政执法人员验收后,应给当事人开具当场处罚决定书或赔偿决定书[代收(罚)赔偿款收据],并交当事人。此时,应将有关证件一并交还当事人,最后予以放行并礼貌告别。

(5)子程序4。

该子程序适用不适合值班巡逻的路政管理人员当场处罚或赔偿的路政事案。不适合当场处罚或赔偿的事案,路政执法人员应进行例行检查,登记记录当事人的基本情况、车辆号牌、时间、地点和需处罚、赔偿的情况及进行现场勘察,可视情况责令车辆按指定的地点停放,接受处理,并于24h内将事案登记等情况交送处理部门处理。

7.口头传唤

口头传唤是路政管理人员命令当事人按指定时间到路政管理部门接受调查处理的一种形式。

四、路政复议

路政复议是指上级高速公路管理机构对当事人不服下级管理部门作出的路政处罚而提出的申诉案件进行复查审理。若当事人提出申请复议,超过规定时间,上级可不予受理,而在规定的申诉时间内,应接受处理。

上级高速公路管理机构接到复议申请后,应认真复核下级高速公路管理部门处理的档案材料,看其事实是否有出入、证据是否确凿、量裁是否准确,若无差错,一般应维持原处罚决定,并对当事人予以解释。

若确属下级高速公路管理部门工作失误,处罚决定不够准确,上级高速公路管理部门应将工作继续完善,在必要的情况下,应重新取证,并根据事实和法律依据重新作出裁决。下级高速公路管理部门对上级高速公路管理部门作出的复议决定,应坚决贯彻执行。若当事人对上级的复议决定仍不服,可向人民法院提出申诉,此时,路政案件处理工作便进入路政诉讼阶段。

五、路政诉讼

路政诉讼是指高速公路管理机构为维护自身合法权益,以诉讼参加人的身份参与法院审理的有关高速公路诉讼案件的活动。

在路政诉讼中,高速公路管理机构多以被告人身份出现。为了维护自身合法权益,出庭应诉人员应该严肃认真,充分做好取证、法律依据等方面的各项准备工作,使之证据确凿、理由充分。

六、路政管理许可的内容及范围

对公路的特殊占用、利用、挖掘等行为实行路政许可证制度。具体内容包括:

(1)平交道口的设置。

(2)超限运输车辆行驶公路。

(3)建筑控制区内除公路防护需要的以外,地下、地面建筑物、构筑物的修建及管(杆)线、电缆等设施埋设。

(4)公路用地范围内非公路交通标志的设置。

(5)跨越、穿越公路、公路用地;沿公路修建设施。

(6)开挖公路、公路用地。

(7)利用公路用地、公路设施。

(8)公路行道树的砍伐和修剪。

(9)铁轮车、履带车和其他可能损害公路路面的机具在公路上行驶。

(10)有关特殊占利用、挖掘公路的其他行为。

七、路产损坏赔(补)偿处理程序

(1)公民、法人、其他组织造成公路、公路用地和公路附属设施损害的应向公路管理机构缴纳路产损害赔(补)偿费。

(2)公民、法人、其他组织经批准占用、利用、挖掘公路的应向公路管理机构缴纳路产占利用补偿费。

(3)路产赔(补)偿的处理分为简易程序和一般程序。

(4)情节简单、事实清楚、损失较小、主要证据确凿,当事人愿意接受当场处理的,适用简易处理程序。

简易程序应制作现场勘验笔录、调查询问笔录、处理决定书。处理决定书应当场交付当事人。

(5)不能适用简易程序的路政事案,一律适用一般程序。

一般程序应制作现场勘验笔录、调查询问笔录、鉴定结论、违章行为通知书、处理决定书、文书送达回证、结案登记表,并按一案一卷装订归档。

(6)路政人员在巡查中发现或接到举报有损害路产行为的,应当责令当事人停止违法行为,制作现场勘验笔录、调查询问笔录。

(7)当查明当事人及其造成的损害结果后,公路管理机构应向当事人送达违法行为通知书,通知当事人按指定时间到公路管理机构接受处理。

(8)经调查取证,事实清楚、证据充分的,按照有关法律、法规、规章制作处理决定书,按规定送达当事人。

(9)公路、公路用地及其附属设施损害赔(补)偿标准由省级交通运输主管部门会同同级财政、物价部门制定,没有标准的按照公路工程实际造价计算赔(补)偿费用。

(10)公路及其附属设施损害赔(补)偿费由公路管理机构依法收取,专项用于路产的恢复。

(11)有下列违法行为之一的,由公路路政管理部门责令停止违法行为,可以依据相关法律法规给予罚款:

①擅自占用、挖掘公路的。

②未经同意或未按公路工程技术标准要求修建跨越、穿越公路的桥梁、渡槽或架设、埋设管道(杆)线等设施的。

③在大中型公路桥梁和渡口周围200m、公路隧道上方和洞口外100m范围内,以及在公路两侧边沟外缘50m范围内,挖砂、采石、取土、倾倒废弃物,进行爆破作业及其他危及公路、桥梁、隧道、渡口安全的。

④铁轮车、履带车和其他可能损害路面的机具擅自在公路上行驶的。

⑤超过公路、桥梁、隧道或者汽车渡船的限载、限高、限宽、限长标准的车辆,在有限定标准的公路、桥梁、隧道内擅自超限行驶或超限使用汽车渡船的。

⑥损坏、移动、涂改公路附属设施或者损坏、挪动建筑控制区的标桩、界桩,可能危及公路安全的。

(12)有下列违法行为之一的,由公路管理机构责令停止违法行为,可以按法规给予罚款:

①在公路上及公路用地范围内进行摆摊设点、堆放物品、倾倒垃圾、设置障碍、挖沟引水、利用公路边沟排放污物,或其他损坏、污染公路行为,造成公路路面损坏、污染或者影响公路畅通的。

②机动车辆制造厂和其他单位将公路作为检验机动车辆制动性能试车场地的。

③伪造、涂改许可证、通行证或进行与许可证、通行证规定范围、期限、时间、路线等内容不一致的活动的。

公民、法人及其他组织,需特殊占、利用、挖掘公路的,应向本行政区域内县级以上的公路管理机构提出书面申请,并提供以下资料。

(1)开设平交道口。

①路线名称、桩号、委托人、经办人、申请人事由。

②平交道口平面设置图、设计图。

③其他相关资料。

(2)超限运输车辆行驶公路。

①货物名称、质量、外廓尺寸及必要的总体轮廓图。

②运输车辆的厂牌型号、装载质量、轴载质量、轴距、轮数、轮胎单位压力、载货时总的外廓尺寸等有关资料。

③货物运输的起讫点、拟经过的路线和运输时间。

④车辆行驶证。

(3)公路两侧建筑控制区内修建、埋设管线、管道和跨越、穿越、开挖、占利用公路路产。

①修建、埋设、跨越、穿越、开挖、占用、利用的地点、公里桩号、与公路边坡外缘或公路界桩的距离。

②设计图。

③修建、埋设、跨越、穿越、开挖、占用、利用的期限。

④申请理由及修复措施。

⑤其他相关资料。

(4)公路用地及控制区内非公路交通标志的设置。

①非公路交通标志的线路里程桩号、申请人、委托人、经办人。

②非公路交通标志的内容、颜色及外廓尺寸、结构。

③申请设置期限。

(5)公路行道树采伐。

①行道树所处的线路里程桩号。

②行道树的种类、树龄、胸径、数量。

③采伐和修剪的安全措施。

④采伐的时间和更新计划。

(6)铁轮车、履带车、农机具及其他可能损害公路路面的其他机具在公路上行驶。

①行驶证件。

②行驶理由。

③行驶路线及时间。

④行驶时采取的措施。

公路管理机构接到相对人书面申请后,应在15日内作出书面答复。经批准的应依法颁发许可证。

(7)下列行为由市、地、州公路管理机构报省公路管理机构审批:

①国道、省道产权变动。

②在国省道上设置立交、平交道口,穿跨越埋设管道、杆线、电缆,设置非公路交通标志。

③跨越省、市(地、州)行政区域的超限运输。

④在国省道公路上砍伐行道树。

(8)下列行为由市(地、州)公路管理机构审批:

①在县道设置立交、平交道口、埋设管线、杆线、电缆。

②砍伐县道行道树。

③跨越县、区的超限运输。

④受省公路管理机构委托的其他事项。

⑤申请人接到不予批准的答复后,按《中华人民共和国行政复议法》的规定申请复议。

第五节　高速公路路政、路产索赔案件现场图的测绘方法

一、路产索赔案件现场图的定义

(1)地形图的定义:测量学上把自然物和构造物叫地物,用地物符号(图例)表示在图上,一张表示这一地区的地形和地物的图称为地形图。

(2)路政案件:是指违反路政管理法规、规章,并依照路政管理法规应当给予处罚的案件。构成路政案件应具备以下三个条件:

①路政案件必须是法律、法规授权的路政管理机构确认,并进行查处的违法事实。其他单位和个人均无权查处。

②路政案件是以违反路政法规为前提。

③对违反路政管理法规行为的当事人给予路政处罚。

(3)路产索赔案件现场图实质上是由于违反公路管理规定,在高速公路、公路用地范围内进行侵占、破坏、污染路产的行为或车辆故障等其他原因引起路产设施损毁的路政索赔案件的现场地形图,加上肇事的元素(如车辆、路产设施、行人等)及其相关位置。

二、路产索赔案件现场图的要求

在路产索赔案件现场勘查中,必须绘制肇事现场图,通过图纸全面地反映出路形、地物和各种肇事元素的位置,以及它们之间的距离尺寸与相互关系,如实描绘现场,作为处理路产索赔案件调查取证、现场勘查的主要依据和案卷材料。测绘路产索赔案件现场图的具体要求是:

(1)准确无误。即要求对整个现场测绘正确,所标图例符号无误。

(2)对图上不便表示的符号,应作简要文字说明。

(3)测绘时态度认真。由于现场图是分析、鉴定路产索赔案件责任的现场勘查记录,是处理路产损失赔偿案件的依据,因此,要求路政管理人员绘制时要严肃认真,绝不允许草率从事,更不得弄虚作假。

三、路政索赔案件现场图的基本规格

要使路产损失索赔案件现场图图形准确、图面清晰,符合使用和存档要求,必须按路政部门制定的基本规格使用。具体要求如下:

(1)图幅按现行路政规定图幅,A4 纸(格式如图 5-3 所示)。

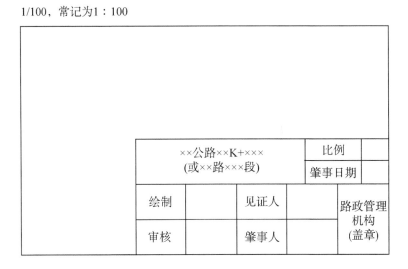

图 5-3　路产索赔案件现场图格式

(2)比例尺测绘现场图时,必须把道路、地物、违章构筑物、车辆等实际尺寸大幅缩小之后画在图上。这种缩小的倍数关系,为现场图的比例尺。如图上某一线段长度 l 与地面上相应线段的水平距离 L 之比,米为缩小倍数。即:

$$\frac{l}{\text{米}} = \frac{l}{L} \text{米} = \frac{L}{l} \tag{5-5}$$

例如,地面上两点间的水平距离是 10m,在图上以 0.1m(10cm)的长度表示,则这张图的比例尺就是 $m = 0.1\text{m}/10\text{m} = 1/100$,常记为 1∶100。

(3)定向正确。即图上的东西南北,公路走向一目了然,符合公路实际走向。

(4)比例符合要求。在确定了图纸比例尺后,图中各部分均按选定的比例尺绘制。

(5)全面反映情况要求现场图既能反映出现场的路形、地物,又能反映案件发生及肇事因素。

(6)测量尺寸要准确。现场摄影虽能反映出现场的真实形象,但缺点是缺乏尺寸概念,不能反映实际距离尺寸。而路产索赔案件现场图,可以正确反映出公路宽度,违章构筑物及人、车、路之间的关系尺寸,对处理、分析路产案件作用颇大。因此,测量时必须丈量准确。

(7)标注齐全对案件现场所处的公路走向,违章构筑物的尺寸数据、路产设施等应标注齐全。

四、线型

现场图中的各种图例符号是由不同形式、不同粗细的线条所构成的,每种线条都有不同的用途和意义。各种线型标准样式见表5-5。

各种线型标准样式　　　　　　　　　　表5-5

序号	名称	线型	宽度(mm)	适用范围
1	标准实线	——	$b(0.4\sim1.2mm)$	一般可见轮廓线(包括车辆、房屋设施、桥梁等的轮廓线)
2	粗实线	——	$>b$	公路线形、图框线、标题栏框线等
3	中实线	⊢——⊣	$b/2\sim b/3$	标志牌、指路牌、信号灯、电杆、树木等非比例符号
4	虚线	1mm→ ←2~6mm	$b/2$	运动中的车辆轮廓线、行驶、行走路线
5	细实线	——	$b/4$	尺寸界限、尺寸线、边坡线、车辆翻滚路线
6	点划线	—·—·— 1mm	$b/4$	公路中心线
7	折断线	10~20mm ⌇	$b/4$	假设断开部分的边线
8	指标线	╱ ̄	$b/4$	指示某一部分并加以说明的标志线

五、尺寸标准

现场图除了绘出案发区内的地物、道路、车辆、构筑物等形状外,还必须准确、完整、清晰地注明有关的尺寸数据,如道路宽度、弯道半径、损坏路产设施尺寸,漏滴、倒洒出燃油、硫酸等对路面有损毁的化学物品的面积,制动、拖引损毁路面的长度等,作为分析赔偿路产损失的主要依据。应当注意的是,在测绘损坏路面案件现场图时,不仅要测绘出实际损坏的面积,而且要按路面修复工程的要求测出实际赔偿面积,即包括实际损坏的路面面积,再加上修复时所需清除的面积。

1.尺寸标注的一般规则

(1)图上所标的尺寸数字应是地面物体实际大小,与图的比例无关。

(2)在现场图中,公路的里程桩是以 km 为单位,这里统一以 m 为单位,在注解中应注明尺寸单位。

2.定向

(1)现场图方向的确定。阅读和使用现场图,都要确定它的方向。现场图上方向的表示方法是在图上画出指北针的符号。

案发现场图采用磁北方向为基本方向。磁北方向可以用指北针(黑色针尖指北)。

(2)方位角以磁北起顺时针方向转动,以指北针(又叫袖珍经纬仪)测量。

六、图例符号

图例符号按其用途划分为地物符号、交通元素符号、动态符号、道路安全设施符号四种。

1.地物符号

地物符号见表5-6。

表示地物的符号分为比例符号、非比例符号及注记符号三种。

(1)比例符号。现场图上对房屋、道路、桥涵、路边构筑物等的绘制,其图例符号应按图纸确定的比例尺绘在图上,它既表明地物的位置,也表明了地物的形状和大小。

(2)非比例符号。当地物很小或没有必要按实际尺寸缩绘的地物,如里程碑、电杆、树木等,采用一种特写的符号表示即可。

(3)注记符号。现场图上用文字或数字标明的地名、公路走向等。

地物符号　　　　　　　　　　　　　　　　　　表 5-6

名称	符号	名称	符号	名称	符号
建筑物		树木		反光镜	
护栏		道路分隔带绿化地		田地	
铁道		隔离栏		障碍物	
道路		围墙篱笆		水塘	
小道		草地		道路照明	
边坡		里程碑		公共汽电车车站	
人行横道		电杆		桥梁	
河流		邮筒		指路牌	

2.交通元素符号

交通元素符号主要包括各种车辆、行人及倒、洒落物品等的表示符号，一般应以比例缩绘。交通元素符号见表5-7。

（1）动态符号。动态符号包括车辆行驶经过的路线，制动痕迹、车辆翻滚的路线以及各种情况下产生的车辆碰撞与刮蹭接触点、对路产设施损坏程度的符号记录。正确标注这些符号，对正确分析路产索赔案件过程的鉴定结论有很大的作用。

（2）路产设施符号。路产设施符号包括表示道路上的安全设施、养护设施、通信设施、监控设施等图例，如路面交通标志、标线，中央分隔带防撞护栏、隔离栅以及收费亭设施、电动栏杆、信息显示牌、闭路电视、摄像机、紧急电话、配电箱等设施。

交通元素符号 表 5-7

名称	符号	名称	符号	名称	符号
载重车辆		摩托车(倒地)		人力三轮车	
小汽车		摩托车(行走)		起重机械	
大型客车		自行车(倒地)		行人位置	
运动中的车辆位置		自行车(行走)		死伤人员	
车辆挂擦碰撞痕		人力车		血迹	
拖挂车		畜力车		遗留物位置	提包 鞋
三轮汽车		拖拉机		吉普车	
侧三轮摩托车		手扶拖拉机			

七、路产索赔案件现场图的内容和分类

现场图以正投影原理绘制。它实质上是路产索赔案件现场及周围环境的平面图,再加上交通元素、动态元素和动态痕迹而形成。对上述内容及时测量,用一定比例的线和相应的图例,按实际的方位位置绘制而成的平面图纸便是现场图。

1. 现场图的基本内容

现场图的基本内容应包括以下几方面:

(1)表明案发现场地物位置和主要交通条件。

(2)表明主要交通元素及与案发有关的损毁物、散落物的位置。

(3)表明案发过程中车、人等动态痕迹。

(4)表明道路状况设施和障碍物。

(5)表明与案发有关的其他因素。

(6)注明与案发有关的各种数据。

上述内容说明,现场图是研究分析、调查路政案件而进行现场勘查的取证手段,因此,现场图不仅要求绘图者自己能看懂,而且能令没有到过现场的其他有关人员也能从现场图中了解案发概况。

2.现场图的分类

现场图按绘制过程,可分为现场草图和现场比例图。

(1)现场草图。现场草图是路产索赔过程中,边测、边绘、边标注(在现场草绘)的示意图,是现场勘查的主要记录材料之一。发生路产索赔案件时,为了尽快清理现场、不影响交通,要求现场勘查快速、认真、准确、全面。在现场绘制时,由于操作时间较短,对草图并不要求十分工整,但对现场所包含的内容和数据必须完整、准确。勾绘草图的方位应大致符合实物尺寸,距离也力求符合比例,图例正确,线条可以徒手勾画,现场校核图纸时发现问题可以修改、补充。

(2)现场比例图。现场比例图是根据现场草图所标注的地物、道路、交通元素动态痕迹的位置、方向、相互关系和数据,在室内按照绘图的基本规定,按选定的比例工整地绘制出的正式图。在重大的或特大的路产索赔案件处理中,作为鉴定或诉讼的依据。

八、现场草图的绘制步骤

绘制现场草图是路政案件现场勘查的重要内容,要求在勘查结束时当场出图,由于勘查过程时间较短,要把现场复杂的情况全面、准确地反映在图面上,绘图者必须具有一定的业务水平和熟练的绘制技能。现将绘制步骤介绍如下。

1.了解概况

绘制前应首先对现场状况进行初步观察,对现场的地形、地物、道路状况、车辆、路产设施损失情况等要有一个轮廓印象,并了解案发现场的概况,判断哪些是与案件有关的,哪些是间接的,哪些是与案件无关的,从而确认案发中心,确认损毁设施等绘制对象。

2.确定草图比例尺

根据案件发生现场范围的大小,选定图纸合适的缩绘比例,草图的图形也应大致按选定的比例绘图,一幅图内不能出现两种不同的比例尺。比例确定后依据现场情况,进行图面构思,使图面设置恰当、不偏不倚。

3.画出路形

测量出道路宽度和中心线,再用袖珍经纬仪量出公路走向,然后将路形绘制到图上去。

4.画出各种图例

依照现场图绘制方法,将现场车辆、路产设施的毁坏情况及位置以图例标在图上。

5.绘出地物

测量地物及路产设施位置,用图例标在图上。

6.文字说明

对一些与案件有关的情况,又难以用图形表示出来的,则应以文字说明。先选定文字说明在图上书写的位置,逐条整齐书写,以保证图面整洁和阅读方便。

7.画附加图

根据案发现场和地形、道路的复杂程度,如画出附加图,可按要求的图式绘制,作为分析案发原因的补充资料。

8.核对

现场图测绘记录是调查和取证的依据,它必须由两名以上的路政管理人员共同测绘。现场图应真实反映案发事实,同时要注明勘测绘图时间、地点和调查人、被调查人、记录人的姓名,经核对无误后,由测绘人员分别签字。

对有些重大或特大路产索赔案件需绘制正式现场比例图,比例图可根据现场草图的图形和尺寸数据绘制。绘图前应选定图幅及比例尺,然后打底稿,再描黑或加深。

九、路产索赔案例与现场示意图

1.案例一

一辆大型货车,在广佛高速公路开往佛山方向至 K4+050 处爆胎,撞至右侧防撞栏后,侧翻在超车道和主车道之间,该车装载有浓硫酸罐,硫酸流出,损毁沥青路面 $231.5m^2$,损毁边坡草皮 $112m^2$ 及防撞护栏两块(图5-4)。

根据现场情况,分别绘制案发现场草图(图5-5)和现场比例图(图5-6)。

图 5-4 案例一图示

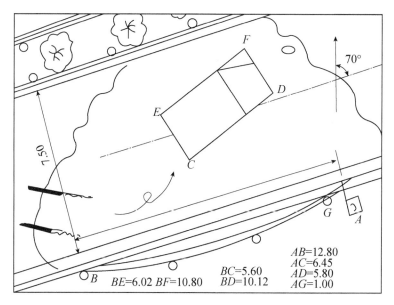

图 5-5 案例一案发现场草图(尺寸单位:m)

2.案例二

有一平板拖车在广佛高速公路开往佛山方向,谢边收费站处匝道 K14+080 处发生故障,该车货物撒落路面,车辆撞毁防撞护栏 5 块,防撞立柱 6 根,毁坏导向标志牌 4 块,毁坏沥青混凝土路面 2.97m²(图 5-7)。

依现场勘查情况,分别绘制案发现场草图(图 5-8)和现场比例图(图 5-9)。

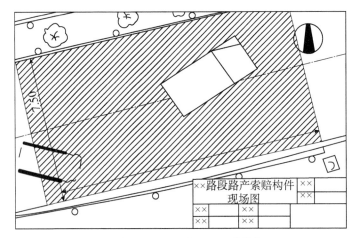

图 5-6 案例一现场比例图(尺寸单位:m)

图 5-7 案例二示意图

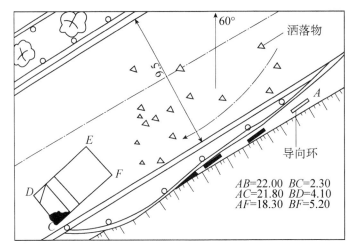

图 5-8 案例二案发现场草图(尺寸单位:m)

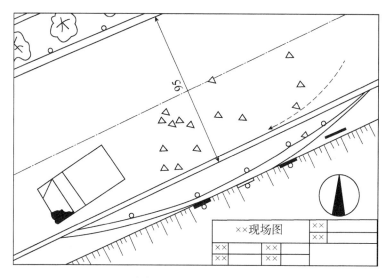

图 5-9 案例二现场比例图(尺寸单位:m)

第六节 高速公路超限运输、危险货物道路运输管理

一、超限运输的管理

1.超限运输的含义

超限运输是指高速公路上行驶的各种机动车辆装载货物总质量或轴载质量超过规定限值的行为。按《超限运输车辆行驶公路管理规定》,超限运输车辆是指在公路上行驶的、有下列情形之一的运输车辆:

(1)车货总高度从地面算起超过 4m。

(2)车货总宽度超过 2.55m。

(3)车货总长度超过 18.1m。

(4)二轴货车,其车货总质量超过 18000kg。

(5)三轴货车,其车货总质量超过 25000kg;三轴汽车列车,其车货总质量超过 27000kg。

(6)四轴货车,其车货总质量超过 31000kg;四轴汽车列车,其车货总质量超过 36000kg。

(7)五轴汽车列车,其车货总质量超过 43000kg。

(8)六轴及六轴以上汽车列车,其车货总质量超过 49000kg,其中牵引车驱动轴为单轴的,其车货总质量超过46000kg。

前款规定的限定标准的认定,还应当遵守下列要求:

(1)二轴组按照2个轴计算,三轴组按照3个轴计算。

(2)除驱动轴外,二轴组、三轴组以及半挂车和全挂车的车轴每侧轮胎按照双轮胎计算,若每轴每侧轮胎为单轮胎,限定标准减少3000kg,但安装符合国家有关标准的加宽轮胎的除外。

(3)车辆最大允许总质量不应超过各车轴最大允许轴荷之和。

(4)拖拉机、农用车、低速货车,以行驶证核定的总质量为限定标准。

(5)符合现行《汽车、挂车及汽车列车外廓尺寸、轴荷及质量限值》(GB 1589)规定的冷藏车、汽车列车、安装空气悬架的车辆以及专用作业车,不认定为超限运输车辆。

随着我国改革开放的深入和国民经济的发展,在公路上行驶的载重货车、大型平板车、汽车列车、集装箱运输车辆的数量急剧增加,公路超限运输现象十分普遍和严重。我国现有公路网中,二级以上的公路里程已有68万km,仅占公路总里程的14%,而且公路桥梁等级和设计荷载普遍较低,还有相当部分危桥、涵洞由于资金短缺未得以及时改造。由于大量超限运输车辆在公路上行驶,致使公路、桥梁损坏严重,极大地缩短了使用寿命,给国家造成了巨大的损失。因此,加强对超限车的管理已刻不容缓。

超限运输车辆行驶公路的管理工作实行"统一管理、分级负责、方便运输、保障畅通"的原则。

国务院交通运输主管部门主管全国超限运输车辆行驶公路的管理工作。

县级以上地方人民政府交通运输主管部门主管本行政区域内超限运输车辆行驶公路的管理工作。

超限运输车辆行驶公路的具体行政管理工作,由县级以上地方人民政府交通运输主管部门设置的公路管理机构负责。

在公路上行驶的车辆的轴载质量应当符合《公路工程技术标准》(JTG B01—2014)的要求,但对有限定荷载要求的公路和桥梁,超限运输车辆不得行驶。

2.超限运输的申请与审批

(1)超限运输车辆行驶公路前,其承运人应按下列规定向公路管理机构提出书面申请：

①跨省、自治区、直辖市进行运输的，向起运地省级公路管理机构递交申请书，申请机关需要列明超限运输途经公路沿线各省级公路管理机构，由起运地省级公路管理机构统一受理并组织协调沿线各省级公路管理机构联合审批，必要时可由交通运输部统一组织协调处理。

②在省、自治区范围内跨设区的市进行运输，或者在直辖市范围内跨区、县进行运输的，向该省级公路管理机构提出申请，由其受理并审批。

③在设区的市范围内跨区、县进行运输的，向该市级公路管理机构提出申请，由其受理并审批。

④在区、县范围内进行运输的，向该县级公路管理机构提出申请，由其受理并审批。

（2）承运人向公路管理机构申请超限运输车辆行驶公路时，除提交书面申请外，还应提供下列资料和证件：

①公路超限运输申请表，主要内容包括货物的名称、外廓尺寸和质量，车辆的厂牌型号、整备质量、轴数、轴距和轮胎数，载货时车货总体的外廓尺寸、总质量、各车轴轴荷，拟运输的起讫点、通行路线和行驶时间。

②承运人的道路运输经营许可证，经办人的身份证件和授权委托书。

③车辆行驶证或者临时行驶车号牌。

（3）车货总高度从地面算起超过 4.5m，或者总宽度超过 3.75m，或者总长度超过 28m，或者总质量超过 10 万 kg，以及其他可能严重影响公路完好、安全、畅通情形的，还应当提交记录载货时车货总体外廓尺寸信息的轮廓图和护送方案。

（4）护送方案应当包含护送车辆配置方案、护送人员配备方案、护送路线情况说明、护送操作细则、异常情况处理等相关内容。

（5）超限运输车辆行驶公路前，其承运人应根据具体情况分别依照下列规定的期限提出申请：

①车货总高度从地面算起未超过 4.2m、总宽度未超过 3m、总长度未超过 20m 且车货总质量、轴荷未超过《超限运输车辆行驶公路管理规定》第三条、第十七条规定标准的，自受理申请之日起 2 个工作日内作出，属于统一受理、集中办理跨省、自治区、直辖市大件运输的，办理的时间最长不得超过 5 个工作日。

②车货总高度从地面算起未超过 4.5m、总宽度未超过 3.75m、总长度未超过

28m 且总质量未超过 10 万 kg 的,属于本辖区内大件运输的,自受理申请之日起 5 个工作日内作出,属于统一受理、集中办理跨省、自治区、直辖市大件运输的,办理的时间最长不得超过 10 个工作日。

③车货总高度从地面算起超过 4.5m,或者总宽度超过 3.75m,或者总长度超过 28m,或者总质量超过 10 万 kg 的,属于本辖区内大件运输的,自受理申请之日起 15 个工作日内作出,属于统一受理、集中办理跨省、自治区、直辖市大件运输的,办理的时间最长不得超过 20 个工作日。

采取加固、改造措施所需时间不计算在前款规定的期限内。

(6)公路管理机构审批公路超限运输申请,应当根据实际情况组织人员勘测通行路线。需要采取加固、改造措施的,承运人应当按照规定要求采取有效的加固、改造措施。公路管理机构应当对承运人提出的加固、改造措施方案进行审查,并组织验收。

承运人不具备加固、改造措施的条件和能力的,可以通过签订协议的方式,委托公路管理机构制定相应的加固、改造方案,由公路管理机构进行加固、改造,或者由公路管理机构通过市场化方式选择具有相应资质的单位进行加固、改造。

采取加固、改造措施所需的费用由承运人承担。相关收费标准应当公开、透明。

(7)采取加固、改造措施应当满足公路设施安全需要,并遵循下列原则:

①优先采取临时措施,便于实施、拆除和可回收利用。

②采取永久性或者半永久性措施的,可以考虑与公路设施的技术改造同步实施。

③对公路设施采取加固、改造措施仍无法满足大件运输车辆通行的,可以考虑采取修建临时便桥或者便道的改造措施。

④有多条路线可供选择的,优先选取桥梁技术状况评定等级高和采取加固、改造措施所需费用低的路线通行。

⑤同一时期,不同的超限运输申请,涉及对同一公路设施采取加固、改造措施的,由各承运人按照公平、自愿的原则分担有关费用。

(8)公路管理机构批准公路超限运输申请的,根据大件运输的具体情况,指定行驶公路的时间、路线和速度,并核发超限运输车辆通行证。其中,批准跨省、自治区、直辖市运输的,由起运地省级公路管理机构颁发。

超限运输车辆通行证的式样由交通运输部统一制定,各省级公路管理机构负责印制和管理。申请人可到许可窗口领取或者通过网上自助方式打印。

3.经批准进行大件运输的车辆行驶时应当遵守的规定

(1)采取有效措施固定货物,按照有关要求在车辆上悬挂明显标志,保证运输安全。

(2)按照指定的时间、路线和速度行驶。

(3)车货总质量超限的车辆通行公路桥梁,应当匀速居中行驶,避免在桥上制动、变速或者停驶。

(4)需要在公路上临时停车的,除遵守有关道路交通安全规定外,还应当在车辆周边设置警告标志,并采取相应的安全防范措施。需要较长时间停车或者遇有恶劣天气的,应当驶离公路,就近选择安全区域停靠。

(5)通行采取加固、改造措施的公路设施,承运人应当提前通知该公路设施的养护管理单位,由其加强现场管理和指导。

(6)因自然灾害或者其他不可预见因素而出现公路通行状况异常致使大件运输车辆无法继续行驶的,承运人应当服从现场管理并及时告知作出行政许可决定的公路管理机构,由其协调当地公路管理机构采取相关措施后继续行驶。

超限运输管理点多、线长、面广,情况复杂,加之有经济利益驱动,管理工作难度较大。第一,要大力宣传,采取多种形式做到家喻户晓。第二,各地交通运输主管部门应根据实际情况,制定出切实可行的实施办法。在主要干线公路上设立超限自动检测设备,充分依靠科技,不断强化、规范管理。第三,要抓好执法队伍的教育,提高执法水平。第四,要抓好源头管理,规范运输市场,积极主动地抓好超限运输管理工作。公路管理部门还要争取公安、法院等部门的支持,确保超限运输管理的成效与顺利实施。

超限运输与超载运输是两个不同的概念,汽车超载是指汽车在装载货物时超过汽车额定载重量。例如,解放CA15载重汽车载重量为5t,假如货物装载超过5t,就是超载。

4.超限运输对路面的影响

(1)直接影响路面使用期的长短。

路面设计的标准轴载为10t(三、四级公路柔性路面的标准轴载为6t),超限运输车辆(指轴载质量超过规定值)在公路上行驶,其轴载质量对路面形成复杂的疲劳作用,轴载质量增大后,在公路路面的有效使用期内,能够承受弹性变形次数,即汽车行驶次数减少。因此,汽车轴载质量的大小直接影响路面使用期的长短。

(2)超限运输导致公路早期破坏,使建设改造费用、养护费用大幅增加。

由于超限运输会导致公路早期破坏而增加公路建设改造费和养护费,因此,对超限运输车辆收取公路损失补偿费是合情合理的。公路管理机构为保障超限运输车辆安全通过,采取的技术保护措施和修复损坏部分所发生的费用,应由承运单位(或个人)承担,费用估算可采取预算包干或事后决算的方式,由承运者负担。

二、危险货物道路运输的管理

确定某一种货物是否具有危险性以及具有什么性质的危险性,是危险货物运输安全管理的基础和起始。

在货物运输中,凡具有易燃烧、爆炸、腐蚀、毒害、放射等性质,在运输、装卸、保管过程中能引起人身伤亡和财产毁损、环境污染而需要特别防护的货物,均属危险货物。

危险货物的定义包含三点:

(1)具有易燃、易爆、腐蚀、毒害、放射等性质。

(2)能引起人身伤亡和财产毁损、环境污染。危险货物在一定条件下,例如,由于受热、明火、摩擦、震动、撞击、洒漏、与性质相抵触物品接触等,发生化学变化所产生的危险效应,不只是货物本身遭到损失,更主要的是危及周围环境。

(3)在运输、装卸、保管过程中需要特别防护。特别防护,不是指"轻拿轻放""谨防明火",而是指针对各种危险货物本身的特性所必须采取的"特别"防护措施。例如,有的爆炸品需添加抑制剂,有的有机过氧化物需控制环境温度,有的危险品需要特殊包装,而大多数危险品的配载都有所忌物品。

必须强调:以上三点,缺一不可。贵重物品防丢失,精密仪器防振动,易碎器皿防破损都需要特别防护。但这些物品不具特殊性质,一旦防护失措,不致造成人身伤亡或除货物本身以外财物毁损,所以不属危险货物。按以上要求,含酒精30%以上的水溶液,即应作易燃液体,但是食用酒包装小,在实际运输中食用酒失火的事故还很少见,故即使是60°的白酒,旅客少量携带,也可不作危险货物运输处理。

高速公路品类众多的运输中,危险货物运输占有相当大的比例。危险货物一般是指现代工业原料或产品,其特殊的物理、化学性能,要求在运输中有特殊的防护,并在运输中有各种潜在的危害。安全性能要求高是危险货物运输的重要特点。

1.危险货物运输的要求

(1)高速公路汽车危险货物运输过程中,危险货物运输的车辆装备、设备设施、运输工艺流程、货物作业等要求应符合《中华人民共和国消防法》《中华人民共和国标准化法》《危险化学品安全管理》等法律法规的相关规定。有关危险货物运输的法律规定,无论是行政法规还是标准的,在运输中都必须严格执行。

合同运输与非合同运输的区别是,合同运输的承托方要分别承担危险货物运输的相关责任。非合同运输者则必须承担危险货物运输的全部责任。

(2)运输危险货物的装卸机械和运输工具等,要符合现行《汽车危险货物运输规则》(JT/T 617)规定的技术条件和要求。

(3)在危险货物高速公路行驶过程中,承运单位和承运人要对所承运危险货物的安全负全部责任。

2.危险货物运输的管理

危险货物运输的安全不仅是运输单位与托运单位的合约行为,而且关系到社会和公众的安全,涉及高速公路的安全运营。

(1)高速公路管理机构应及时检查、认真查处不按规定标准要求运输的危险货物,要坚持预防为主的方针,消除事故隐患。

(2)要严格危险货物运输的审批手续。

①汽车长途运输危险物品(如爆炸物品)时,其运输路线应事先报经公安机关批准,高速公路管理机构审核,按指定的路线行驶,不得擅自改变行驶路线。

②采取发生事故的预防措施,严禁捎带无关人员及危及安全的其他物资。

③车辆不得超高、超宽、超长、超载,不得在高速公路随意停放。

④对于违反者,除按规定予以处罚外,交通执法机构可责令停止行驶,停放在指定的安全地点,并给予罚款和追究法律责任。危险货物运输的法律、条例、规则、标准的总和构成危险货物运输法规。危险货物运输法规调整危险货物运输行政管理关系和危险货物运输合同关系,皆有《中华人民共和国刑法》《中华

人民共和国行政法》《中华人民共和国合同法》《中华人民共和国标准化法》和《国际私法》的法律性质和法律效力。

从《中华人民共和国标准化法》和《中华人民共和国行政法》的角度,危险货物运输法规确认物品危险性质,确定相应的货物和标志,规定危险货物运输工具的技术要求,以及危险货物行政管理部门的职责和六个环节相关当事人的义务。

2020年6月13日发生的G15沈海高速公路浙江温岭段重大液化气槽罐车爆炸事故,强烈引发了各方对高速公路"两客一危"("两客一危",是指从事旅游的包车、三类以上班线客车和运输危险化学品、烟花爆竹、民用爆炸物品的道路专用车辆)动态监管的深层思考。目前,全国已基本构建起"两客一危"动态监管系统,建立了面向"两客一危"车辆的联网、联防、联控的管控体系,通过数据资源、管理系统、执法人员的多方协调、配合,实现了快速、精准的高速公路应急处置程序,提升了高速公路交通安全联防联控水平。

第七节　高速公路安全保障设施

高速公路交通安全设施的建设和管理,是减少、减缓和杜绝交通事故的有力措施之一,也是高速公路交通安全与道路设施现代化、规范化和标准化所不可缺少的内容。交通安全设施也是保障车辆高速运行的必要条件。

高速公路的行车安全系数与一般公路比大大提高,交通事故死亡人数为一般公路的1/40,受伤人数为1/65。如沈大高速公路,开通后的资料统计,交通事故次数比原来逐年下降。但由于车辆行驶速度高,一旦发生事故,事故的破坏性将比一般公路严重。高速公路安全保障设施作为安全管理的有效手段之一,在确保高速公路行车安全、提高行车安全系数后,减少了车辆失控的破坏性和被破坏程度。

一、安全设施的分类

1.行人安全设施

(1)缘石:保护路面,防止车辆驶出路面。

(2)路栏:防止行人任意穿越道路,增大交通安全系数,防止伤害。

(3)人行天桥或地道:此类设施将人、车分离,避免人车冲突。

2.车辆安全设施

(1)安全岛:渠化交通,引导车辆行驶。

(2)防护栏:防止车辆驶出路外。

(3)分隔带:分隔对向车辆,减少碰撞。

(4)防眩屏:防止驾驶人受车灯眩目。

(5)反光导标:夜间和恶劣天气时诱导车辆行驶。

二、安全设施的作用

1.保证行人安全

高速公路上行车速度快,只重视公路自身几何构造尺寸是不够的,还必须有完善的交通安全设施。建立交通管理设施、交通控制系统和改善交通环境等措施,才能保证行车过程中人员、车辆的安全。

2.提高行车速度

要在高速公路上快速行驶,应做到以下方面:

(1)公路具有良好的几何线形,即纵坡平缓、平面线形流畅、横断面开敞、通视条件良好。

(2)完善的交通管制。

(3)设置点、线、面控制中心,反光显示标志与标线,可变标志以疏导交通。

(4)提供交通信息。

(5)监视行车等。

国内外经验证明,加强对交通设施的管理,可以使高速公路上的行车速度提高30%,缩短运行时间20%~25%。

3.引导车辆行驶

车辆在主线、匝道和交叉路口如何行驶,应在横断面什么位置行驶,怎样通过交叉路口,应依赖交通信号、标志、标线、视线诱导装置、安全岛、分隔带等动和静的交通设施,不断向驾驶人提供信息,车辆才能安全、高速连续地行驶。

三、安全设施的设置原则

1.功能明确

交通安全设施功能不一,但都是为了车辆在高速公路上安全、连续行驶。在高速公路管理中,应充分发挥安全设施各自的功能,使其真正起到分隔车辆与车辆、车辆与行人,以消除相互干扰,防止车辆驶出路外,撞击护栏,提高道路夜间的能见度,引导车辆按规定的路线行驶,防止驾驶人受对面车灯眩目的影响等作用。

2.结构简单

高速公路各种交通安全设施的结构应在满足功能要求的前提下力求简单,这不仅有利于简化施工工艺,加快工程进度,也有利于降低工程成本,减少建设投资,还能便于管理和操纵。

3.就地取材

交通安全设施所使用的材料比较广泛,例如钢材、木材、石材、金属合金、预制混凝土构件、反光剂和漆料等,选用时,应本着就地取材的原则,以节省费用、减少外汇开支和资金外流,对搞好本国、本地区经济有利。

4.美化

交通安全设施与公路其他设施一样,要按照适用、经济、安全和美观的原则进行设置。随着人民物质文化生活水平的提高,对于美的追求相应提高,因此,对交通安全设施的设置,除满足交通安全的要求外,还应在美化方面予以重视。其结构形式、选材、设置位置应与高速公路线形、自然环境相协调,使之成为道路设施的一部分,并具有心旷神怡之感。

四、安全设施

1.车辆安全设施

(1)交通岛。

交通岛是为了交通管制设置在路面上的岛状设施,其主要功能是引导车辆按一定的路线方向行驶,消除由于空旷区域过大而造成交通运行的混乱,以便于有秩序地组织车辆运行,控制车辆速度,确保行车安全。

交通岛按其功能分为分车岛和导向岛两种。交通岛用直立式道牙围栽,设矮墙,岛上设置花坛以备绿化,亦可用路面标线涂绘表示。为提高视认性,可在缘石或主墙上设反光标志。

(2)护栏。

护栏具有防止各种车辆发生碰撞或越出路基,车辆冲撞时产生减速度以避免旅客受到伤害的作用。与护栏发生冲撞的车辆能够恢复到正常行驶方向,使冲撞车回到原来的车道后,不妨碍其他交通;防止冲撞行人及与其他正常行驶的车辆发生冲撞事故,使事故的财产损失降至最小。诱导驾驶人视线,保证高速公路上车辆高速、安全行驶。

护栏有以下类型。

①栏式:用支柱支撑连续的横栏结构。支柱用钢管,横栏用波形钢条、钢管等制作。栏式护栏具有一定的刚性和韧性,受冲撞时,塑性变形较大,可按不同位置设置,以利诱导视线,便于维修。

②缆式:用支柱支撑钢缆结构。钢缆韧性很强,缓冲能力较大,可以重复使用。连续设置也较美观,对行驶车辆没有压迫感,但视线诱导性较差。

③箱形梁式:横向结构为刚性较好的连续箱形梁,支撑仍用立桩。此形式护栏刚度大,受冲击后凹陷较小,诱导性也好。

护栏一般设在公路两侧和中央分隔带内。前者采用单面形式,或者视分隔带的宽窄而定,窄者设双面型,仅一排;宽者可设两排,为单面形式。高速公路一般全线都设置护栏。

(3)分隔带。

分隔带是高速公路纵向分隔车流的设施。分隔对向车流的叫中央分隔带,分隔同向车流的叫外分隔带。分隔带的作用是防止车辆迎面碰撞,侧面剐蹭,区别高耸立车道与路侧停车场的界限。

中央分隔带根据宽度、表面处理和排水系统的设置方式可分为齐平式、凹面式及凸面式三种。从行车安全和便利出发,中央分隔带越宽越好,但其越宽,占地越多、投资越大。我国一般为1~3m。

(4)防眩屏。

防眩设施是为遮隔夜间对面来车的灯光,而设置在中央分隔带上的设施,其作用是在夜间行车时,防止驾驶人感受对面车灯的眩目,以提高行车安全性。若分隔带很宽或上下行车道中心线高差大于2m或有连续照明地段,可以不设置。

防眩设施可用防眩屏和植树来实现。前者是用金属制成网或以条状板材(钢板或其他材料),两端固定于横梁上,排列如百叶窗状,板条面倾向行车方向的设施。后者用种植常青灌木处理(间距6m,高1.5m)。

(5)反光导标。

反光导标是在车灯照射下,借助反光显示图案标志的设施。它能在未设固定照明的高速公路上,为了在夜间和各种恶劣气候条件下提高能见度,显示出高速公路的行车轨迹,保证行车安全。

反光导标具有重要意义,主要功能如下:

①在弯道处为驾驶人提供明显的指导作用。

②确保车辆有秩序地行驶,减少交通事故。

③能使驾驶人及早看清方向,有充裕时间采取紧急措施。

反光导标一般有塑料制作的多棱体定向反光片、玻璃珠制造的定向反光膜及反光片三种类型。它的设置必须与其他设施有机结合,充分发挥各自的效用,以使经济效益最佳。

(6)照明。

为了夜间行车通畅和防止危险,在某些必要地点必须设置照明,如线形标准较低的地点、交通量较大的路段、互通式立交地区、服务区、停车场、隧道及气象多变地区。

高速公路全线照明比较昂贵,一般只是在某些特殊路段处采用局部照明。

2.行人安全设施

(1)隔离栅。

高速公路用隔离栅进行封闭,一般采用在公路用地边缘设置铁丝网或铁框网的方法。隔离栅应每隔一定间隔设置一个门,供公路维修养护人员使用。

(2)缘石。

高速公路一般设置缘石,用以阻止车辆驶出路面,控制路面排水,标出路面边缘,使公路具有整齐的路容。

缘石一般有垂直式和斜式。垂直式缘石体形较高,正面较陡,高出路面15~20cm,用以禁止或阻止车辆驶出路面,设置在中央分隔带和桥梁上,以防止车辆碰撞。斜式缘石,坡面平缓,一般为1∶1~2∶1,高度也较低。当坡面陡于1∶1时,其高度小于10cm;当坡面在1∶1~2∶1之间时,其高度小于15cm,常用于中央分隔带和路肩内侧边缘。缘石可用石料、预制混凝土块或现场浇筑。

(3)人行通道或天桥。

为了实现两侧的相通,在经过城市、乡镇居民点等人流量较大的地点修建高速公路人行通道或人行天桥。

①人行通道:视通行的人流量,合理确定宽度及高度,一般用钢筋混凝土框架结构。

②人行天桥:在地面上施工方便,难度小,可采用装配式施工,进度快,一般采用钢框架或混凝土框架结构。

第八节　高速公路排障拯救系统

交通事故是导致高速公路发生拥堵的主要原因,并且已经证实,通过尽早发现和排除高速公路上的事故可以大幅减少交通延误。高速公路紧急救援系统就是针对高速公路特点、事故特征而建立的,以期实时、准确地检测事故,迅速、及时地排除事故,保障高速公路安全、畅通、高效运行。

汽车在行驶中,随着道路环境条件的变化会遇到各种情况。据统计,在一般道路条件下,每行驶 1km 需判断情况 13 次,每行驶 800km 会遇到一次危险的情况。高速公路虽然道路条件大为改观,但行驶中难免会遇到各种险情,甚至酿成交通事故,因此,高速公路行车除掌握安全行车方法外,还必须有应急情况处置的准备。正确的处置方式不仅可以避免事故的发生,而且还可减少事故损失。为了防止由于避险不当而加重事故后果,驾驶人遇有行车险情时,应遵循一定的处置原则。

我国高速公路紧急救援体制应以法律的方式予以确定,在强调一体化管理制度的原则下,尽可能发挥各有关部门的优势和作用,达到步调一致、行动迅速,从而保障紧急救援系统的有效运转。体制一经确定,高速公路监控中心就可以现有的消防、医疗急救等部门为基础,形成全天候运转的紧急救援实体,配备训练有素的救援人员和必要的设备、车辆等,并制定出总体和具体救援和组织实施方案。

一、紧急救援系统的任务

(1)及时获取交通事故的信息,协调有关各方迅速采取紧急救援行动。

(2)交通事故发生后,提供应急服务,包括消防、救护、环保、车辆牵引、起吊、供应燃油等,并进行现场事故处理。

(3)车辆发生故障时,提供维修服务,帮助陷入困境的汽车驾驶人解决困难。

(4)对控制下的匝道可立即改变控制方法,例如关闭入口匝道等。

(5)在交通事故可能影响的范围内,为驾驶人和乘客提供信息服务等。

(6)实施紧急救援。

①车辆发生事故或因故障不能行驶时,应立即开启危险报警闪光灯,并在车后150m距离外设置警告标志,人员应撤至公路两侧防撞护栏以外。

②高速公路管理机构接到紧急报告后,应立即赶赴现场,组织抢救受伤人员,处理事故现场,疏导交通,排除车辆故障。

紧急救援系统内各个方面的协调努力是圆满处理各种事故的基本条件。在监控中心,控制决策者与交警紧密配合,协调工作,获得事故信息后,双方立即互通情报,统一指挥,紧急救援队伍按指令迅速抵达事故现场并及时将有关信息反馈给监控中心,并对现场实行必要的交通管制。监控中心根据反馈信息立即改变管理方案并向有关驾驶人提供有关交通事故的情报信息。事故现场勘察处理完毕后,迅速解除紧急状况下的交通管制,恢复正常交通。采用此种救援体制,使有关各方职责分明,管理统一,能满足我国当前高速公路管理的需要。

二、紧急救援系统监视方法

交通运行监测和控制系统工作状况的监测统称为监视。利用监视方法的目的在于:

(1)选择适应于交通状况的控制方法。

(2)评价控制的效率。

(3)检测事故。

(4)确定控制系统中各组成部分的状态。

三、事故排除与路障清理

排除高速公路上的交通事故,需要一支有许多机构配合默契的管理队伍,即包括高速公路管理部门和公路经营者、交通警察、医疗、消防、环卫、救援组织等多个部门。控制中心根据事故监视信息,利用各种通信设备安排排除事故的措施。

(1)排除事故一般需要采取下面列一项或几项措施：

①提供诸如警察、消防和救护车一类的紧急服务。

②维修和牵引。

③改变控制方法。

④为驾驶人提供情报。

一旦检测到事故,则排除事故的快慢以及减少事故对交通流影响的程度就取决于是否能有效协调各种处置措施。

为了避免误会并减少排除事故的延误,必须提供有用的实时情报。这些情报应能详细地描述事故的性质和程度。在通信方面,还要有系统的步骤和方法,利用这种通信可以确定事故产生的问题并为解决这些问题选择和综合各种适当的处理措施。当然,负责提供必要措施的各个部门的协同努力,是排除任何事故方案能获得成功的基本条件。

(2)国外紧急救援系统有以下三种：

第一种,以意大利太阳道高速公路为代表在服务区、停车场都设有急救站,高速公路两侧与紧急电话一样设有紧急通报装置。

第二种,以日本道路公团为代表,在管理中心设立救护车,消防车昼夜待命,道路部门自行处理。

第三种,其余大部分国家如美国、法国、德国等国在管理中心设置急救中心,接到紧急电话的事故报告后,立即向最近的急救站发出指令出动救护车,或派直升机抢救。救护车通过无线电话与急救站、医院取得联系。如：

①为各种事故派出警察、消防车及救护车。

②为破坏的道路和损坏的公路设施提供维修设备。

③为损坏的和不能开动的车辆提供牵引车辆。

④通过可变信息标志和商用无线电广播向驾驶人提供交通信息。

⑤改变事故地点上游入口匝道的调节率。

(3)交通控制中心协调处理事故系统。

①该系统利用各种监视技术的组合检测事故,这些技术包括:

a.电子监控。

b.闭路电视。

c.紧急电话。

d.巡逻车。

②由中心控制室操作员检查这些监视情报。当检测到事故时,操作员根据确定的标准判断事故的情况,并决定需要采取的措施。这些措施有:

a.指派紧急服务。

b.通过可变信息标志、商业无线电广播以及事先为电话请求系统录制的信息为驾驶人提供情报。

c.改变控制方法。

四、紧急情况处置原则

1.沉着冷静

险情的出现一般都较为突然,驾驶人能保持头脑冷静、不惊慌,是做好避险的先决条件。驾驶人的反应时间平均为0.75s,在短暂时间内必须作出正确的分析判断,果断采取措施,若稍有迟疑,如汽车以50km/h行驶,1s内将驶过14m,这样就可能失去了机会,使本可避免的事故发生,或加重了事故的损失程度。更为严重的是,由于紧张、操纵失误,如将加速踏板当作制动踏板等,这都将酿成严重的后果。

2.先人后物

车辆、物品损坏可以补偿,而人的生命只有一次。遇有险情必须避让时,应迅速判明汽车、人员、物品的相互位置关系,首先保证人身安全,然后考虑汽车、物品的损坏,切不可为避让物品而造成人身伤亡。

3.避重就轻

遇有险情时,应迅速加以衡量,采取无损失或损失较小的方案,避开造成损失较大的一方。此时,可不受某些交通规则的限制,以减轻事故的损失后果。应学会采取紧急避险措施。

4.先减速后方向

事故发生有一个过程,但时间很短暂,特别是汽车高速行驶时。因此,遇有紧急情况,首先应制动减速,使汽车在碰撞前处于停止或低速状态,以减轻碰撞损坏程度。只有在制动安全距离内导致不可避免的碰撞时,才可采取转动转向盘的避让措施。但应注意,当前轮抱死时,转动转向盘并不能改变汽车行驶方向。

第六章　高速公路安全行车特征

为了在高速公路上安全行驶,驾驶人首先要了解高速公路上的行车特点,了解高速行驶对驾驶人自身以及对车辆性能的影响。从高速公路交通事故的发生情况来看,初进入高速公路行驶的驾驶人出事故的比例较大,其主要原因就是对高速公路上的行驶特点不够了解,仍以在普通公路上的习惯驾驶车辆,遇有意外情况容易措手不及,以致发生重大交通事故。

第一节　进出高速公路的安全行车

一、车辆行驶

车辆行驶在高速公路上,驾驶人以较高的车速驾驶车辆,没有太多的横向和纵向干扰,这与一般公路相比,使驾驶人获得了一定的满足感,与此同时,驾驶人的驾驶行为也会受到严格的限制,这些限制的目的就是保证高速公路的安全畅通。有关法规对车辆在高速公路行驶时的规定如下。

1.加速准备

车辆进入高速公路起点后,应当尽快将车速提高到规定的最低速度(60km/h)。从匝道入口或通过收费站后,车辆应在加速车道上加速,并逐渐汇入主车道,驶入主车道时,不准妨碍其他车辆的正常行驶。

2.车道占用

车辆在高速公路上通行时,应当遵循右侧通行原则,在右侧或中间的车道上行驶,不得长距离地骑压分道线。

另外,车辆在以平常的速度行驶时,不应长时间地占用左侧车道,使得后车无法超越。

3.超车

车辆需超车或前方有障碍时,可以变换到左侧车道上进行超越,通过障碍或者超车后,应当驶回原车道。车辆变更车道时,必须提前开启转向灯,确认安全后再变更车道,原车道上行驶的车辆不得故意加速阻挡。

执行紧急任务的警车、救护车、消防车和工程救险车在高速公路上行驶时,享有优先通行权,其他车辆不准妨碍其通行。

车辆超车地点有严格要求:

(1)不准在立体交叉的匝道上超车。

(2)不准在加减速车道和进出口附近超车。

(3)不准超越正在超车的车辆。

(4)其他不适宜超车的情况或场合不准超车。

4.夜间行驶

车辆夜间行驶,在路灯照明良好时,须开防眩近光灯、示廓灯和后位灯。夜间没有路灯或照明不良的地方,须将近光灯改用远光灯,但同方向行驶的后车不准使用远光灯。夜间超车时,须变换远近光灯。

5.严格禁止的其他操作

车辆在高速公路上不得掉头、倒车和穿越隔离带,不准进行试车和驾驶教练,车辆必须由正式驾驶人驾驶。

6.最低、最高速度限制

(1)最低速度限制。

车辆在高速公路上行驶时,速度不得低于60km/h。

(2)最高速度限制。

车辆在高速公路上行驶,最高速度不得超过120km/h。

关于最高行驶速度,其他国家一般规定速度为100km/h、110km/h或120km/h。日本法定的最高车速因车而异,大型公共汽车及普通轿车法定的最高速度为100km/h,其他车辆为80km/h。我国高速公路最高速度规定为120km/h。我国高速公路的建设标准与国外相比还较低,安全设施配套不够完善,汽车在连续高速行驶的状态下,故障现象经常发生。同时,我国高速公路建设处在一个发展阶段,高速公路交通管理缺乏经验,驾驶人对高速公路行车也需要有一个适应过程,因此,不宜将最高时速定得过高,规定"最高速度不得高于

120km/h"较为合适。

规定最高速度后,驾驶人还应视车辆技术状况及交通状况确定自己的车速,车辆性能不高,即使车速不超过法定的限度,因操纵性变差,对安全仍是不利的。

最高速度和最低速度是指正常行驶条件下适用的行驶速度。遇到天气恶劣、道路塌方或抢修、交通堵塞或急弯、隧道路段时,最低和最高速度不适用,须根据可变信息标志即时限速提示、临时设置的限速标志提示及该路段限速标志规定的速度行驶。

7.车辆进入或驶离高速公路

(1)进入高速公路的限制:

①非机动车、行人严禁进入。

②拖带挂车的汽车,后三轮机动车、拖拉机、轻便摩托车、轮式专用机械、专用机械车、挂试车号牌的车辆、教练车不得进入。

③设计最大速度低于70km/h的机动车辆不得驶入。

④道路交通管理机构可以视情况禁止某厂型号的机动车在高速公路上通行。

⑤严禁酒后驾车进入。

⑥汽车的外形宽度(含载货)超过2.5m,高度超过4m,经道路交通机关批准,按规定要求方可驶入。

(2)车辆驶离。

车辆驶离高速公路时,应当按出口预告标志指示进入与出口相接的车道,减速行驶。与出口相接的车道即减速车道,车辆进入减速车道前,应根据出口预告标志适时地并入右侧车道,并注意打右转向灯进入减速车道。

二、车辆乘载

高速公路乘载包括人员、一般货物、特殊货物等的乘载,乘载符合规定与否,与高速行驶时的安全有着密切的关系。

1.载人行驶

(1)车辆在高速公路上载人行驶,乘载人数不得超过行驶证核定座位数,乘车人不准站立。超过行驶证核定座位数时,必有一部分乘员需在车内站立,一旦车辆遇情况进行紧急制动,特别是发生碰撞事故时,将增加伤亡率,受伤严重的是站立的乘员。鉴于上述原因,乘坐人员在车辆行驶中是不允许随意站立的。

并且,人员乘载过多,会使钢板弹簧变形增大,导致折断而发生事故。统计资料表明,在高速公路事故中,钢板弹簧折断和轮胎脱落引起的事故占机械故障事故的比例很大。

(2)除驾驶室外,货物运输车辆严格禁止载人。因为车辆行驶速度高,无论人在车厢上站立还是坐卧,危险性都很大,极易被抛出车厢。因此,货物运输车辆除驾驶室外,其他任何部位都不准载人,包括随车装卸人员。

(3)行驶中,驾乘人员不准向车外抛弃物品,向车外抛弃物品将对其他高速行驶车辆产生严重干扰,甚至引发严重的交通事故。如,因驾驶人无法在远距离判断路上的物品是硬物(硬物可能会改变车辆行驶轨道)还是软物,为避免车辆碾压,一般采取躲避措施而变更车道,进而又可能对后续车辆产生干扰。这种影响是一连串的,是非常危险的。此外,高速公路清洁工作一般会影响车辆的正常运行,出于安全和卫生考虑,不得向车外道路抛弃物品。对此,驾驶员或乘车人员应随时对自身进行监督。

(4)小汽车驾驶员和前后排乘坐人员都必须系安全带。高速公路上发生碰撞事故,人员伤亡的直接原因多是在车内的二次碰撞。统计资料表明,系安全带后,人员伤亡,尤其是死亡率大幅降低。即使是在正常的行驶中,系上安全带后,在随时可能的紧急制动中,人员受伤概率也将降低。

2.载物行驶

(1)运载货物时,货物装载宽度不得超出车厢,装载长度、高度遵照表6-1的规定。

车辆装载长度、高度规定 表6-1

车辆类型	从地面起装载高度(m)	装载长度
大型货物运输车辆	4	前端不准超出车身,后端不准超出车厢2m,超出部分不准触地
装载质量在1000kg以上的小型货物运输车辆	2.5	前端不准超出车身,后端不准超出车厢1m
装载质量不满1000kg的小型货物运输车辆	2	前端不准超出车厢,后端不准超出车厢0.5m
三轮摩托车	1.5	不准超出车身0.2m

对于高速公路来说,车辆装载的长、宽、高度比在一般道路上更为重要。车辆宽度和高度分别不得超过2.5m和4m,主要从高速公路本身的设计参数的限制及车辆安全间距的角度考虑,因此,只从总体尺寸上做了规定。一般来说,车速越高,车辆的操作稳定性越差,长、宽、高度的增加,加剧了车辆行驶中不稳定的倾向。装载高度的增加,使车辆重心升高,车辆抗侧向或纵向倾翻的能力变差。此外,高速公路多采用立体交叉,装载高度过高,易触及桥梁等建筑物。车辆装载长度过长,前端或后端易触地,车辆转弯或超车时,扫过的空间面积增大,容易碰到其他车辆或建筑物。车辆装载长度过长还易使车辆产生横摆倾向。高速公路每条车道的宽度都有一定的标准,车辆装载宽度过宽,主要影响是使车辆间侧向间距减少,增加了剐蹭的可能,只要车辆发生剐蹭,必是一起交通事故。所以,高速公路对车辆装载长、宽、高度要求更加严格。

(2)货物包装捆绑要牢固、严密,不得与其他易引起燃烧、爆炸的物品混装,货物上应有明显的标志。

(3)运输过程中要有专人押运,不得搭乘其他人员。在服务区等沿途服务场地停车时,车上必须留有看护人员。

(4)车辆行驶中,车速要降低,行车距离要适当加大,车辆操作要尽量平稳。

(5)车上务必配备有效的消防器材。

(6)车辆装载质量不得超过行驶证上核定的装载质量,车辆装载质量超过规定,对车辆在高速公路上行驶的安全性有直接的影响。

3.紧急停车

车辆在高速公路上行驶时,一般情况下是不允许随意停车的。遇有特殊情况,如发生故障、事故,遇有障碍、油料耗尽时,按照规定将车停(移)在紧急停车带内。

(1)"渐发性"故障。

车辆"渐发性"故障,是指故障发生后可能影响车辆继续安全行驶或只能继续行驶一段距离,如油路故障或燃油耗尽等。出现这类故障时,可把车辆停在就近的紧急停车带上,进行检修或等待救援。有关法规规定:"车辆行驶中,除遇有障碍、发生故障等必须停车的情况外,不准随意停车。因故障需要临时停车检修时,必须驶离行车道,停在紧急停车带或右侧路肩上,禁止在行车道上修车。"

车辆修复后需重新返回行车道时,应当先在紧急停车带或路肩上提高车速,进入行车道时,不准妨碍其他车辆的正常行驶。

(2)"突发性"故障。

这类故障的特点是使车辆突然失去动力,如电路断路或传动轴万向节松脱等。这类故障如能利用车辆惯性将车辆移到紧急停车带上检修会更安全,驾驶人也应尽量这样做,但往往当驾驶人发觉时,车辆速度已经降低,乃至车辆直接故障,这样会直接影响后续车辆的正常运行。为防止由此引起的连锁式追尾碰撞事故,此时,在确定后车暂未驶来后,驾驶人和乘员必须迅速转移到右侧防撞护栏以外,并立即用路旁紧急电话或其他通信设备报告交通控制中心或紧急救援人员,以确保车辆停车后驾驶人及乘客的安全。

驾驶人报警之前,必须首先采取一些必要的提示、警戒措施,在故障车辆后方 150m 距离外放置三脚架等警示标志。

(3)车辆因事故停车。

车辆发生事故时,双方都应立即就地停车,未经交通警察允许或不因消防或抢救伤员,不得随意移动车辆,以便交通警察进行现场勘查。为防发生连锁的碰撞事故,驾驶人应立即将乘员转移到右侧防撞护栏以外,并进行报警。在交通警察未赶到现场之前,驾驶人应保护好现场、组织自救、等候处理。

(4)停车后的警戒措施。

车辆因发生故障或事故停车,除进行报警外,还必须做好警戒和人员疏散工作。具体做法是:

①车辆因故障或事故等原因不能离开行车道或在路边紧急停车带上停放时,必须开启危险报警闪光灯并在车后 150m 距离处设置警示标志,夜间还须同时开启示廓灯和后位灯。

②为确保安全,车辆夜间在紧急停车带上停放时,也应当开启危险报警闪光灯、示廓灯和后位灯。

③车辆在行车道上停车时,应在确认后面车辆的动态后,再决定打开车门,在转移乘客的过程中,应留有一人在车后担任警戒。车辆在紧急停车带上停车时,乘客应从车辆的右侧下车,不得在现场附近随意走动。

④车辆在排除故障时,应留一人在车后安全位置监视后方车辆动态,以便紧急情况下及时提醒排除故障人员。

第二节　驾驶人视觉意识和车辆行驶特征

汽车在高速公路上的行驶速度一般可达 100km/h 以上,这样高的行驶速度对于驾驶人自身的生理和心理会产生一定影响。汽车驾驶工作是由三个连续不断重复的过程构成的,即信息收集—分析判断—驾驶操纵,如图 6-1 所示。

图 6-1　汽车驾驶工作模式

由图 6-1 可知,驾驶人首先要获取外部信息,并据此产生自己的意志决定,再把自己的决定通过操纵动作传递给汽车,使汽车产生相应的运动或制动。在这一过程中,会出现各种内部和外部的干扰,内部干扰如驾驶人的情绪、疲劳、玩看手机、饮酒等,外部干扰如侧向风、道路条件的影响等。这些干扰的后果表现为汽车运动状态的不正常,而这又作为新的信息被驾驶人获取,引起驾驶人新的意志决定,通过转动转向盘修正汽车行驶方向,运用加速踏板、制动踏板控制汽车行驶速度等,以恢复汽车的平稳行驶。

在驾驶过程中,主要涉及驾驶人、车辆、道路交通环境三方面因素,其中任一因素发生改变,都将会影响汽车行驶状态。高速公路与一般公路相比,由于行车条件的改善、行车干扰减少,汽车行驶速度提高,会给驾驶人的心理活动带来一系列的不良影响,妨碍驾驶人的正确操纵,对安全行驶产生严重威胁。如高速行驶使驾驶人的空间认识能力减弱,对事物大小、动静等感知不良。高速行驶过程中,驾驶人的速度感变迟钝,注意力转移困难,情绪波动较大,容易疲劳,操作反应的及时性、准确性下降等。这些影响主要来自驾驶人的视觉、意识特征的变化,因此,高速条件下行驶,驾驶人视觉、意识特征对确保安全行车是十分重要的。

一、驾驶人视觉意识

1.视觉减弱

驾驶人在行车过程中,主要是依靠眼睛观察外界各种信息来保证行驶安全。

专家们估计,在与安全行车有关的各种信息中,有 80%~90% 是通过视觉获得的,所以眼睛的视力对于安全行车至关重要。

通常情况下,人眼的视力是在静止状态下来测定的,也就是在静止状态和一定的光线照明条件下,用分辨 5m 以外的视标的能力来衡量眼睛的视力的强弱。这样测得的视力称为静态视力。例如,我国规定驾驶人眼睛的静态视力必须达到 0.7 以上。人眼的静态视力只在注视点附近最高,注视点附近非常狭窄的范围是人的视觉最敏感的区域。偏离这个范围,眼睛的视力迅速下降。例如偏离注视点 2°,视力将下降一半;偏离 10°将下降至 1/5 以下,如图 6-2 所示。

在行车过程中,驾驶人眼处于高速运动状态。实践已经证明,人眼在运动中的视力会有所下降,而且运动速度越快,视力下降得越明显。例如静态视力为 1.2 的人,以 60km/h 的速度运动时,视力将下降至 0.7 左右,而运动速度增加到 90km/h 时,视力将进一步下降至 0.6 以下。人体在运动状态时的视力称为动态视力。图 6-3 展示了人眼的动态视力与运动速度的关系。图上清楚表明了动态视力随运动速度增加而降低的趋势。驾驶人在高速公路上行车时运动速度可高达 100km/h 以上,这时人眼的视力将下降一半以上。视力的下降导致观察失误的可能性增大,即对必要的信息可能发现过迟或根本发现不了,因而影响行车安全。

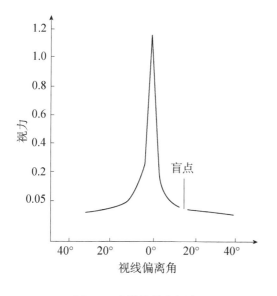

图 6-2 人眼的静态视力

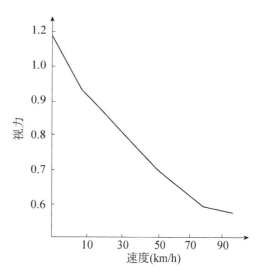

图 6-3 人眼的动态视力变化曲线

2.有效视线变狭窄

所谓视线,即是人在面对正前方保持头部和眼球不动的情况下所能看到的范围。一般人眼的动态视力变化曲线静止或低速运动时,双眼视线合计约为200°,如图6-4所示。

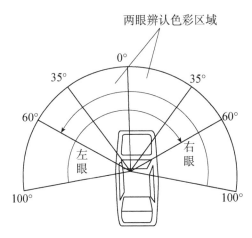

图6-4 人眼静态视线范围

人眼具有的宽阔视线有助于驾驶人驾驶在行车中观察外界信息。驾驶人在注视前方情况的同时,可利用视线的其余部分,即所谓"眼角余光"捕捉道路两侧的有关信息,及时发现闯入视线之内的障碍物。

当驾驶人驾驶汽车高速行驶时,由于物体影像在人眼视网膜上停留的时间太短,人眼来不及仔细分辨物体的细节,会感到车外的树木、房屋等固定物体不断向后移动,越近的物体移动的速度越快。研究表明,引起人感觉的刺激物不仅有一定的强度,而且还要持续一定的时间,如果刺激的时间非常短,人的眼睛就无法感受到。因此,随着车速的提高,驾驶人眼睛的有效视线会越来越窄。视线随车速变化情况见表6-2。

不同车速下的视线范围 表6-2

汽车行驶速度(km/h)	40	60	70	75	80	100
视野范围(°)	100	75	70	65	60	40

随着汽车行驶速度的提高,行车视线范围变小,驾驶人对公路两侧的情况不易看清,感觉就像在一条隧道内行驶一样,加之单调、长距离及有节奏的枯燥噪声等影响,驾驶人极易疲劳。

有效视线的缩小妨碍驾驶人对近处情况的观察,驾驶人可能忽视必要的安全信息,对安全行车不利。

3.判断能力下降

由一般道路刚刚驶入高速公路时,行驶环境明显变化,驾驶人精神兴奋、紧张,注意力较集中,速度感比较明显。但行驶一段时间后,对新的行驶环境已经习惯,于是精神将逐渐松弛,注意力开始涣散,速度感也减弱了。比如,在高速公路上以 100km/h 的速度行驶一段时间后,驾驶人会感到车速好像并没有最初那样快,往往还想再提高车速,结果形成超速违章,遇到意外情况还可能造成事故。

关于高速行驶时,人的适应性引起速度判断能力下降的问题,交通工程专家们曾做过一些试验。试验的方法是挑选一些年龄、驾驶经历、技术水平等基本情况相同的驾驶人分成三组,选取高速公路上某一路段,首先让三个组都根据车速表的指示,使车速准确地加速到 110km/h,要求第一组的驾驶人行驶 5s 后,凭自己的主观感觉把车速降至 65km/h;第二组驾驶人行驶 30km 距离后,凭感觉把车速降至 65km/h,而第三组则是行驶 60km 后降至同样速度,试验结果见表 6-3。

行驶速度的主观判断试验结果　　　　表 6-3

组别	项目		
	以 110km/h 行驶的时间或距离	凭主观感觉减速至 65km/h 时的实际车辆(km/h)	误差(%)
第一组	5s	71.2	10
第二组	30km	80.8	24
第三组	60km	85.4	31

由表 6-3 中数据可以看出,各组对实际车速的判断都偏低,而且减速以前的等速行驶阶段越长,判断速度的误差越大,第三组的判断误差高达 31%。在高速公路上,对实际车速的估计过分偏低是不利的。例如,车辆在高速公路出口处准备驶出高速公路时,如果因对实际车速估计过低而未充分减速,在出口匝道上就有转弯不及碰撞护栏的危险。所以,为防止驾驶人对车速作出错误判断,驾驶人应以车速表的指示为准,不应过分相信自己的感觉。

高速行驶对判断能力的影响,还表现在人的大脑负担过重方面。驾驶人在行车中接收的各种信息要依靠大脑来进行处理和判断。根据人的生理及心理学的研究,人的大脑对一个输入的信息作出判断平均大约需要 0.7s。当车辆行驶速度为100km/h时,0.7s将行驶20m左右,如果行驶速度降为60km/h,同样时间内只行驶12m。也就是说,车辆每行驶100m,在高速时只能判断5个信息,而低速时则可判断8.3个信息,行驶速度越快,在一定行驶距离内能够判断的信息数量越少,来不及判断的信息只好被漏掉,或者因判断不充分而出现错误,因而对安全行车产生不利影响。不同车速下交通标志辨认距离见表6-4。

不同车速下交通标志辨认距离　　　　　　　表6-4

行驶速度(km/h)		步行	40	60	80	100
辨认距离(m)	警告标志	316	272	239	212	179
	禁令标志	390	336	307	276	239
	指示标志	493	435	411	374	326

在高速公路上,随着行驶速度的增加,驾驶人眼睛的注视点逐渐移向前方远处,这样有助于提前发现情况,为作出正确判断赢得较充裕的时间。

4.平衡感觉的变化

人能够感觉自己的身体是否倾斜和维持平衡,这种感觉称为平衡感觉。平衡感觉主要是依靠位于耳内深处的一个叫作三半规管的感觉器官产生的。三半规管的形状如图6-5所示。

三半规管互相垂直形成一个三度空间,由管中体液的晃动来感觉身体平衡状态。

当身体快速连续回转时,会引起三半规管感觉失调,出现平衡错觉。例如,一般没有经过特殊训练的人在原地快速转动身体时,一旦停住便会觉得天旋地转、站立不稳,这就是平衡感觉失调引起的。在高速公路的弯道上行驶时,由于曲线运动的速度很高,也会出现类似于平衡感失调那样的感觉,因而影响安全行车。高速公路弯道上的事故比较多,这与驾驶人在转弯行驶产生平衡时平衡感觉的变化有一定关系。

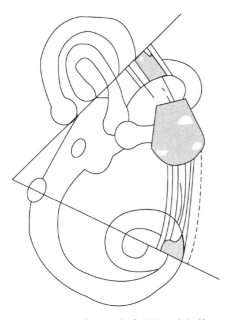

图6-5 产生平衡感觉的三半规管

5.高速催眠现象

高速公路为汽车行驶提供了最有利的道路条件,驾驶人在高速公路行车过程中,无须做出很多操纵动作,不必担心会车和遇到交叉路口,这使驾驶人的负担大为减轻。但与此同时,又出现行车环境单调、刺激过少等不利的一面。专家指出,人的大脑活动需要有适当的外界刺激才能维持在较高水平上(当然,刺激也不能过量,否则会引起大脑迅速疲劳)。长时间处于刺激过少的状态,会引起大脑活动的抑制和倦怠,表现为注意力开始涣散,判断及反应逐渐变得迟钝,最后可导致瞌睡。人们在乘坐火车做枯燥乏味的长途旅行时,或在听冗长而又毫无兴趣的报告时常昏昏欲睡就是这个道理。

除此之外,前面已经叙述过的高速行驶时有效视线的缩小注视点的远移、动态视力的下降、速度感的减弱等现象,更进一步促使大脑活动水平下降,这一切会形成所谓的高速催眠现象。一般在高速公路上连续行驶 2~3h 之后,就可能出现这种现象,而且往往是每隔数分钟或数十分钟发作一次。

高速催眠现象对车辆行驶安全是严重威胁,是高速公路交通事故发生的重要原因之一。为防止这种现象发生,在设计高速公路路段时,应考虑迫使驾驶人注视点能有所转移,适当增加视觉刺激的条件。驾驶人在行车过程中,如果感到困意,可打开车窗,接受车外凉风吹拂借以提神,或有意识地变换注视点,意识水平与工作可靠性程度的关系见表6-5。如果长时间连续行车感到疲倦,应及时在就近的服务区内临时停车,稍事休息,然后再继续上路行驶。

意识水平与工作可靠性程度的关系　　　　　表 6-5

意识状态	生理状态	工作可靠性
无意识、失神	睡眠、熟睡	0
意识昏沉(低意识)	瞌睡、疲倦	0.9 以下
正常(放松)	安静、正常活动	0.99~0.99999
正常(积极)	积极活动	0.99999 以上
过意识	慌乱、惊慌	0.9 以下

二、车辆行驶特征

在高速行驶条件下,驾驶人视觉、意识特征会产生变化,对行车安全必然产生一定的影响。

车辆行驶中,为适应道路交通环境条件,驾驶人的各种判断决定,最终是通过操纵汽车的各种操纵机构,如转向盘、加速踏板、制动踏板、挡位等,通过轮胎传递给地面而控制车辆行驶的。汽车行驶性能的好坏将直接影响到行车安全,一般来说,主要包括操纵稳定性和制动性等。

如果没有了解、掌握这些特点,在高速公路上仍按照在一般道路上的驾驶方法驾驶,就可能出现操作失误,甚至危及行车安全。

影响汽车操纵稳定性、制动性的因素是多方面的,如路面条件、车辆技术状况、驾驶人身体状况与操作技术水平等。高速公路行车,由于行驶速度的提高,车辆行驶特征则主要表现在制动停车距离、转弯行驶稳定性及轮胎热效应等方面。

1. 车辆行驶特征方面

(1) 转向盘灵敏度增加。

车辆在道路上行驶时,驾驶人通过转向盘来掌握行驶方向。车辆应该能够正确地遵循驾驶人给定的方向行驶,不论外界出现什么干扰,只要转向盘不动,行驶方向就不应自行改变,车辆的这种能力称为操纵稳定性。操纵稳定性是保证车辆行驶安全至关重要的行驶性能。不过,车辆的操纵稳定性不是无限的,如果驾驶人转动转向盘的操作过猛,超过了操纵稳定性的限度,车辆便会失去控制,发生侧滑、甩尾、倾翻等事故。

值得注意的是,转向盘转动得过猛与否,或者说,车辆是否失去操纵稳定性与车速有直接关系。车速越快,车辆对转动转向盘的反应越敏感。在高速行驶时,如果仍像在中、低速行驶时那样转动转向盘,车辆就可能失去操纵稳定性而造成事故。下面进一步详细地说明这一问题。

众所周知,任何物体在围绕某一中心做回转运动时,都要产生离心力——这是一种企图使物体挣脱束缚,远离回转中心而去的力,这个离心力能将汽车甩到弯道外侧去。汽车之所以能够正常转弯行驶,未被甩出车道,是因为轮胎与路面间存在着摩擦力,这种摩擦力作为反作用力与离心力相互平衡,维持了汽车的正常转弯行驶,如图 6-6 所示。

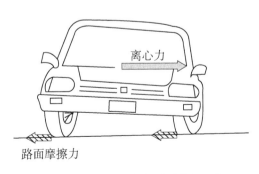

图 6-6 汽车转弯行驶时的离心力与路面摩擦力

对应一定的车辆和路面,摩擦力的大小有一个最高限度。若离心力太大,超过了这一限度,使平衡遭到破坏,车辆转弯行驶时便挣脱摩擦力的束缚,失去离心控制力及路面附着力,被离心力甩出车道。摩擦力的最高限度在专门术语上称为附着力。附着力的大小取决于车辆自身的质量和路面的材料、状态。如果用 F 代表附着力,则有:

$$F = mg\phi \tag{6-1}$$

式中:m——车辆质量(kg);

g——重力加速度($9.8 m/s^2$);

ϕ——路面附着因数,取决于路面材料和状态,对于干燥的沥青或水泥路面可取为 0.7~0.8。

注:式中的字母 N 是国际单位制中衡量力的大小的单位,称为"牛顿",1kg·F 相当于9.8N。

例如总质量为1000kg的小汽车在水平干燥的高速公路上的附着力约为:

$$F = 1000 kg \times 9.8 m/s^2 \times 0.8 = 7840 N$$

汽车在水平路面上转弯时产生的离心力的大小取决于转弯半径、转弯车速和车辆自身质量的大小。弯道越急(即转弯半径越小),转弯速度越快,车辆自身质量越大,产生的离心力也越大。这种关系可以用下式来定量地表达:

设 F' 为离心力,则:

$$F' = m\frac{V^2}{R} \tag{6-2}$$

式中:m——车辆质量(kg);

V——行驶速度(m/s);

R——转弯半径(m)。

由上述离心力表达式可以看出,离心力的大小和行驶速度的平方成正比,和转弯半径成反比。也就是说,行驶速度对离心力的大小有非常显著的影响。下面举一实例来具体地说明一下这种影响到底有多么大。

仍以总质量为1000kg的小汽车为例。设该小汽车在普通道路上,以50km/h的速度驶过一段半径为50m的弯道。对于一般小轿车来讲,这大约相当于转向盘转角60°。由上述离心力的公式可以算出车辆在驶过这段弯道时产生的离心力 F' 为:

$$F' = 1000 \times \frac{14^2}{50} = 3920(\text{N})$$

前面已经算出了该小轿车对地面的附着力为7840N。这就是说，车辆产生的离心力没超过附着力，所以摩擦力可以束缚住车辆，使其不致被离心力甩出，而维持正常的转弯行驶。

在高速行驶时，情况又怎样呢？设该小汽车转向盘转角仍为60°，即转弯半径仍是50m，但行驶速度增加一倍，达到100km/h，相当于在高速公路上的行驶速度，根据离心力的公式可以算出这时的离心力 F' 为：

$$F' = 1000 \times \frac{28^2}{50} = 15680(\text{N})$$

也就是说，离心力已远超过了7840N的附着力数值，车辆早已被甩出车道了。

由这一实例可知，在高速行驶时转弯半径不能太小，必须增大转弯半径，才可能安全转向。在上述实例中，该小汽车在100km/h的车速时，要想使转弯离心力保持在与50km/h车速时相同的水平，即 $F = 3920$N 对应的转弯半径 R 可由离心力公式算出。

$$R = m \cdot F = 1000 \times \frac{28^2}{3920} \approx 197(\text{m})$$

即转弯半径须增大到197m。对于一般小轿车，转弯半径200m左右时，对应的转向盘转角约15°。这就是说，车速增加一倍，对应的转向盘转角需减少到原来的1/4。图6-7表示同一车辆在不同的车速下，为保证安全转弯所对应的转向盘转角的区别。

由以上说明可知，随着行驶速度的提高，车辆能够承受的最大转向盘转角急剧下降，转向盘的灵敏性显著增加。因此，在高速公路上行车时，操作转向盘一定要十分小心，即使遇到某些意外情况也要沉住气，首先制动使车速降低，再配合以转向盘操作。如果不减速就猛转转向盘，车辆会失去控制，这样不但避免不了意外情况，还可能导致更大的损失。

我国《公路工程技术标准》（JTG B01—2014）规定，高速公路选用120km/h计算行车速度时的极限最小平曲线半径为650m，当受条件限制选用100km/h计算行车速度时为400m、选用80km/h计算行车速度时为250m或对个别特殊困难路段没采用60km/h计算行车速度时为125m,这足以保证车辆以最高限制车速安全通过。但在车辆行驶中,有时需要变更车道,或遇有某些特殊情况必须进行转向盘操作,这时就要注意转向盘转动量不可过大。一般认为,对应于同样的转弯角度,高速行驶时的转向盘转动量应保持在中速时的1/4左右。有的交通安全专家根据一般小汽车的转向系统传动比范围和转向盘直径大小提出,车速达到100km/h以上时,操作转向盘的转动量如以手的移动距离来衡量,以二指宽左右(相当于4~5cm)的距离为好,最多不要超过三指宽,这一建议被称为高速公路转弯行驶的"三指法"原则。

速度(km/h)	转向盘转角(°)	
50	60	80
100	15	20

速度50km/h时 速度100km/h时
80°转向盘转角 = 20°转向盘转角

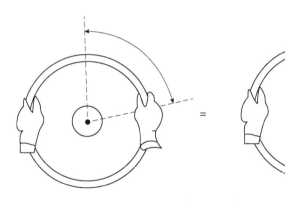

图6-7 不同车速时的转向盘转角

(2)制动停车距离延长。

汽车是一种速度较快的运输工具,其高速行驶是以能迅速停车为先决条件的。由于行驶中经常受到地形、路面和交通状况的限制,驾驶人必须能根据具体情况,使汽车减速或停车,以保证行车安全。

汽车制动装置是实现减速、停车功能的保证,它通过吸收汽车储备的动能,强制车速迅速降低,以致停车。常用的鼓式制动器就是利用这一原理,当制动装置起作用时,产生摩擦力矩,使汽车动能转化为制动摩擦片与制动鼓、轮胎与路面的摩擦热能等而消耗掉,从而使汽车实现减速、停车等操纵。

分析汽车制动过程可知,当驾驶人接收到制动信息以后,制动共经历了五个阶段,即驾驶人反应过程 $Z0$、制动装置反应过程 $Z1$、制动减速度增加过程 $Z2$、持续制动过程 $Z3$ 及制动解除过程 $Z4$。从制动过程可以看出,在实际制动停车过程中,不是驾驶人踏下制动踏板汽车就会立即停止的,从驾驶人发现危险情况采取制动措施到完全停车,需经历 $Z1$、$Z2$、$Z3$、$Z4$ 四段时间。在这四段时间里,汽车仍在运行,这一运行距离称为制动停车距离。制动停车距离的长短对行车安全是至关重要的,减少 1m,则有可能避免事故的发生。制动停车距离可分为制动反应距离和制动距离两个部分。

从制动反应距离和制动距离的概念中可以看出,制动距离的长短主要与行驶速度、道路附着因数 φ 及制动装置结构等有关,其中制动前汽车行驶速度影响最大。计算表明,行驶速度越高,制动距离就越长,行驶速度增加 1 倍,制动距离则增加约 3 倍,不同车速下的汽车制动距离见表 6-6。

不同车速下的制动距离　　　　　　　　　　表 6-6

路面条件	不同车速(km/h)下的制动距离(m)						
	50	60	70	80	90	100	110
干沥青混凝土路面($\varphi=0.8$)	12.3	17.8	24.0	31.5	39.9	49.2	59.5
湿沥青混凝土路面($\varphi=0.4$)	24.6	35.5	48.2	63.0	79.7	98.4	119.1
冰雪路面($\varphi=0.2$)	49.2	71.0	96.5	126.0	150.0	196.9	238.2

从上述分析可以看出,高速公路行车时,由于车速的增加,制动反应距离、制动距离均将增加,尤其是制动距离与速度平方近似成正比时,增加更为显著,这将使制动停车距离大幅度地延长,汽车行驶安全性大大降低。

高速行驶时,制动距离的延长甚至使有的驾驶人感到疑惑,以为车辆的制动系统出了故障,实际上并不是制动系统有故障,而是因为制动距离与制动前的车速的平方成正比,在高速公路上的车速远较在普通街道上的车速高,所以制动距离就更加长了。如果不了解这一原理,在高速公路上行驶时,仍按照在普通道路上行驶时的习惯,认为车辆一经制动就能很快停住,一旦遇到意外情况就可能措手不及而发生危险。

(3)制动侧滑甩尾的危险性增加。

制动侧滑甩尾是车辆在制动时发生的一种严重的失去稳定的现象。发生侧滑甩尾时,车辆失去控制,一方面向前滑动,另一方面又剧烈回转,严重时可回转180°,形成车头朝后、车尾朝前的状态。侧滑甩尾往往导致重大事故,是非常危险的一种现象。

有人通过大量的实车测试对制动侧滑甩尾现象做了专门研究,研究结果认为,车辆在制动时,如果同时存在下述三个条件就会发生侧滑甩尾,而且路面越滑溜,侧滑甩尾就越剧烈。这三个条件是:①制动时后轮比前轮先抱死;②车速超过某一数值(在测试时为超过48km/h);③有轻微的侧向力作用。我们可以结合这三个条件来看一下车辆在高速公路上发生制动侧滑的危险性及其防止对策。

第一个条件是说后轮先于前轮制动抱死。这里有两点值得注意:其一是既是车轮制动到抱死的程度,除了路面异常滑溜以外,一般都是实施了紧急制动。也就是说,只有在紧急制动时,才会出现制动甩尾现象,在一般的减速制动情况下是不会出现的。其二是在紧急制动时,前后轮哪个首先抱死是由车辆"先天"固有的特性决定的,也就是取决于车辆的结构设计和制造,与行驶速度无关,也不可能通过驾驶操作任意改变。

第二个条件是车速必须超过某一数值。高速公路上,车辆行驶速度很高,一般都超过了这个数值,所以在高速公路上发生制动侧滑甩尾的危险性比普通公路上大得多。

第三个条件是要有轻微的侧向力作用。其实不论侧向力大小,只要有侧向力作用,哪怕是很轻微的侧向力也足以引起侧滑甩尾,在这里侧向力实际上相当于导火线。在前两个条件具备的情况下,只要有侧向力作用,车辆立刻就侧滑甩尾,开始剧烈回转起来。轻微的侧向力随时都存在。例如为了便于排水,路面都带有一定拱度,因而车辆在行驶时有轻微的横向倾斜出现侧向力,在制动时左右车轮上的制动力不均等也会产生侧向力,在转弯行驶时更是会出现很大的侧向力。总之,侧向力是经常存在的,也是避免不了的。

从上述三个条件来看,在高速公路上主要是由于车速高而使制动侧滑甩尾的危险性增大。为了减少这种危险,首先要注意遵守速度限制的规定,不要违章超速。其次,必须注意制动操作要领,高速行驶时突然实施紧急制动是非常危险的。

在下雨天气或冬季的霜冻、积雪路面上,由于路面很滑,轮胎与路面间的附着力减小,即使制动踏板没有踩踏到底,车轮也可能抱死拖滑导致出现侧滑甩尾。路面滑溜还会使制动距离和制动时间大为延长,车辆侧滑甩尾的时间也随之延长,这就使车辆的回转程度更加剧烈。所以,在雨天或冬季行车时要注意降低车速,并且特别要注意制动不可过急。

(4)轮胎性能下降。

车轮与轮胎上存在的某些问题,在车辆中、低速行驶时可能不会有太大的影响,但车速提高到100km/h以上时,这些问题就会明显暴露出来,甚至影响车辆的正常行驶和导致事故发生。

轮胎是汽车与地面接触的中间媒体,其除了缓解和衰减汽车行驶中的冲击震动、支撑汽车重力外,还负责提供良好的附着条件,从而顺利实现对汽车的控制,如制动、转向等。因此,轮胎性能对安全行车有很大影响。

轮胎性能主要有轮胎对地面的力学特性,如缓冲性能、牵引性能、通过性能等;轮胎的耐久性;轮胎噪声;轮胎高速性能等。作为高速公路行车的一个显著特征,主要表现在其高速性能方面。轮胎高速性能主要体现于轮胎生热和液面效应,虽其产生的机理不尽相同,但两种作用的最终结果均将导致轮胎功能失效,汽车控制受到阻碍,不能适应道路交通环境,进而引起交通事故。

①轮胎生热。

由气体状态方程式可知,轮胎气压和压缩空气温度存在如下关系:

$$pV = mRT \tag{6-3}$$

式中:p——轮胎气压;

V——轮胎内胎容积;

T——轮胎内部温度;

m——轮胎内压缩空气质量;

R——气体常数。

行驶中,轮胎要连续不断地产生伸缩变形,橡胶与帘线、帘线与帘线、外胎与内胎及胎面与地面等均会发生摩擦,产生大量的热,而轮胎材料主要为橡胶和化学纤维,是热的不良导体,所以热量难以散发,这就使得胎体内部温度逐渐上升。由前述关系式可以看出,由于胎体温度升高,导致轮胎气压增大,而与此同时,橡胶性能因高温而下降。因此,当胎体温度达到一定时,气压超过橡胶材料的极限强度,必定引起轮胎损坏。

②轮胎的驻波现象。

驻波现象是高速行驶时轮胎上出现的一种特殊现象,其表现为轮胎接地面后部的圆周面上出现明显的波浪状变形,并伴随有行驶阻力的急剧增加,轮胎迅速发热,以致橡胶脱层直至爆破损坏。图 6-8 是表明轮胎驻波现象的示意图。

驻波现象是由于车速提高到某一临界值后,轮胎表面变形来不及完全恢复造成的。由于轮胎具有弹性,在汽车重力作用下,轮胎表面与路面接触的部分要发生变形。

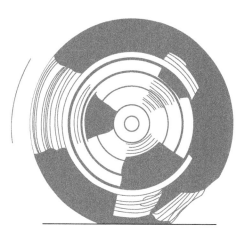

图 6-8 轮胎驻波现象

随着车轮的转动,轮胎表面离开路面的部分在轮胎气压、转动离心力及自身弹性作用下,又会恢复原状。在中、低速行驶时,由于车轮转速不高,轮胎变形来得及完全恢复,不会出现驻波现象。但在高速行驶时,如果轮胎转速比轮胎变形恢复速度还快时,轮胎上某一接地表面刚一离开路面,变形还未及完全恢复,便又重新转过去与地面接触,使接地面后部的轮胎表面呈现出波浪状,形成驻波现象。

一般小汽车的轮胎比较柔软,接地部分变形较大,变形恢复相对较慢,所以容易出现驻波现象。这是一种非常有害的现象,必须尽力避免。防止驻波现象发生的方法是尽量提高轮胎变形的恢复速度,使发生驻波现象的临界车速超出高速公路最高限制车速之上。为此,可适当提高轮胎气压。经实验证明,普通轮胎在保持标准气压时,发生驻波现象的临界车速为 150km/h 左右,而低于标准气压时,在车速为 100km/h 时就可能出现驻波现象。气压每提高 $3N/cm^2$,可使临界车速提高约 10km/h。所以,在高速公路上行车时,轮胎气压应该比在一般道路上提高 $3\sim5N/cm^2$,以避免出现驻波现象。

③车轮不平衡对车辆高速行驶的影响。

车轮不平衡是指车轮围绕旋转轴线的转动质量分布不均匀以及轮胎特性沿圆周分布得不均匀。在中、低速行驶时,由于车轮转速不高,车轮有些不平衡并无太大影响。但在高速行驶时,由于车轮转速增高,因不平衡而形成的各种干扰力也急剧增大,使汽车出现明显振抖或转向盘摇摆,严重妨碍正常行驶。

检查车轮是否平衡,必须使用专门的车轮平衡机。如果汽车在高速公路上行驶时有明显的抖动和摇摆,就应考虑车轮平衡是否有问题,最好到汽车维修部门进行检查和校正。

(5)燃料消耗增加。

汽车的燃料经济性一般用燃料消耗率来表示,即每行驶100km消耗多少升燃料(或每消耗1L燃料能行驶多少千米)。燃料消耗率越低,表明汽车的燃料经济性越好,就同一辆汽车来讲,燃料消耗率随行驶速度不同而变化,对应于燃料消耗率最低时的行驶速度称为经济车速。经济车速是汽车设计师根据汽车的用途、性能要求、常用车速等各方面因素,在设计汽车时确定的。对于一般汽车,大都以中速行驶时的速度作为经济车速。例如中型小客车的经济车速一般70~90km/h。车速低于或高于经济车速时,燃料消耗率都会增加。

汽车在高速公路上的行驶速度一般都远超过经济车速,所以燃料消耗率也增加很多。图6-9所示为普通小轿车车速超过50km/h以后,燃料消耗率与车速的关系。由图可知,车速为100km/h时的燃料消耗率比车速为50km/h时增加了约1.6倍。据此可认为,在高速公路上行驶一定里程所需要的燃料比在一般道路上行驶同样里程多60%左右。

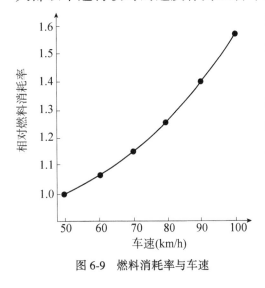

图6-9 燃料消耗率与车速

2.车辆行驶注意问题

(1)正确判定行车速度和行车间距。

由于视觉特征的变化,凭借一般公路行驶经验,很难准确地确定车辆行驶速度和行车间距。因此,应注意观察车速表指针的指示情况,及时修正判断误差,在通过弯道、变更车道时,保持适宜的车速。行车间距应充分利用道路上设置的距离确认标志进行确定,以保持足够的反应时间。

(2)合理分配注意力。

注意力集中并不是只要求注意力集中去观察前方,对其他情况全不在意,而应在驾驶过程中关注各方面的情况,并有目地进行注意转移。注意转移和注意分散不同,前者是有意识进行的,驾驶人操纵动作的速度和准确程度取决于注意转移的速度。注意转移是非常重要的,交通环境瞬息万变,灯光信号、交通标志、各种车辆的活动、汽车的运转状态等都是驾驶人需要注意的对象。驾驶人必须不断地随着行车的需要转移自己的注意,不善于有效、及时地转移注意,就有可能造成事故。

有经验的驾驶人只是把少量注意分配在驾驶任务上,而把多数注意分配到非驾驶任务上,如道路状况、各种车辆、行人动态等,以更多地收集与行车有关的信息。驾驶人在高速公路上行驶时,不能把注意集中到某一车上作为目标参照物而放心地行驶,应该有意识地注意周围情况,接受一些环境的刺激,始终保证意识清醒状态。

(3)安排适宜的行车时间。

行车过程中,驾驶人注意力必须高度集中,不断观察、判断各种情况,迅速作出各种决定。感觉器官,主要是眼睛及中枢神经系统始终处于紧张状态,随着行车时间的延长,极易引起各种器官疲劳,使驾驶人观察判断能力下降,反应迟钝,驾驶操作失误增多,严重时出现行车中打瞌睡,极易引起重大交通事故。在高速公路上行驶,由于视觉、意识特征的变化,表现更为突出。因此,应注意行车与休息的合理安排,使驾驶人保持充沛的精力,具有良好的视觉特征,处于积极的意识状态。

日本曾对 1000 余名载货汽车驾驶人在高速公路上连续行车最长时间进行调查,其结果见表 6-7。

高速公路连续行车时间调查表 表 6-7

最长时间(h)	人数	比例(%)
1~1.5	280	24.8
2~2.5	373	32.9
3~3.5	261	23.1
4~4.5	86	7.6
5	10	0.9
未回答	121	10.7

调查结果表明,30%左右的驾驶人认为连续行车不应超过 2~2.5h,而主张连续行车 3.5h 以内的人数占 80%以上。有专家建议,经过 2h 连续行车之后,应

停车休息 5~10min，在累计行车时间达到 5h 之前，要安排 1h 左右的休息，一天内总累计行车时间以不超过 8h 为宜。

(4) 行车时道路环境的影响。

车辆在高速公路上行驶时，在不同的路段上所遇到的道路环境也不尽相同。驾驶人在行车中感受到的某些道路环境的改变会干扰驾驶人的注意力和情绪，因而对行车安全构成潜在威胁。例如上一节所述车辆由一般路段进入隧道内行驶时遇到的各种问题，就可以看成是道路环境急剧变化对行车安全影响的一个特例。另外，一些道路环境的改变，虽然没有像驶入隧道那样明显和突然，但若不加注意仍可能诱发驾驶人于无意识中出现错误操作，造成危险。这是因为车辆连续驶过不同的路段时，在前一段路上，驾驶人保持某种情绪和观察方式来驾驶车辆，这时驾驶人的身心状态与道路环境及车辆行驶状况三者间保持平衡。当车辆驶入下一路段后，一种完全不同的道路环境突然呈现在驾驶人面前时，原来的人、车、路平衡状态便被打破，驾驶人必须调整自己的情绪和观察方式，以求与新的道路环境达到新的平衡，才能保证车辆的安全行驶。如果驾驶人对新的道路环境的到来缺乏思想准备，不掌握其特点，前后两种平衡状态的过渡过程便不圆滑，便可能出现瞬间的紧张情绪和视线移动的混乱等不适应情况。在高速行驶时，每一次这种瞬间的不适应都会导致本能地改变车速，有时还会引发驾驶人的错误操作，甚至造成交通事故。所以说，道路环境的改变可能构成对行车安全的潜在威胁。

下面以具体的道路环境为例，来进一步说明环境变化对行车安全的影响及应采取的对策。

路堑地段的道路是把山坡地面挖低而修成的。道路两侧都是斜坡，类似山谷形状。当车辆由开阔路段驶入路堑地段时，驾驶人的视线被两侧斜坡限制突然变得狭窄起来，原来在开阔路段上赖以引导视线的注视目标可能失去或变得模糊不清。此外，路侧斜坡还有一种视觉吸引作用干扰驾驶人的注意力，使驾驶人产生似乎要撞上斜坡的错觉，这样就使驾驶人产生紧张和不安的情绪。在这种不安情绪的影响下，驾驶人在驾驶操作中会本能地做出某些错误动作，如不适当地转动转向盘或过分地制动减速等。特别是遇到路堑上空横跨有桥梁、管道，或斜坡上立着高压电线铁塔等物时，更会加剧这种干扰作用，驾驶人无意中出现的错误动作将导致车辆行驶状态的不正常，严重时车辆便会离开路面，冲向路侧斜坡或中央分离带而造成严重事故。一些交通事故统计资料表明，在路堑地段上经常发生的事故就是这种车辆单方事故而不是车辆与车辆接触型的双方或多方事故，这是路堑地段交通事故的重要特点。在分析此类事故原因时，往往容易看到驾驶人操作不当等表面现象，但却找不出操作不当的确切理由。其实，最根本的原因是驾驶人对道路环境的变化缺乏思想准备，新的道路环境造成的视觉干扰引起了紧张和不安情绪。

通过上述分析可知，为了安全地通过路堑地段，最重要的是克服环境造成的视觉干扰，切实把握住可以引导视线的注视目标。最可靠的注视目标是路面上的白色交通标线。

第三节　高速公路车辆故障与事故

高速公路排除了道路两侧进入行人、车辆的干扰，并具有较高的服务水平，给驾乘人员提供了舒适、安全、便捷的行车环境。由于具有优越的交通环境，高速公路交通事故率比一般公路低得多，被认为是安全程度较高的公路。但由于高速公路上行车速度快，如果发生交通事故，则严重程度相应增加，同时，造成的交通堵塞影响更为严重，经济损失更为惨重。

一、高速公路交通事故特征

高速公路与一般公路相比，交通事故具有以下特征。

1. 重特大交通事故多

高速公路虽然事故率低，但由于汽车行驶速度的提高，一旦发生往往都是恶性事故，一次事故殃及的车辆数多，死亡率也高。常常听到关于数十辆，甚至上百辆汽车相撞的重特大交通事故，多发生在高速公路上。例如，2016年2月，日本名神高速公路上一起事故相撞车辆达33辆。我国沈大高速公路也发生过多辆汽车相撞的特大事故。

2. 驾驶人反应时间不足造成事故所占比例大

高速公路上，许多事故的发生并不是由于违反交通规则引起的，大多是在不知不觉中发生的，其原因是驾驶人缺乏高速公路驾驶常识，不能正确掌握速度与制动距离等关系，仍采取一般公路的操纵方法。汽车行驶速度快，但行车间距不足,因而驾驶人没有充裕的时间采取措施,则失去了应变能力。

  3.车辆故障与交通事故具有同等危险性

  车辆在高速公路上行驶时,发动机、轮胎等各部机件长时间在高负荷下运转,如果事前没有进行仔细检查和维护,很可能在行驶途中发生故障。根据一些较早建设高速公路的国家的统计,高速公路上常见的车辆故障,发动机过热所占比例最大,其次是轮胎故障,这两项故障合计约占故障总数的一半。

  在高速公路上行驶时,万一遇到车辆发生故障,不要惊慌失措,否则不仅干扰其他车辆正常行驶,还可能引发严重事故。当车辆因故障而无法继续行驶时,绝不可停在行车道上,必须设法驶到紧急停车带停车,并采取必要的安全措施。需要援助时,可通过就近的紧急电话等联络设施与管理部门联系,决不可拦截过往车辆。

  高速公路由于车流密度大、车流速度快,行驶中汽车出现故障,而又不能及时停靠或紧急停车时,常常酿成追尾相撞的重特大交通事故。分析数据也可以看出,在事故比例中,因故障引发的交通事故占22.25%,其中轮胎故障占到14.15%。因此,高速公路上行车,车辆故障,尤其是行车装置、操纵控制装置的故障与交通事故具有同等危险性。

二、预防高速公路交通事故的根本措施

  高速公路交通安全是一个由人、车、路组成的系统问题,每一环节出现问题,都会影响到交通安全。高速公路的道路构成、安全设施,汽车高速行驶时的制动性能、转向操纵性能,驾驶人的心理、生理素质等对行车安全都十分重要。

  为了防止事故发生,驾驶人必须遵守交通法规,遵从交通信号、信息标志及公路广播的引导与指挥,这是预防事故发生的先决条件。

  但是,由于高速公路行车特征的影响,与一般公路相比,驾驶人的视觉特征、车辆行驶特性都发生了改变,因此,要预防事故,最根本的是应注意以下问题。

  1.掌握速度的概念

  高速公路最高行驶速度为120km,行车中必须注意这一变化,这是与一般道路的根本区别。由于高速公路车辆行驶速度的提高对驾驶人、车辆的影响,人们需要掌握速度影响的定量概念,如制动距离、转弯行驶离心力、视线、视距等,熟悉高速公路行车规律、安全驾驶方法,克服经验主义思想,以适应高速条件下的行车要求。

2.保持充足的反应时间

必须控制汽车行驶间距,保证驾驶人有足够充裕的时间采取措施。保持驾驶过程中精力充沛、头脑清醒,有较高的意识水平,缩短反应时间。

3.保持车辆技术状况良好

保持车辆技术状况良好是安全行车的必备条件。车辆驶入高速公路前应进行必要的检查,特别是制动、转向、灯光信号等,有些故障现象在低速条件下并不明显,也不影响行驶,但随着行车速度的提高,就会显露出来,如高速跑偏、摆头等,这对高速行驶是极不利的。行车前应消除这些故障隐患,防止因车辆故障而造成大的交通事故。

4.采取必要的安全措施

系安全带是被动安全性的有效措施,有关统计资料和试验证明,在汽车紧急制动或发生碰撞、翻车事故中,确有乘员从座位上被甩出而形成第二次碰撞或被甩到车外,造成伤害或死亡,使用安全带是减少交通事故中乘员伤亡的有效办法。

在汽车碰撞过程中,安全带一方面可以将乘员有限地固定限制在一定的空间内,避免乘员前冲运动造成人体与车身或突出物的碰撞。另一方面,在汽车侧滚翻或前倾翻过程中,可将乘员固定在座椅上,防止被甩出。据实测,一般成年人手腕可承受490N的撞击力,脚可承受980N的力,承受力仅为体重的2~3倍,而系好安全带的人一般可以承受相当于体重50倍的撞击力,可见,安全带给交通安全带来的益处是非常大的。

三、高速公路应急情况处置措施

行车中,各种险情大都是突然发生的,只有在瞬间内作出分析判断,并采取相应的技术措施,才能阻止事故发生或减少事故损失、人员伤亡等。因此,为赢得宝贵时间,驾驶人必须熟悉各种应急情况的处置措施。

1.汽车碰撞

汽车典型的碰撞形式主要有正面碰撞、侧面碰撞及追尾碰撞,其多发生在逆向抢道行驶、前车突然制动减速、汽车改变行驶方向等情况下。由于碰撞前汽车行驶速度不同,损失程度也将各异,行驶速度越高,碰撞的结果损失越惨重,对人员的伤害也越大。

汽车正面碰撞时,会导致车体变形,驾驶人或乘员头部撞击风窗玻璃,胸部挤压在转向盘或座椅靠背上,造成人员头部或胸部损伤等;汽车侧面碰撞时,容易造成驾驶人及乘客头面侧、肋骨骨折等,汽车若发生回转,驾驶人及乘员有可能被甩出;汽车追尾碰撞时,多会造成驾驶人、乘客头、胸和腿部等的损伤。

汽车发生正面或追尾碰撞时,应迅速判断可能撞击的方位和力量。若撞击的方位不在驾驶人一侧或撞击力量较小时,驾驶人应手臂稍弯曲,紧握转向盘,以免碰撞时造成肘关节脱位。两腿向前蹬直,身体向后倾斜,紧靠座椅后背,以克服惯性力,避免头部撞击风窗玻璃或胸部撞在转向盘上造成损伤;若撞击部位邻近驾驶座位或撞击力较大时,极易造成驾驶室变形,转向盘后移,驾驶人应迅速避离转向盘,同时两腿抬起,或倒卧在侧座上,以免身体受到挤压伤害。

汽车发生侧面碰撞时,由于很难出现对心碰撞,汽车在移动的同时,可能产生旋转,驾驶室门也有可能脱开,驾驶人可能在碰撞力的作用下甩出车外。

2.汽车倾翻

汽车倾翻常常发生在弯道行驶中,由于行驶速度过快,超过了道路条件的限制而发生。如弯道曲率半径小、道路附着因数小、道路横向坡度大等,会造成汽车倾翻或汽车侧滑离开路基后倾翻。

汽车倾翻时,驾驶人一般都会有先兆感觉。横向倾翻时,由于离心力的作用,驾驶人身体有向外飘起来的感觉;路肩外斜坡翻车时,车身先慢慢倾斜,然后才会倾翻。纵向倾翻时,汽车先前倾或后倾,驾驶人会有车头下沉或车尾翘起的感觉,然后才会倾翻。

3.汽车坠落

汽车行驶在傍山险峻的道路或通过桥梁时,由于事故碰撞或其他因素影响,一旦驶离路面就会发生坠落。车辆坠落速度快慢与降落高度有关,坠落越深,其接地时的速度越快,撞击越猛烈,汽车、人员损坏伤亡越严重。

汽车出现坠落时,驾驶人若没有时间安全地离开车辆,则在汽车下落瞬间,要抓紧转向盘,让身体后仰,紧靠座椅,随着车体翻滚,这样当车辆摔落到地面时,身体有相应的缓冲空间。在翻滚中,一定要避免身体在驾驶室内滚动,防止身体撞击铁质器物而致伤。如果汽车在坠落过程中未发生翻滚,驾驶人应在下落过程中,看清坠落方向的环境特征,以便落地时采取适当的脱离措施。当看到汽车即将坠到地面时,应缩头弓背,双手抓紧车上固定物体,做好受到冲击的准备,若来得及调整身体姿势,可让腿部朝着坠地方向,保护头部,以免受致命创伤。

4.汽车失火、爆炸

汽车发生碰撞、倾翻、坠落时,均可能产生明火,点燃汽油引起车辆失火,进而引爆车辆及装载物品等。

汽车发生碰撞、倾翻、坠落等事故后,车上人员应想办法尽可能快速地离开车辆,如车门无法打开时,可从风窗玻璃处脱离。当火焰逼近自己而无法躲避时,应用身体猛压火焰,冲出火区。冲出时,要注意保护好暴露在外面的皮肤,不要张嘴呼吸或高声叫喊,以免烟火灼伤上呼吸道。尼龙等化纤产品的布料都是易燃品,应及早脱去。当车上装有易爆物品时,应及时离开危险区。在爆炸前,应迅速就地卧倒,充分利用地形地貌,尽量选择爆炸物不易飞进的死角躲避,如凹地、土坡等。不要使身体暴露在危险的空间,以免遭受二次打击伤害。

如果在隧道中发生火灾,应将汽车迅速驶出洞外,远离车辆、人群,然后再设法灭火,以免引起道路设施的毁坏,交通中断。灭火扑救时,如燃油起火,不要用水灭火,只能用灭火器或篷布等遮盖,断绝与空气的接触,使其熄灭。驾驶人在离开汽车时应关闭点火开关,有可能时还可关闭油箱开关,取走车上的燃油等。

5.汽车倾骑或悬空在路肩上

驾驶人由于紧急避让或操作失误,使汽车驶离路面时,常常倾骑或悬空在路肩上,此时,若处理不当,很容易造成车辆倾翻,使车辆、人员造成进一步损伤。

一般道路路肩的强度足以支撑车辆,但如果路肩施工质量差或有水浸泡使路肩松软,汽车一侧轮胎压在路肩上停车时,有倾覆的危险。此时,驾驶人应从靠路面的一侧离开驾驶室,如果车内载有货物,应将货物从倾斜一侧卸到车后路边上。载人的客车,应动员乘客按顺序下车,集中到路面一侧,防撞护栏以外以免发生危险。需注意的是,在车身保持平衡前,不能冒险起动汽车,以防止发生倾翻事故。

当汽车车轮驶出路肩,悬空停车后,驾驶人应当及时离开驾驶室,如有乘员,应组织好人员脱险,然后仔细观察车辆的险情,采取相应措施。如果道路边有树木、护栏等,应用绳索系住车身,并用坚硬物顶住汽车未悬空的车轮,防止滑移。

人员离开车辆后,不得拥挤在行车道上,应尽快疏散到距悬空车辆一定安全距离的防撞护栏以外,并利用紧急电话与管理控制中心联系,请求派车辆、人员救援,使汽车、人员脱离险境。

6.汽车制动、转向失灵

汽车制动、转向一旦失灵,将严重危及汽车的安全行驶,万一出现这一现象,驾驶人应沉着,充分利用各种条件,使汽车减速停车。

若发现汽车脚制动失效,应迅速使用手制动,并把挡位换入低速挡,把好方向,靠路边停车,夜间要打开后位灯和示廓灯,以引起后车警惕。注意,若不是紧急情况,驻车制动器操纵杆不可一次拉紧不放,也不可拉得太慢,以防一下拉紧导致制动盘损坏,拉得太慢盘片摩擦过热而烧蚀。如不能利用汽车本身的机构控制车速,驾驶人应果断地利用天然障碍物给车辆造成阻力,以消耗汽车的惯性力。必要时可将汽车靠向路旁的护栏等,依靠产生的摩擦阻力,强制汽车减速停车,但应掌握适度,以免高速行驶条件下造成汽车翻倾。

四、高速公路交通事故案例分析

1.轮胎突然爆破引起的追尾碰撞事故

事故过程(图6-10):前后两辆小汽车A、B均以90km/h的速度在高速公路上自西向东行驶。后车B的左前轮轮胎突然爆破,发生很大声响。B车驾驶人确认自驾车左前轮轮胎爆破后,立即紧握转向盘稳住车辆,准备向路边靠,同时向后方观察有无后续车辆,但未认真观察前车动态。

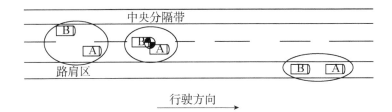

图6-10 轮胎爆破引起的追尾碰撞事故

前车A的驾驶人听到轮胎爆破声响后,吃惊之余,怀疑自己的轮胎出了问题,于是立即减速,但未注意观察后方,当车速降至60km/h时,B车恰好从后面赶上来撞在A车后部,发生追尾撞车事故。

这起事故是由后车轮胎爆破而引起的。事故的直接原因是两车驾驶人都有观察失误——前车驾驶人未注意后方,而后车驾驶人只顾观察后方未注意前方,结果导致事故。

通过这一事故可总结出以下教训：

(1) 高速公路上的车辆故障很容易引发严重的交通事故，驶入高速公路前必须做好车辆检查和维护工作。

(2) 驾驶人在遇到突发事件时，容易陷于紧张惊慌情绪之中，因而出现观察、判断和操作上的失误，最终导致事故。为克服紧张惊慌的情绪，一是要不断在实践中锻炼，积累丰富的驾驶经验；二是要做好预防各种突发事件的思想和应急处置准备，对突发事件不感到意外，能够沉着果断地采取对应措施，转危为安。

(3) 在高速公路上行车不能任意制动减速。即使因紧急情况必须减速时，也要迅速做到全面细致观察，在确认安全无误后再采取正确的制动措施。

2. 大型半挂车被普通载货汽车追尾碰撞事故

事故过程（图6-11）：事故发生在4月某日6时许，一辆满载30t钢材的大型半挂车在高速公路上坡坡道偏向主车道右侧自西向东行驶，在其后有一辆普通载货汽车高速驶来，在未采取任何措施的情况下径直撞到半挂车尾部，普通载货汽车驾驶室严重损坏，驾驶人当场死亡。

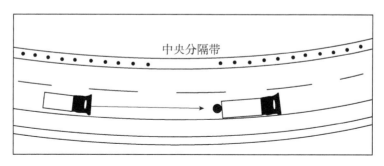

图6-11　大型半挂车被碰撞事故

这是一起因过度疲劳，行车中打瞌睡造成的追尾撞车事故。据调查，该普通载货汽车的驾驶人于事故前一天夜里出发，长时间驾驶到达事故地点时，已连续行驶了350km。据了解，是夜间长距离连续行车的疲劳引起打瞌睡，昏沉之中撞在行驶速度较慢的半挂车后部，结果车毁人亡。

疲劳是威胁夜间行车安全的大敌。夜间的行车环境加剧了本来就存在的高速催眠现象，人体的昼夜生物节律又使大脑活动水平在凌晨处于最低潮，所以凌晨时最容易打瞌睡。为减轻驾驶疲劳，夜间行车时要注意休息，不要连续行车时间过长，不要等到已经疲劳不堪时才开始休息。当疲劳已经明显出现时，是难以通过短时间休息来消除的，在安排夜间行车计划时，要留有充分余地，确保充足的休息时间。

从这一事故中应该吸取的另一教训是:在高速行驶时要注意前方速度较慢的车辆,因为在高速公路上行驶的车辆允许有一定的速度差别,尤其是在上坡坡道上,各种动力性能不同的车辆的速度差别较大,如果不加注意,便容易发生追尾碰撞故事。

在高速行驶时,一般很难准确地判断前方车辆的速度,加之高速公路上的坡度比较平缓,往往不易察觉,所以上坡坡道上发生追尾撞车事故的危险性比平路上大得多。

为防止类似事故,在出发前应对沿途道路情况有所了解,掌握上坡路段的情况。当行驶到坡道区域时,应格外注意自己的车速与前车的距离,以免发生危险。

3. 因道路施工而被阻塞的车辆被普通载货汽车追尾碰撞

事故经过(图6-12):某日10:30左右,在高速公路某一地点上因路面施工阻塞一部分车辆。小汽车B处于被阻车流的尾部,当时正有一普通载货汽车A从后面驶来,径直追尾撞在小汽车B的后部。据A车驾驶人陈述,其在行驶到距出事地点1km左右时,发现跟在自己后面的一辆小汽车样式新奇,于是一边通过后视镜"欣赏"这辆小汽车,一边向前行驶,根本没有看见可变信息标志上的"前方施工"的警示和停在紧急停车带上的警示车,也没有降低车速,待到接近被阻塞车流的尾部时,才发现有问题,慌忙实施紧急制动,终因车速太高,制动不及时,酿成追尾碰撞事故。碰撞的A车和B车起火,B车驾驶人死亡,A车驾驶人重伤。

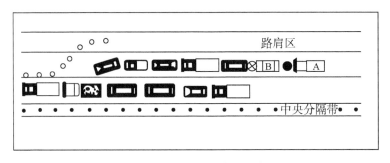

图6-12 被阻塞车流尾部车辆被普通载货汽车追尾碰撞

经过进一步调查得知,A车驾驶人此前曾因酒后驾驶及其他违章行为和肇事,多次受到警告和吊销驾驶证处罚。

高速公路看起来好像非常安全,实际上也存在着许多威胁行车安全的因素。例如道路施工或交通事故现场引起的车辆阻塞、故障车或前方车辆上脱落下来的货物等都会危及车辆的正常行驶,如果不时刻提高警惕,集中注意力驾驶,就难以保证行车安全。

在高速公路上发生的各种事故中,追尾碰撞事故占有相当大的比例,特别是车流发生阻塞时,很容易发生此类事故。当道路施工或发生交通事故引起车辆阻塞时,交通管理部门会以可变信息标志等形式在车流上游一定距离发出预告。看到这种预告后,就应更加注意观察前方情况,随时做好减速准备。如果像这起事故中A车驾驶人那样麻痹大意,不注意可变信息标志上的预告,就可能会给他人和自身带来事故危害。

4. 停在路肩上的故障车被大型载货汽车追尾碰撞

事故经过(图6-13):同一单位的两辆小汽车A、B在高速公路上行驶。行驶之初,B车驾驶人感到离合器工作不正常,23:00左右,行驶至出事地点时,B车离合器打滑严重,已无法继续行驶。于是A、B两车驾驶人将车停靠在紧急停车带上,想由A车牵引B车到服务区去修理。他们没有在车后规定距离处摆放任何故障车"停车"警示标志。B车驾驶人进入A、B两车之间做牵引准备,两车乘员围在旁边观看。正在此时,一大型载货汽车从后方驶来,撞在B车后部。B车驾驶人当场死亡,围观的5人也受到不同程度的伤害。

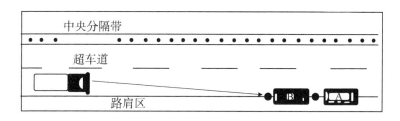

图6-13 停于路肩上的故障车被大型载货汽车追尾碰撞

引起这起事故的原因有以下几方面:

(1)B车在进入高速公路前未检查维护,以致行驶途中发生故障,不得不在紧急停车带停车。

(2)在紧急停车带停车时,未在车后方按规定摆放停车警示标志。

(3)A、B两车乘员下车后未及时疏散到护栏外躲避,留在事故现场围观。

(4)大型载货汽车驾驶人疲劳驾驶,行车中打瞌睡。经调查,这名驾驶人于当日 3:00 出发执行运输任务,至发生事故时,一整天未得到很好的休息,出事前已极度困乏。但因距目的地已经不远,仍坚持驾驶。

从这起事故中应该吸取以下教训:

(1)在高速公路上行驶的车辆任何故障都有可能导致交通事故,由这起事故可以看出进入高速公路之前检查维护车辆的重要性。

(2)在紧急停车带上停车时,车辆后方要按规定摆放停车警示标志,摆放位置应为距车尾150m处。

(3)在紧急停车带上停车排除故障或乘员在紧急停车带上徘徊是很危险的。如果发生故障,最好是通过紧急电话求援,车上人员应全部下车迅速转移到防撞护栏外躲避,以确保安全。

(4)长途行车连续驾驶的时间不要过长,每隔2h左右应在服务区临时停车休息。

5.违章匝道停车、追尾

(1)一辆大型货车在发现走错匝道口后,将车辆停在行车道上,车主孙某从车上下来指挥车辆倒车并准备原地掉头,一辆小型客车高速驶来,制动反应不及时,撞进了大型货车尾部,小型客车驾驶人受重伤,孙某当场死亡。

(2)某日12:30左右,一辆进口小型客车正超速行驶在高速公路上,遇车超车,呼啸而过……驾驶人正沉浸在高度的兴奋之中,突然正前方一辆小型客车遇前方道路施工,立即减速,后车来不及反应,一头冲了上去,将前车撞翻在路边,车内乘客从车内飞出,当场死亡。

6.缺乏气候异常驾驶经验

某年12月17日8—10时,在京津塘高速公路北京段K24+500~K28+000处,因大雾引起能见度低,发生了两起车辆追尾相撞事故,造成9人死亡,41人受伤,89辆车损坏,初步估计事故损失达180万元。其原因之一是发生事故的大多数车辆都没有雾灯或雾灯早已损坏,未及时修复,在高速公路上突然进入雾区,视野不清,导致发生了交通事故。

7.疲劳驾驶

某日,某高速公路上行K9+000处,一辆小型客车驾驶人因长时间行驶在高速公路上而出现困倦,导致车辆撞击公路护栏,坐在前排未系安全带的乘客张某飞出车外,当场死亡。

8.肇事逃逸

2007年6月,在某高速公路上行K10+000处,一辆行驶的小型客车撞倒一名女子后逃离了事故现场,导致这名女子被随后行驶的另外的车辆碾压过后死亡。假如第一辆小型客车采取及时的抢救措施,将会是另一种结果。

对于以上几例案件,可以分析其中的原因:

交通参与者是道路交通管理和运行过程中最活跃、最重要、关键的因素,在高速公路上的交通事故有95%以上与车辆驾驶人直接相关。而交通参与者的素质,即业务知识、技术能力、文化道德、心理等因素是决定交通参与者是否能确保安全的直接因素。

继1988年上海沪嘉高速公路通车后,我国经济发展了,更多的高速公路建成通车了,道路条件迅速改善了,然而驾驶人驾驶车辆行驶在高速公路上却在面对设施先进、路面优越的高速公路时茫然无措——他们缺乏对高速公路的安全知识认知,他们所具备的知识和技能在现代化的道路上并不能完全适应高速公路上不能掉头、不能随意停车、行人和非机动车不能进入、不能低速行驶、不能超速行驶、不能任意变道和超车、不能超载、不能超长、不能超高等规定。

并不是每位驾驶人都能认真面对高速公路,去提高自己的驾驶技能,而是有很多交通参与者将老习惯、老经验应用在高速公路驾驶当中。

从我国现阶段的情况来看,交通参与者的文化道德素质参差不齐,其中更不乏交通知识匮乏之人。仅以高速公路为例,据不完全统计,有30%~40%的驾驶人甚至不知道有《高速公路交通管理办法》,有75%~85%的人对于《高速公路交通管理办法》的具体内容一知半解,90%的人不知高速公路变道、超车、停车等高速公路行车基本常识的具体要求,更有甚者是看不懂《高速公路交通管理办法》。有很多驾驶人为了眼前的经济利益,置社会道德和交通法规不顾,故意违章,甚至有些人在发生了交通事故后故意逃逸,导致失去了当事人的抢救良机,甚至发生二次交通事故。

从驾驶人的心理素质上看,我国还有太多的驾驶人没有完全适应高速公路的驾驶要求,不了解高速公路的行车特点。在普通道路上,外界情况和刺激较多,而在高速公路上由于环境比较单一、没有交通信号灯等影响,驾驶人行驶一段时间后会对新的环境渐渐从习惯到麻木,精神会逐渐松弛,注意力开始分散。

9.车辆行驶中不系安全带

某日,一辆黑色奥迪车沿广佛高速公路自东向西飞驰,行至广佛高速公路下行 3.5km 处时,车辆突然失去控制,向中央隔离护栏撞去,一个黑影从右车门飞出,车辆摇摇晃晃向前冲了十几米,才缓缓停了下来。

经调查,事故原因仅仅是驾驶人何某在行车过程中发现驾驶室车门未关紧,便伸手关门,使得车辆在高速行驶的状态下突然失去了控制,冲向防护栏。同车坐在前排的乘客龚某,因惯性从车门飞出,当场摔成重伤,虽抢救及时,脱离了生命危险,但终因全身多处骨折,留下了终生遗憾。

这是一起在高速公路上发生的意外事故,驾驶人何某一时疏忽造成了不可挽回的损失。

10.高速公路上行车车距不足

某日,在某高速公路上行 5.9km 处,一辆半挂大型货车自东向西高速行驶,后面一辆大型货车在距前方半挂大型货车 40m 左右跟随着前车匀速行驶。突然,半挂大型货车速度减慢,猝不及防停在了行车道上,后面的大型货车驾驶人反应不及时,情急中转向左侧,但还是撞了上去。

事故结果让人触目惊心,坐在大型货车前排的陈某当场死亡,紧挨陈某的邱某被撞成重伤,躺在后排的蔡某当场死亡,驾驶人孙某轻伤,经济损失巨大。

事故的结果让人痛心,惨重的损失让人震惊。然而事故的原因竟是前车因发现其车道前方有一辆停放的面包车,于是采取了制动措施,后车驾驶人因车距太近来不及反应,就发生了前面所述的惨烈一幕。

我国《高速公路交通管理办法》明确规定:"机动车在高速公路上正常行驶时,同一车道的后车与前车必须保持足够的行车间距。正常情况下,当行驶时速为 100km 时,行车间距为 100m 以上,速度为 70km 时,行车间距为 70m 以上。"驾驶人孙某正是违反了这一规定,导致发现情况后来不及反应,直接酿成了事故的发生。

保持安全行车间距,对于高速公路的行车安全来说是极其必要的。高速公路有别于普通道路,在普通公路上车距有时保持在几米之内可能不会发生什么危险,而在高速公路上情况却完全不同。100km 的速度行驶的车辆,以在干燥的水泥路面上为例,其紧急制动距离可达到 56~75m,如在积水 2mm 深的路面上,会达到 250~300m。如上面所述情况,孙某只把车距控制 40m 左右,除去反应时间,是根本不可能有时间采取措施的。假如孙某将车距拉大,发现情况后只需轻轻将转向盘往左转,一切都不会发生。

11. 违章停车酿成事故

吴某驾驶大型货车由某高速公路自西向东行驶至 21.5km 处,因电路故障,车辆抛锚停在主车道上。此时已是深夜,灯光全无,而他又未备有反光警示标志,停车后也没有采取任何警示后车驾驶人的安全保障措施。约 5min 后,一辆小型客车疾驶而来,待看清停着的大型货车时紧急制动,但还是撞在货车的车尾。虽未造成人员伤亡的严重后果,但车辆的损坏也超过 2 万元。

从案例中所提的问题,车在高速公路上行驶,遇故障怎么办?怎样处置?《高速公路交通管理办法》规定:"车辆发生故障后不能离开行车道或者在路肩上停车时,应立即开启危险报警闪光灯,并在车后 150m 处设置警告标志,夜间开启示廓灯和后位灯,驾驶人和乘车人必须迅速转移到右侧路肩或防撞护栏外,并立即报告交通警察。"交通法规很明确地回答了这个问题,但还是有相当一部分驾驶人在思想上不重视,平时对车辆不检修、不维护,病车、破车甚至是报废车辆等不符合高速公路行驶条件的车辆,都敢驶入高速公路,难免会碰上问题,这就对高速公路正常的行车秩序构成了极大的威胁,对自己、对他人都极不负责任,最后落个害人害己的结局。

12. 超速行驶出事故

一辆轿车以 140km/h 的速度从广深高速公路行驶至距深圳 5km 处时,因路面积水加上速度过快,导致轿车失控撞击公路防护栏,轿车和防护栏严重损坏,造成车物损失高达 22 万余元的特大交通事故。

高速公路行车的优势是速度快和安全性高,二者是相辅相成的。如果片面追求一个"快"字而超速行驶,则行车的安全性必将大幅降低。有关科学试验证明,当车辆在高速运动过程中,驾驶人的视角会变得狭窄,视力急剧下降,动作变僵硬,对车辆控制的难度大大增加,极易导致车辆失控,造成交通事故。

13. 高速行驶时爆胎

某高速公路下行 7km 处,一辆小型客车由西向东行驶时,轮胎突然爆裂,车辆与中央隔离护栏相撞,车内 2 名乘客从车内飞出,当场死亡,直接经济损失达数 10 万余元。

触目惊心的事故案例并不是耸人听闻,从某种程度上讲,"爆胎"成为高速公路引发交通事故的诱因之一。据统计,广东省某处200km的高速公路上因车轮爆裂而引发的交通事故占比较高,自2017年10月至2018年1月,仅4个月的时间,轮胎爆裂事故就发生了16起,直接经济损失近百万元,事故发生率占事故发生总数的41.3%,这不能不引起广大高速公路交通参与者的警觉。

为什么高速公路上轮胎爆裂的事故发生率高呢？根据调查研究结果,主要是与车辆和驾驶人这两个因素有重要关系。

首先,从车辆的角度来看,车辆轮胎的性能、质量与高速公路的行车要求还有一定的差距。我国国产汽车还没有完全采用子午线轮胎,有相当多的国产车还使用普通斜交轮胎,长时间在高速公路上行驶,这种情况是相当危险的。

与普通道路相比,高速公路最明显的特点就是行车速度快,车辆高速行驶时的许多性能都因此而发生改变,其中最为明显的就是轮胎升温快。普通斜交轮胎若散热不及,当温度升至100°C左右时,几乎不可避免会发生爆胎事故。若采用升温慢、散热快的轮胎,便可有效地减少和防止高速公路上的轮胎爆裂。因此,采用子午线、无内胎轮胎是高速公路行车防止发生爆胎事故的前提条件。据某市公安局交警总队高速支队统计,高速公路上的轮胎爆裂事故中,有40%以上为普通斜交轮胎,这不能不引起我们的注意。

从驾驶人的角度来看,超速行驶往往是引起轮胎爆裂最直接和最根本的原因。有很多进口小汽车,速度快、性能好,特别是在高速公路路面宽阔、视线良好的情况下,一些驾驶人便盲目超速。高速公路限速一般为100~120km/h,一些人将车速开140~160km/h,甚至还可能开到180km/h以上,在这样高的速度下,轮胎散热差,一旦轮胎爆裂,就会造成车毁人亡的严重后果。

第三部分

高速公路安全研究

第三部分 高速公路安全研究

第七章 我国高速公路交通安全特性

第一节 我国高速公路交通安全概况

一、我国的高速公路建设

高速公路是社会经济发展的必然产物,它的产生和发展是与整体社会的政治、经济和军事发展密切相关的。

台湾地区的南北高速公路是我国的第一条高速公路,自高雄起,经台南、台中、台北到基隆止,全长373.4km。该路于1968年开始进行可行性研究,1970年动工,1978年10月竣工,历时近10年,设计速度为平原区120km/h,丘陵地区100km/h,全线按美国AASHTO(美国州公路及运输协会)及《加州公路设计标准》设计施工。

我国大陆地区的第一条高速公路为上海市沪嘉高速公路,始于上海祁连山路,终于嘉定南门,全长20.5km,1984年12月21日开工,1988年10月31日竣工通车。

继上海至嘉定、沈阳至大连的高速公路开通后,广州至佛山、西安至临潼、北京至石家庄、成都至重庆、太原至旧关、北京至天津塘沽、南京至上海、杭州至宁波、济南至青岛、广州至深圳、宜昌至黄石、合肥至南京等高速公路先后开通运营。

我国高速公路的发展已有三十多年的历史,发展速度很快。截至2020年,我国高速公路通车里程已达16万km,位居世界第一位。当然,与全世界高速公路总里程相比,我国高速公路总里程所占比例比较大,其效益相当可观,充分体现了我国高速公路在区域经济发展中的重要作用,高速公路的建设堪称经济发展的"加速器"。为了促进和保持我国经济持续、稳定发展,根据"十四五"规划,我国高速公路的建设步伐将进一步加快,高速公路的发展势头良好。

二、我国高速公路的安全现状

由于采取了一系列确保行车安全的措施,高速公路行车事故大大减少。据统计,国外高速公路的交通事故率和死亡率平均分别只有普通公路的1/3和1/2。日本一般公路上每亿车公里交通事故为195起,而在高速公路上只有27起。美国每年在一般公路上交通事故导致的死亡人数为3.8万人,平均每亿车公里死亡2.1人,而高速公路的死亡人数为4643人,平均每亿车公里仅1人,减少了一半。2019年,美国高速公路上的交通事故率仅为一般公路的1/10。

沈大高速公路是目前我国较有代表性的一条高速公路(375km),以之作为代表来分析我国高速公路的安全现状,其五年的交通事故各项指标见表7-1。

沈大高速公路五年交通事故各项指标 表7-1

统计年度	事故数量(起)	受伤人数(人)	死亡人数(人)	直接经济损失(万元)	亿车公里事故率(%)	亿车公里受伤人数(人)	亿车公里死亡率(%)
第一年	636	162	58	487	126.69	32.27	11.55
第二年	575	135	34	646	101.04	23.64	6.48
第三年	593	226	108	790	81.25	30.97	14.80
第四年	511	220	142	1591	59.67	25.69	16.58
第五年	876	193	108	2500	79.64	17.54	9.82

注:上述统计指标数字均未计入轻微事故,故实际指标估计将高于表中数字。

由表7-1中的统计数字可知,沈大高速公路第一年至第五年间平均每亿车公里事故率、伤亡率高达89.66起/亿车公里和37.87人/亿车公里,在交通安全方面远未达到美国、日本20世纪70年代末的水平。据统计,2015—2017年的3年间,美国加利福尼亚州高速公路平均每亿车公里事故率、伤亡率仅为36.66起/亿车公里和14.92人/亿车公里,这些指标在近年又有较大幅度的降低。图7-1a)、b)示出了日本东名高速公路、我国沈大高速公路的事故率随年份的变化情况。可以看出,我国沈大高速公路亿车公里事故率大幅高于日本东名高速公路20世纪70年代的这一指标。

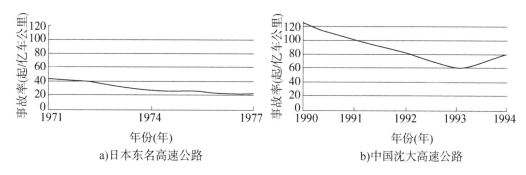

图 7-1 日本东名高速公路、中国沈大高速公路事故率情况比较

沈大高速公路在 5 年间交通事故致死率平均值为 30.8%,而日本 1979 年高速公路上交通事故致死率仅为 4%(受伤 3786 人,死亡 158 人)。由此可见,沈大高速公路上交通事故严重程度远高于日本高速公路 20 世纪 70 年代末的水平。

综上所述,可以对目前我国高速公路的安全状况做如下评价:

(1)我国高速公路交通事故频发,事故率高于美国、日本等发达国家,其原因是综合性的。

(2)我国高速公路事故严重程度较高,致死率高于欧、美、日等发达国家和地区,其原因包括:一是车辆行驶不符合安全规范;二是跟车过近,容易导致追尾;三是驾驶人员技术和人员素质有待提高;四是各种因素导致的爆胎和气候的影响等。

(3)随着我国高速公路里程的迅速增长,要遏制交通事故数量上升趋势应做到以下四点:一是加强对驾驶人员的管理培训工作;二是加强车辆维护工作;三是加强环境建设工作;四是不断完善相关的驾驶人员和运行的管理规章制度。

第二节 我国高速公路交通事故的特点

高速公路具有快速、高效、经济、安全、舒适等优点,一般而言,其事故率远比普通公路低,世界各国的统计资料均表明,高速公路是安全度最高的公路。高速公路交通事故的特点如下:

(1)高速公路设置了最高限速和最低限速,加之全封闭管理,减少了侧向干扰,车辆行驶通常较稳定。此外,具有完善的交通安全和交通控制设施,因而事故率较一般公路低。但是高速公路有车流量大、车速高的特点,一旦发生交通事故,殃及的车辆多、死亡率高,重特大交通事故的概率较大,所占比例大。汽车行驶在高速公路上,由于速度快,运行时动能大,因而冲击力大,一旦发生交通事故往往危害性大,后果严重。这种危害性和后果性往往会是普通道路同类交通事故的几倍甚至几十倍。例如,1996年11月24日7:00,沪宁高速公路南京至上海方向140km处多车追尾相撞,造成10人死亡,11人受伤,44辆车受损,其中6辆车报废的特大交通事故。无论国内、国外,高速公路所发生恶性交通事故并不少见,造成的损失往往相当惊人。

（2）车辆发生临时故障或受其他交通条件、气候条件的影响,突然减速或停车等,都极有可能引发追尾事故,同时可引起连锁反应。高速公路上的交通事故主要分为车与车的碰撞事故及车辆单独发生的事故而高速公路单车事故所占比例很大。据日本对高速公路事故的统计,车与车的碰撞事故约占事故总数的51.2%,车辆单独发生的事故约占47.8%,还有1%属其他车型的事故。而一般道路上单车事故仅占事故总数的5%,与一般道路情况相比,高速公路单车事故增加了近10倍。高速公路车辆单独发生的事故为城市道路单车事故的7.57倍。由此可见,高速公路上单车事故在事故总数中所占的比例很大。

（3）驾驶人疲劳驾车,造成反应迟钝,车辆极有可能冲击路面,撞击路旁设施,造成交通事故。法国的统计资料认为:事故的首要原因是疲劳和瞌睡,由此造成的交通事故约占总数的26%。爆胎等意外事故所占比例也比较大。同一般道路相比,高速公路上车速一般都在80~120km/h之间,因此,遇意外情况更容易发生交通事故,而且往往会造成很大的损失。在一般道路上,遇意外情况,如机械故障、爆胎、失火、突然熄火等情况时,由于车速不快,而且周围容易找到求助人员,一般不会造成太大的损失。而在高速公路上情况则完全不同,遇以上情况时,由于车速快,加之驾驶人反应不及时,一般都不可避免地会发生事故。例如,意外事故中的爆胎引发的交通事故数量就十分突出。京石高速公路河北段,2017—2019的三年间,因汽车爆胎造成交通事故465起,占事故总数的20.8%,特别是夏季爆胎事故频发,在2020年6月的一个月中,在同一个路段上因爆胎引发的交通事故为9起,占当月事故的25%。

（4）由于高速公路上行驶的汽车车速高,汽车在雨天容易产生"高速水膜滑行"现象,这时车轮不与地面接触,而是在水膜上滑行,轮胎的摩擦力几乎为零,造成制动失灵,转向盘失控,从而诱发事故。高速公路的行车安全,相对来说,受天气等交通环境因素的影响比较大。特别是在冰、雪、雨、雾等情况下,高速公路上更容易发生交通事故。在这样的交通环境下,高速公路的行车视线、道路的摩擦因数、制动距离、抗侧滑能力、转向盘的转角等都将发生很大变化,如果驾驶人不能适应这些变化,不能采取相应的有效措施,仍然高速驾驶,很容易发生交通事故。在某省高速公路交通事故原因统计中,因冰、雪、雨、雾等交通环境因素导致交通事故的占全部交通事故总数的40%,而团雾在国内外一向素有高速公路的"杀手"之称。

(5)新取得驾驶资格的人员发生事故所占比例大。新取得机动车驾驶证的人员由于缺乏行车经验,更缺乏高速公路应急情况处置经验,因此在高速公路上很容易采取措施不当而发生交通事故。广深高速公路某年6个月内共发生交通事故452起,其中因驾驶人违章或失误而引发的交通事故达335起,占事故总数的74.1%。其中,驾龄在3年及3年以下的新取得驾驶资格的人员发生的事故次数占事故总数的71.6%,事故导致的死亡人数占事故死亡总数的71.34%。

第三节　高速公路安全研究方向——智能交通系统(ITS)

近半个世纪以来,道路交通拥堵、交通事故频发、环境污染严重等问题正威胁着人类的生活和社会的进步。

早在20世纪50—60年代,一些发达国家已认识到交通对区域与城市社会经济发展的重要作用,进行了大规模区域运输网(特别是高等级公路网)及城市道路网建设;从20世纪70年代开始,发达国家在强化交通基础设施建设的同时,进一步提出了交通需求的管理技术。至20世纪80年代,发达国家经过30年左右的建设,已经建成了完善的综合交通运输体系,但交通需求的继续增长,使得交通拥堵等现象仍很严重,这些国家将主要精力放在交通系统的现代化管理上。目前,无论是发达国家还是发展中国家,都遭受着不断恶化的交通状况的困扰。即使是社会经济和科学技术高度发达的国家,也只能宣称很好地解决了"衣""食""住"的问题,而对"行"却没有找到根本性的解决方法。经过多年的研究、分析和探索,交通运输领域的专家和学者们终于提出了解决问题的最佳途径,也是真正解决交通问题的唯一途径——智能交通系统(Intelligent Transportation System,ITS)。

一、智能交通系统

智能交通系统是目前世界交通运输领域研究的前沿课题,它是在当代科学技术充分发展进步的背景下产生的。根据美国交通工程学会在出版的《交通工程手册》中的定义,智能交通系统(ITS)是指将先进的检测、通信及计算机技术综合应用于汽车和道路而形成的道路交通运输系统。ITS 的研究目标是使车辆和道路的功能智能化、提高运输效率、保障交通安全、缓解交通拥堵、改善行车安全、减少环境污染等。ITS 的概念一经提出,便成为当时国际学术研究中的热门课题,许多发达国家都加入 ITS 的研究和实践中。其原因概括地说是因为 ITS 可以大幅提高现有公路网络的通行能力和安全度,代表着道路交通科技的发展方向,可以根本改变现有道路交通的技术面貌,使道路交通科学技术实现新的突破和更大的发展,同时可以减少交通拥堵和交通事故,提高劳动生产效率和国际竞争力,并培养未来的新产业。

利用高科技、计算机技术、通信技术等手段改进通信、收费、监控等机电设施的系统工程来发展智能高速公路,其目的是解决交通拥堵问题,提高行车安全和服务质量,体现出现代化高速公路的特色。智能交通系具体内容如下:

(1)智能公路体系的灵魂是信息系统。采用设于高速公路上的车辆检测器,每当车辆通过它时,可将信息输入中心计算机。它可能将交通拥堵减少一半,交通事故率有望降低 80%。当交通拥挤时,中心计算机既指示交通信号灯延长红灯时间,同时还可以用电子显示牌向驾驶人显示交通拥堵情况(程度、范围以及采用哪条行车路线),此外,中心计算机也可启动路旁闪光装置,通知驾驶人收听当时当地交通电台广播,以便因地制宜地选择行车路线。

德国在路旁的红外线发射站可自动向驾驶人报告前方交通运行状况,而美国的超高频无线电信号在汽车上安装的屏幕上可以清晰地显示出来,报告公路交通情况。

汽车信号接收系统可将交通情况图、行车路线和车辆本身所处位置显示在屏幕上。如将行车线路输入计算机,此系统还会为汽车自动导航(日本)。

为疏导繁忙交通,欧洲共同体的许多国家除发展全国性数字传送广播和地区交通情况广播外,可在公路旁埋设感应线路,驾乘人员如有需要可随时呼叫。

此外,每辆汽车还安装有一种独立工作的车距报警器,如车辆间的距离缩短到一定程度时,后车会自动降低速度,保持与前车的安全距离,以避免车距过近而发生追尾事故。日本有的地方还采用卫星来指挥远距离客货运输车辆行驶。

(2)智慧型车辆与高速公路系统,利用无线电技术,对汽车行驶状态及道路状态等信息进行交换和处理,使车辆可以在无人操作的情况下自动安全行驶,其主要方向是智能汽车。它有三根天线,即收音机、全球定位系统、行车监督组,还有雷达和摄像机。当驾驶人员进入车库,在一个微型发射机的键盘上输入密码,车辆就开始工作。

车距前后检测使用雷达控制,侧向安全由一台瞄准路上的摄像机来保证。

红外视屏在有雾状态下清晰可见,一旦出现路障时车辆可绕道而行,即使有事故发生,车辆前面与侧面的安全气囊及时起动,可确保乘坐人员的安全。

自控系统是自动化车辆导向系统的总称,它可协助驾驶人识别险情。自动驾驶车辆驶过路面时,从交通信号灯接收指令,通过电子装置连接,跟随前车行驶,既不会发生交通拥堵,又不会发生交通事故。目前,日本丰田、日产等公司正在开发利用自动化车辆导向技术,德国一家汽车公司开发出一种电子装置,将连接起来的虚拟牵引杆后车驾驶人的功能由前车取代。荷兰国家应用科学研究院的研究所人员已开发出一种装有车道控制装置、险情控制装置和导向系统等最新技术的汽车。

二、高速公路信息化、智能化概念

(1)信息化的概念包括六个要素,即信息资源、信息技术应用、信息传输网络、信息技术和产业、信息化人才及信息化政策法规和标准。高速公路信息化是交通信息化的主要内容之一,可理解为:在高速公路规划、建设、养护、运营及交通安全管理方面运用信息技术,实现采集处理及服务系统性共享资源,从而提高管理服务水平。

(2)智能化是以先进的交通信息化为基础,将信息化采集技术、数据通信业务、电子控制技术、计算机处理有效地运用,使人、车、路实现密切配合、统一,从而在高速公路范围内实现实时、准确高效的综合管理。智能化在服务领域体现在七个方面:①先进的交通信息服务;②交通管理服务;③公共交通服务;④车辆控制服务;⑤货运管理;⑥电子收费;⑦紧急救援。同时,在交通管理领域也有七个主要内容:①管理与规划;②电子收费;③出行者信息服务;④车辆安全与辅助驾驶;⑤紧急事件与安全;⑥运营管理;⑦综合运输。

(3)高速公路智能交通化是将相关有效的先进技术应用于建设和管理中,从而加强车辆、道路和使用者三者之间的联系,形成一种安全、高效的运营系统。智能化的基本构成包括信息采集、处理及综合决策的执行、评价、改进五部分。就我国而言,"十五"规划中的建设重点集中在国道主干线电子(收费)系统、现代运营体系、高速公路紧急管理系统、信息服务系统、事故处理与救援系统等。这些系统都借鉴了美国、日本、德国等国外 ITS 建设的经验,同时还考虑了我国的实际情况,面对交通需求以及交通发展目标的变化,从最急需的系统入手,制定 ITS 建设内容和目标。在我国,虽然目前 ITS 已开始和主体工程同步,但进行的主要是 ITS 的前期和基础工作,虽然高速公路总体规模不断扩大,但是除了局部区域外,总体还没有形成完善的网络,即使在形成网络的地区,投资主体和管理体制也不同,规模效率和网络效率还没有完全发挥。

(4)在 ITS 管理模式方面,近年来我国开展了一系列的研究和工程实施,取得了喜人的效果。在城市交通管理、高速公路监控、收费、照明、安全保障系统等方面取得了多项先进的科研成果。开发生产了车辆检测器、可变信息标志、限速标志、紧急电话、分车型检测仪、监控地图板、定位仪等多种专用设备。制定了一系列标准和规范,建成了跨省联网收费系统、电子不停车收费系统。随着高速公路的流量增长和技术进步,目前已将自由流收费系统列入高速公路收费系统智能化实施的目标,该系统将提高道路通行能力,减少收费的土建设施。

总而言之,智能化交通系统是解决交通安全运营和管理问题的工具,是将信息采集电子控制技术及计算机处理技术等有效地运用于整个管理体系。今后大范围的联网、信息的共享将对交通运行的形态和安全管理模式产生深远的影响。为顺应经济全球化、信息化的趋势,我们应紧跟智能化发展的潮流,在交通安全管理上结合中国国情,走出一条具有特色的智能交通安全系统的发展之路。

第八章　高速公路交通事故发生机理与交通安全

第一节　高速公路交通事故的主要特点

2019年,我国道路发生交通事故共247646起,其中死亡人数62763人,受伤人数256101人,直接经济损失高达134517.9万元。这些冰冷的数字让我们不寒而栗。2020年,中国汽车保有量为2.81亿辆,每万车死亡人数为1.66人,意味着平均每8min就有1人因交通事故丧生。从交通事故发生的时间段分析,2020年道路交通事故发生的时间主要集中在14—18时、19—24时,发生的交通事故中,死亡人数共占总数的70.37%。机动车驾驶人逐年增加,截至2021年底,我国机动车驾驶人数已经突破4.6亿。高速公路的交通事故可分为车对车碰撞事故和车辆单独发生的事故两种类型。根据我国2019年对高速公路交通事故的资料统计,车对车追尾事故占46.7%,广东、福建两省的车辆单独事故占44.1%,其他类型的事故占9.2%。另外从一些统计资料看,高速公路事故的发生根据车型的不同比例也有差别。按车型,大型货车事故比例占30.97%,小型货车占16.00%,大型客车占9.31%,小型客车占33.1%,其他占2.37%,说明高速公路事故中大型车辆事故占48.45%。高速公路交通事故的主要特征为:

(1)高速公路的事故率远比普通公路低,但由于高速公路车速高、流量大,事故损坏的车辆较多,重特大事故比例较大。

(2)高速行驶的车辆,在长时间高负荷下运行,发动机、轮胎等机件容易发生故障。由于交通条件、特殊气候的影响,高速行驶的车辆突然减速或制动,易造成多车连环追尾碰撞。

(3)驾驶人超速、强行超车、不按规定车道行驶或驾驶人疲劳驾驶、遇紧急情况时反应迟钝,容易发生事故。

(4)车辆高速行驶时,车与车之间距离不足,一旦出现紧急情况,车辆紧急制动停车距离不足,容易与前车碰撞。雨天高速行驶,容易产生"高速水膜滑行"现象,方向失控、制动不灵,引发交通事故。

第二节　高速公路交通事故中人的因素

一、驾驶人因素

高速公路交通事故有关人、车、路的关系中,人的因素至关重要。高速公路交通事故80%以上都是由车辆驾驶人的因素引起的。由于高速公路全封闭、全立交,路况良好,路面环境变化小,车辆行驶时不需要驾驶人采取太多措施,导致驾驶人警惕性下降。对交通事故的分析表明,高速公路交通事故主要原因为:

(1)驾驶人缺乏高速行驶的经验。高速行驶时,驾驶人动态视力明显下降,有效视线变窄,反应迟钝,对必要的信息可能发现过迟或根本发现不了,导致行驶中观察、判断失误的可能性增大,或对突发性危险惊慌失措,处理措施不当造成失误。从高速公路交通事故统计资料分析,驾驶人的失误是交通事故的主要原因,感知错误占40%,判断错误占36%,操作失误为8%。

(2)驾驶人的交通安全法规意识淡薄。《高速公路交通管理办法》对进入高速公路的车辆行驶速度、行驶车道、行车距离、系安全带、临时停靠、遇紧急情况临时设置交通标志等都有明确规定,但由于部分驾驶人的法律观念不强,超速、超车、超载、逆行、倒车、不按规定车道行驶、车辆高速行驶行车间距不足、高速公路上随意停车的现象较多。驾驶时使用无线电话,影响注意力,遇紧急情况反应能力下降,引发交通事故。

(3)驾驶人长时间疲劳驾驶。在高速公路上驾驶易产生高速催眠现象,使驾驶人不自觉地产生瞌睡的意念,分心驾驶,易造成事故。

(4)驾驶人缺乏高速公路交通安全驾驶常识。很多驾驶人习惯于将行驶一般公路的规则用于高速公路驾驶,随意在高速公路上停靠、故障车不按规定设置交通警示标志等,造成严重后果。有相当一部分驾驶人不明白高速公路交通标志、标线的含义,不会识别交通标志和信号标志。

二、乘车人因素

包括在货车驾驶室以外的车厢违章载人,携带易燃易爆的危险品上车,在高速公路随意上下乘客或向车外抛杂物。

三、行人因素

包括违反高速公路交通法规,擅自进入高速公路上行走,或在高速公路上骑自行车;高速公路养护、维修施工路段的养护、施工人员未按规定穿反光服及随意走动。

第三节　高速公路交通事故中车辆的因素

高速公路行驶的车辆要求车况状态良好,但有的驾驶人在高速公路上行驶前忽略了对车辆的维护和检查,车辆在高速公路行驶时,发动机、轮胎、制动系统及其他各分部机件都在高负荷下运转,燃料消耗显著增加,未检查的车辆发生机械故障比在一般公路上多得多。车辆技术状况较差的主要表现为:一是制动性能差,制动力不足,延长制动距离;二是安全结构差,转向装置、车胎状况不良等;三是操作稳定性差,车辆在高速公路行驶过程中控制力不足;四是车辆照明不良和随车携带的标志不齐。高速公路上常见的车辆故障有发动机过热,占35.3%;轮胎损伤,占19.0%;电气故障,占13.6%;燃料用尽,占12.2%;发动机故障,占9.7%;其他占10.2%。

高速公路上行驶时,车轮胎突然爆裂引起方向失控的情况较为严重。广深高速公路广东省段仅1997年1—11月发生的交通事故就有1024起,死亡507人,其中48%是车辆爆胎引发的交通事故。

第四节　高速公路交通事故中道路条件因素

道路交通系统是由道路(包括环境)、车辆及道路使用者(包括驾驶人和行人)三个基本要素所组成的系统。道路交通安全研究是从安全的角度对道路交通系统进行科学的研究,目的在于寻求减少道路交通事故或减轻事故程度的方法。

　　用统一的方法综合与分析各个国家的统计资料是拓宽试验基地的有效方法。问题的复杂性在于交通事故的发生与否和数量情况是很多因素的函数,诸如路网状况、车辆情况、道路情况、人口密度、气候,甚至影响到驾驶人性格与气质的民族特点等。

　　有研究表明,若道路某一组成部分发生变化而其他影响因素近似于固定时,使用道路交通事故数变化的相对特征指标,那么上述研究中的困难即可迎刃而解。为此,研究道路平、纵断面或横断面上任何一个组成部分,例如纵坡对交通事故的影响时,就可以将各种纵坡的路段上通过一定数量的车辆或运量(如每100万辆车或每行驶100万km情况下发生的道路交通事故的数量,用于作为标准开阔地带具有宽为7~7.5m的高级路面、宽度达2.5~3m的加固路肩的平直路段的事故数的比数来表示)。

　　从国外发达国家的交通工程研究及交通工程建设发展过程可以得出这样一个结论:交通工程的研究内容与建设重点与当时的国民经济发展水平、科技发展水平、人民的生活水平密切相关。具体地讲,可以分为两个阶段:经济发展时期的建设阶段和经济发达时期的管理阶段。结合我国的国情,就高速公路的发展而言,将高速公路安全研究的重点定位于道路(高速公路的路面、线形、沿线设施、立交、桥梁、隧道等)对交通安全的影响是符合事物发展规律的。

　　道路因素主要是指高速公路的线形设计、道路结构、行车环境等与交通安全有直接关系。

　　高速公路的线形设计与交通事故关系较大,设计上有缺陷的高速公路对高速行驶的车辆会产生不稳定的感觉,使驾驶人容易产生视觉上的错误,是潜在的不安全因素。主要存在的问题为:道路线形的曲率半径过小、直线路段太长、视觉距离过短、纵坡度过大、陡坡急弯、反向曲线、紧急停车带宽度过窄、路面平整度或粗糙度不够等。

一、道路条件对交通事故的影响

　　人是交通安全中非常重要的因素,因为在人、车、路三大要素中,车辆是由人驾驶的,道路是由人来建设和使用的,车辆和道路是客观的、无意识的,而人是主观的、有意识的,因此,对交通安全的研究应对"人"给予足够的重视。世界上多数国家在调查道路交通事故时,都简单地认为事故的基本原因是人为的,主要指驾驶人的粗心、失误、麻痹大意和违章行驶等。国外的统计认为,80%~85%的交通事故是人为造成的,10%左右的交通事故是由于不安全的道路条件或道路环境造成的。由于车辆因素造成的交通事故,在发达国家占5%左右,在发展中国家占10%左右。对我国沈大高速公路1994年6月—1995年5月间发生的452起交通事故进行深入分析后可知:人为原因占77%,车辆原因占17%,道路及其他原因占6%。直接观察上述资料似乎可以得出这样的结论:在道路交通事故原因中,道路的作用相对来说不是主要的。

一般认为这样的结论尚欠科学,轻视道路条件作用的观点是十分危险的。

出现上述现象在很大程度上是由于对道路条件原因认识不足,往往因追究当事者的责任的需要而过分强调人的因素(及车辆的因素)所致。事实上,一起交通事故的发生,不能把它看作仅仅是人、车、路三个因素中某一独立环节的失调引起的,而往往是由两个或多个因素共同作用的结果,但在事故处理现场只能确定其中一种作为主要原因,道路条件这一重要因素往往被忽视。

在分析交通事故时,最简单的做法是将事故的原因归罪于驾驶人,认为驾驶人对其他综合因素的变化应立即有所反应,而且在某种程度上驾驶人应预见到,并用相应的方式应对这些因素变化的影响,力求确保安全行驶。但是,这种看法太过苛刻,其论据是不足的。人与自动化的调节系统不同,没有程序设计的反应系统,在有限的时间内,驾驶人要直观地根据眼前出现的复杂情况并判断可能的应对方案,这时他的神经处于高度紧张状态,可能犯错误、出事故,在疲劳的状况下,事故的数量与可能性增加。

在考虑到这些情况时,在那些统计道路交通事故的原因栏下,诸如过高的车速、不正当的超车、不正当的转弯、夜间不良的视距,在很多情况下发现,除个别事故是由于驾驶人粗心驾驶引起的以外,大部分驾驶人出事故是由于不安全的行驶条件引起的,而不安全的行驶条件则与道路设计,特别是与道路的养护有关。如果驾驶人稍稍放松注意力,就会引起道路交通事故。

根据现有的资料可以得出结论,直接原因是道路缺陷的事故数量不超过10%。

但是,如果考虑到良好(不良)道路条件在很大程度上减少事故发生,那么道路在保证交通安全方面的间接作用明显增长,并已用百分之几十来表示,这已被一系列的道路事故发生情况的详细研究所证明。

当然,在调查研究道路交通事故时,不是经常能单一地指出事故的原因。在德国与瑞士进行的分析得出结论是:一个行车事故平均可能找到1.5~1.6个影响因素。

法国国家保险公司分析了导致道路交通事故最为直接的基本原因的伴随因素,详细研究了1064个事故以后得出结论,道路条件与不良的气候影响是下列事故的伴随原因,见表8-1。因此,深入研究道路条件就不可避免地必须重新研究道路条件在发生许多道路事故中的作用。经常发生这样的情况:当单一的道路条件时,例如长的直线或带有很小偏角很大半径的急转弯,就会给不熟悉这条道路的驾驶人造成危险的局面,这就对道路工程的设计提出了要求。

事故的主要原因在伴随因素下的发生率 表8-1

事故的主要原因	由于不利的道路条件促使事故发生的百分比(%)
驾驶人的状况(疲倦、生病、酒醉)	40
驾驶人操作错误(不正确地超车)	41
驾驶人在判断交通情况时的错误(过高的车速、不正确判断制动距离)	34
汽车有故障	37

考虑到道路条件对交通安全的影响,应当研究制订比较完善的道路设计与施工养护的方法,以保证能圆满实现汽车的交通运输质量。这不仅消除了对行车不利的地点,而且尽可能创造在驾驶人工作失误时,仍能保持行车安全的条件。换言之,设计道路时,不应当强迫驾驶人用改变行车状态的方法来适应道路的缺陷。相反,道路应当减轻驾驶人的操作负担,帮助驾驶人选择适当的运行路线与状态,这个观点已获得越来越多的人的赞同。

在东京召开的第十三届国际道路会议上,匈牙利的报告中指出:"虽然根据正式的统计,大多数交通事故是由于驾驶人错误引起的,但是有些路段上事故引人注目地集中,而在具有良好几何特征的路段上,无疑在很大程度上,交通是安全的,这就着重指出了道路因素在交通安全中所起的决定性作用。虽然人的因素在交通事故中不能排除,但是通过改善道路条件可以使驾驶人在驾驶汽车时减少犯错误的可能性,而使交通事故大大减少。"

在这方面有一些成功的例子。统计资料表明,考虑了保证交通安全要求与汽车行驶状况而修建的道路,交通事故数就比较少。美国道路与运输组织工作者协会于1967年制订的"考虑交通安全的道路设计与养护"设计的道路,其交通事故就大大减少。

二、高速公路路面与交通安全

路面对于交通安全有特殊的作用。如抗滑性能好,可避免交通事故的发生或减轻事故发生后的损失。在限制车速的地段,把路面铺成搓板状,或将之铺筑凹凸不同的颠簸路面,使车辆行驶在上面时产生强烈的颠簸,迫使驾驶人减速,可以达到限制车速的目的。在不同的道路条件下,若使用不同的路面颜色,可以改善驾驶人的行车精神状态,提醒驾驶人安全驾驶。

1.路面强度和稳定性

路面强度主要指路面整体对变形、磨损和压碎的抵抗能力。路面强度越高,耐久性越好,则越能适应较大的行车密度和复杂的车辆组成,保证行车安全、行车舒适。因此,路面应具有足够的强度,在行车和自然因素的作用下,不产生不允许的变形、过多的磨损和压碎现象。

路面的强度受温度、湿度的作用而发生变化,因此,在保证路面具有足够的强度与良好的使用品质的前提下,还应确保路面具有良好的高温稳定性和水稳定性。例如:沥青路面在高温时,会变软而产生轮辙和推移等病害,低温时又易变脆、开裂,不仅造成行车不舒适,而且极易影响行车安全。又如路基中若水分过多,在春融季节,路面强度会降低,在车辆作用下,会发生路面翻浆现象,严重影响道路交通安全。为保证路面使用的全气候性,应使路面强度随气候因素变化的幅度尽量减小,具备足够的稳定性。

2.路面平整度

对于路面平整度对交通安全的影响,研究得还不多。人们容易认为,路面的不平整性会迫使驾驶人降低行车速度,应当能降低事故发生数量。但是,分析道路交通事故路线图,事故往往会集中在平面与纵断面几何特征良好、意料不到会有较高事故数量的路段上,但通常这些事故地点的路面具有坑槽或波浪不平整的特征,并处于平整路面路段之后。

可以设想,不平整路段开始处的事故是由于前面行驶的汽车速度突然降低,紧随其后间距很小的汽车与其相撞所致。在不平整路段的中间部分,事故的发生是由于行车绕避本身车道上的坑槽而驶入对面车道,引起碰撞(对于高速公路,则是碰撞中间隔离带或防撞护栏)。此外,事故还与振幅增加、影响汽车的拖挂有关。同样,汽车在不平整的路面上行驶时,振动也起到一定的作用,这时车轮荷载对地面的作用就会发生变化。当汽车沿曲线行驶时,由于存在横向力,而汽车对路面的附着重力减小,因而可能会引起滑溜。在不平整的道路上行驶产生的颠簸和过载也会影响驾驶人的身心健康,使之产生不愉快、身体不适等,从而诱发交通事故。

只有在对路面作及时修理,并在某种程度上设置警示标志和限速的情况下,才能提高不平整路面的交通安全性。

3.路面抗滑性

当道路表面的抗滑能力小于要求的最小数值时(一般纵向摩阻系数或附着系数,水泥混凝土路面为 0.5~0.7,沥青混凝土路面为 0.4~0.6,干燥路面取高限,潮湿路面取低限),即使在直线路段上行驶,稍一制动,汽车都有可能因侧滑而失去控制。

路面抗滑性不够是很多事故的原因。根据苏联学者 B. B. 卢基亚诺夫的资料,与路面缺点有关的事故中,有 48.3% 的事故都可以用滑溜来解释。

当道路表面潮湿或覆盖着冰雪时,即使驾驶人十分小心,发生侧滑的危险性还是很大。在弯道、坡路和环形交叉口处,尤其容易发生滑溜事故。路面的表面结构对抗滑能力也有一定的影响,如果路面集料在车辆行驶下已被磨得非常光滑,就降低了道路的抗滑能力,即使在干燥路面上,也会出现滑溜现象。另外,渣油路面不仅淋湿后会很滑,气温高时,路面变软,也是很滑的。

在路面抗滑性能较差的情况下,可采用压力预涂沥青石屑、路面开槽、设置合适的排水系统、限制车速、设置警告标志等方法来保障交通安全;道路上有冰雪时,宜采取临时封闭措施。

上述路面强度、稳定性、平整度和抗滑性可以通过严格执行高速公路工程技术标准、采用适当的路面材料、精心施工以及采取良好的养护等措施来加以保证,从而确保高速公路的行车安全。

4.路面病害对交通安全的影响

(1)沥青路面。

①泛油。

由于油石比例过大,矿料用量不足,在气温高时就形成泛油。轻则形成软黏面,重则形成"油海"。油粘在车轮胎上,降低了行车速度,增大了行驶阻力。在雨天,多余的沥青降低了路面防滑性能,影响行车安全。

②油包、油垄。

由于集料级配不当,油量过大,使得路面在车辆水平力作用下推移变形。车辆制动或起动时摩擦力较匀速行驶要大,故这种病害多发生在路口、停靠站的路面上。油包、油垄严重影响行车的舒适性,同时也加快了机件的磨损。

③裂缝。

由于施工不良,路基沉陷,造成路面整体性不好,或由于沥青材料老化、沥青质量低、油石比过小等原因,路面出现龟裂、网裂或纵横裂缝,影响路面的平整度,干扰车辆正常行驶。

④麻面。

麻面是指路面矿料局部脱离而出现小麻坑,主要是由于施工方法不当、油石比小、搅和不均匀等造成,严重时可使行车颠簸,对行车安全影响较大。

⑤滑溜。

石料的磨光和磨损或泛油等会形成表面滑溜。滑溜危及行车安全,对道路交通安全影响很大。

(2)水泥路面。

水泥路面的病害主要是接缝的病害,如挤碎、拱起、错台、错缝等。水泥混凝土接缝处理不当,可能会造成整个水泥板被拱起的现象,不仅使路面受到完全的破坏,严重时还会影响交通,造成阻塞和发生事故。

第五节 高速公路立交、桥梁、隧道与交通安全

一、立体交叉对交通安全的改善作用

1.立体交叉与一般公路安全性比较

对于立体交叉对交通安全的影响,无法作出独立的、足够准确的评价,因为

这常常是与道路的总体改善相配合的。欲分析立体交叉对提高交通安全的效果,可以通过比较旧的道路与平行于它修建的高速公路上的交通事故来获得,这时交通流一般已由旧路上转移到新的高速公路上。在美国的道路上,100万车公里的死亡事故数量资料的平均值,在高速公路为2.13,在与其平行的其他公路上为6.07。

尽管在所进行的比较中,没有考虑新建的高速公路交通量要比以往使用的平行老路有所增长,但它还是证明了死亡事故数量几乎减少2/3。

2.不同类型立体交叉的安全性比较

很少人研究不同类型立体交叉口的相对事故数。在伦敦—伯明翰的第一条高速公路以及若干大城市的环道上,一年内在每一个不同类型的交叉路口处平均发生了如表8-2所示的道路交通事故数。

不同类型立体交叉事故比较　　　　　　　　　　　　　　表8-2

立体交叉种类	交通事故数	立体交叉个数	每一立交一年间交通事故件数
菱形立交	4	2	2.0
环形立交	16	5	3.2
部分苜蓿叶形与喇叭形立交	29	3	9.7
高速公路间连接	6	2	3.0

3.立体交叉的组成因素对安全的影响

目前,针对有关交叉路口各组成部分的尺寸对行车安全的影响,尚缺乏足够的资料,但是可以认为,引起最大影响的,不是匝道曲线半径的尺寸,而是要保证行车从公路干线转入匝道时车速变化的平顺性。因此,汽车进入匝道以及从这些匝道上用加速或减速行驶的最佳轨迹的协调性具有重要的意义。因此,考虑了行车以匀加速或匀减速行驶的所谓"制动缓和曲线"的匝道线形,能最好地满足这种情况。增加匝道的曲线半径,也能够较好地改善行车条件。

苜蓿叶形立交的通行能力与保证交通安全的程度取决于转向流入与直达交通流交织段的长度。对于所有的交通量,随着交织段长度的增加,事故数量就迅速减少。尽管满足这个要求会与节约土地的要求产生矛盾,但在设计立体交叉时还是应该考虑这个问题的。

立体交叉路口的行车安全,很大程度上取决于交叉路口是否有行车道的加减速道。有了加减速车道,当驾驶人出现典型的错误时,它会降低甚至消除发生事故的危险。这种典型的错误有:较晚看到出口岔道而在转弯以前采取紧急制动,从行驶的第二行列转弯进入匝道,从出口岔道急转弯驶出到公路干道的行车道上等。

正确设置道路标志与方向指示牌,对于防止错误利用立交的出口而引起的交通事故具有重要意义。它们的尺寸应当与交叉路上的车速相适应。使驾驶人成为"道路的内行",让他们学习有关道路的基本知识,其中包括有关典型立交的设计知识,对于防止这种类型的事故可能会起到重要的作用。

在立交上,必须设置大量的路线标志与禁止驶入岔道的标志。根据美国的研究结论,一般的禁止驶入的标志作用较小,而采用写有"危险"或"不正确的路线"的专门标志则能起到较好的心理效果。

二、桥梁

根据本书对资料的整理分析,桥梁对高速公路行车安全的影响主要在下面两个方面得到体现:桥梁与引道的相对宽度、桥头与道路的衔接。

国内外研究均表明:交通事故发生率与桥梁本身的宽度关系不大,而与桥梁及引道的相对宽度有关系。在我国公路上,桥梁较引道窄的情况较多,这对行车安全是不利的。表8-3反映的是在道路行车道宽度为7m时,桥宽对道路交通事故数量的影响。通过这些统计资料,有可能给出下列相对影响系数值的建议,这些系数值可用于比较评价桥梁上的交通安全条件。

桥宽对道路交通事故数量的影响 表8-3

桥面与路面宽度的比较	桥面比路面窄1m	桥面与路面宽度相等	桥面比路面宽1m	桥面比路面宽2m
桥面宽度影响系数	6	3	1.5	1.0

桥头跳车现象也是诱发高速公路行车事故的原因之一。哈尔滨建筑大学和辽宁省高速公路管理局对沈大高速公路的交通事故规律进行了研究,在根据1994年1月—1995年6月亿车事故率指标排序确定的35处事故多发点中,有两处均与存在较严重的桥头跳车现象有关(K173~K173+700段和K179~K180+300段)。

三、隧道

高速公路的隧道部分是事故率相对较高的部分。据统计,高速公路的隧道内部与出入口的亿车公里事故率约为一般路段上的1.5倍。

隧道的平、纵面设置,照明和通风等状况都会对行车的安全性产生影响。

曲线隧道的自然通风条件一般不如直线隧道,有害气体较难排除。曲线隧道较直线隧道增加了施工和养护难度。曲线隧道的行车条件也不及直线隧道。就较好的通风和光线,减少施工难度,改善养护人员、驾驶人工作条件和乘客舒适要求以及提高行车速度来看,都是直线隧道比曲线隧道优越得多。因此,隧道内应尽量避免设置平曲线,如必须设置时,其半径不宜小于不设超高的平曲线半径,并应符合视距的要求。

长隧道内设计采用的纵坡宜缓些,以利于汽车快速行驶,减少排气污染。通常在长隧道内最大纵坡限定为2%,特殊情况下最好也不要超过3%。同时,考虑排水的需要,隧道内的纵坡不宜小于0.3%。在寒冷及严寒地区地下水量大的隧道,为减少冬季排水沟产生冻害,加大排水纵坡以增加流速对排水有利。

从明亮路段到黑暗路段迅速过渡的情况下,驾驶人的眼睛来不及适应明亮度的变化,有时甚至出现几乎不能分辨出道路的情况,因此,明亮与黑暗路段的分界处,常常是道路交通事故发生集中的地方。鉴于以上原因,在隧道的入口处,白天应加强照明,以便保证从白天自然光过渡到人工照明的平顺性。

隧道内必须有良好的通风条件,及时消散车辆排出的废气,补充新鲜的空气,以防止车辆在长隧道内由于熄火停车而导致交通事故。

第六节　高速公路交通安全设施与交通安全

交通安全设施是保证交通安全的重要手段,对于高速公路尤为重要。高速公路交通安全设施类型及功能如图8-1所示。

道路交通标志标线是现代公路上最基本的安全设施之一,是无声的"道路语言"。作为组织和调节道路交通所采用的最广泛而必要的措施,道路标志标线给予道路使用者以确切的道路交通信息,使道路交通达到畅通安全、节能和低公害的目的。

第三部分 高速公路安全研究

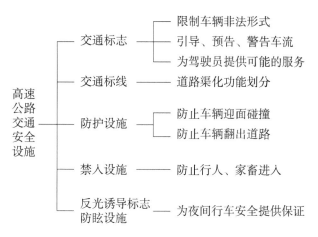

图 8-1 高速公路安全设施类型及功能

一、交通标志标线的发展

1986 年,由交通部、公安部、联合制订,国家标准局颁发的国家标准《道路交通标志和标线》(GB 5768—1986),对道路、交通标志标线做了较为详尽明确的统一规定。在"七五"计划实施期间,我国国民经济飞速发展,交通事业得到重视。作为提高我国公路建设养护,管理水平、推进公路现代化建设的重要措施,交通部提出了公路标准化、美化工程(简称"GBM 工程"),该标准对公路建设(包括标志、标线)提出了更高的要求。"九五"计划实施期间,改革开放的不断深入,高速公路、高等级公路的陆续修建和快速发展,对道路交通标志、标线提出了更高的要求,交通标志、标线越来越显示出它的重要作用。比如,美国在《交通控制设施手册》中规定了以下 5 项基本要求:①满足一种需要;②吸引注意力;③传递一种清楚而简单的信息;④引起道路使用者的重视;⑤给予足够的反应时间。交通标志要满足以上要求,则要通过颜色、形状、文字及图案三个要素来变化,同时要求交通标志无论白天或夜间都能显示同样清晰的信息,并能提供足够的视认距离,以便驾驶人能在短时间内看清、看懂,从而更好地使用现代公路,达到安全畅通的目的。

国民经济的发展和新的道路存在形式与各种等级公路上车流密度成倍增长,随之带来交通事故不断上升,在这种情况下,对交通标志标线的质量、安全视认性提出了更高的要求。1995 年,交通部颁布了行业标准《公路交通标志板技术条件》(JT/T 297—1995),首次规定了标志用反光材料的技术条件和测试方法。从1996年开始至今,交通部组织人员又从交通标志标线的各种功能等多方面考虑,投入人力、物力和经费,对GB 5768—1986进行修改补充,重新补充新的行业标准"标志标线"规范。这些修改一是积极采用了国际标准;二是以高速公路为重点;三是充分考虑城市道路标志、标线设置的复杂性;四是以设计、管理及道路使用者为主,对标志的形状尺寸、图形符号、材料结构设置作了详细规定。不仅在标志、标线新材料、新工艺、新结构上加以注意,并且考虑到了这些新技术的出现不能给交通标志、标线带来设计、制造、安装方面的影响。新版国家标准《道路交通标志和标线》(GB 5768—2022)的颁布是对GB 5768—2009的修订,保留了原标准中实践证明适用的部分,增加了警告、禁令、指示标志的数量,进一步向国际标准靠拢。新标准中,高速公路指路标志是针对最近十几年来在设计、实施和管理中发现的问题及国外标志标准的新规定增加的。道路交通标线按功能、设置方式和标线形态进行分类,对标线的颜色和设置方式有了更严格的规定,增加了很多新的标线。新的国家标准《道路交通标志和标线》(GB 5768—2022)为强制性标准,标准中的各项规定都要求我们必须遵守。

20世纪80年代以来,高等级公路的开通使用,使我国对交通标志的技术要求也在不断提高。为了更好地提高交通标志的质量,1996年6月1日,交通部已开始实施《公路交通标志板技术条件》(JT/T 297—1995)。该标准按照反光亮度的不同把反光膜分为五级,见表8-4。

反光膜分级表 表8-4

部颁行业级别	美国3M公司级别	部颁行业级别	美国3M公司级别
一级反光膜	钻石一级反光膜	四级反光膜	工程级反光膜
二级反光膜	钻石二级反光膜	五级反光膜	经济级反光膜
三级反光膜	高强级反光膜		

自从1939年9月在美国明尼苏达州一条国道岔路口上,采用"3M"视觉级反光膜做成第一面反光交通标志后,便逐步迎来了交通标志的"光明时代"。交通标志主要由支架结构、底板和反光膜组成,而影响交通标志视认性的主要有三要素,即标志亮度、尺寸、版面设计。由此可见,在交通标志上起关键作用的是标志表面的反光膜。反光膜优质与否又由三个方面所决定:反光膜的反光亮度、角度特性、使用寿命。自从20世纪40年代初开始使用反光膜标志以来,反光膜的

级别一直在不断地升级,1971年在工程级反光膜基础上开发出的高强级反光膜,它的初始亮度值是工程级反光膜的3.5倍,现已广泛应用在我国的高速公路和城市道路上。1991年反光膜又有新的突破,美国推出微晶棱镜体结构的钻石级反光膜,它的初始反光亮度值达到工程级反光膜的10倍以上,使用年限长,全角度反射,性能卓越,现已发展到第三代钻石级和超级级别,广泛应用在交通控制标志、禁止标志、警告标志、指示标志以及轮廓标、导向标、分合流标志中。

二、交通标志标线的设置

我国对交通标志主要分为警告、禁令、指示、指路和辅助标志五类。数年来,通过对现有道路勘察设计和对已实施项目的使用效果调查了解,我们深感在我国当前混合交通状况下,现有的公路应当尽快完善与之相匹配的标志标线及有关安全防护设施,这是关系到公路安全运输、提高运输经济效益的一项根本任务,是一项安全防范措施,也是一项技术经济措施。

1.标志标线设置原则

公路在建设设计中,首先学习和研讨现行标准《道路交通标志和标线》(GB 5768),力求使设计符合公路交通实际情况,按照《道路交通标志和标线》要求,标志、标线设置的指导原则,要从以下几个方面考虑:一是要发挥标志、标线在公路交通中的交通组织作用,用这个"无声语言"作为保障交通安全畅通的一项重要措施,继而达到完善和提高公路服务水平的目的。二是在具体设计每处标志标线时,要根据路段的特定条件,历年交通事故发生情况,预测车流量、车型、运输方式等,结合建设经费、公路施工难度以及公路使用后预测情况,公路主管部门的基本要求等诸方面因素,做到因地制宜,结合实际设置。三是要求我们不单要"套标准",而要在"套标准"的同时,结合实际灵活运用交通工程学原理,根据实际需要和可能合理合法地设定。

2.交通标志的设置

在设置交通标志时,对一般道路条件与交通环境比较明确单一的路段,要对照标准要求确定一种或两种标志,一定不能设置过多,标志过多反而使驾驶人对标志重视程度减弱,失去观察的信任。但对道路条件和交通环境较复杂的路段,设置何种标志,这时既要考虑安全行车方面(交警经常强调)又要考虑提高运输经济效益方面(公路交通部门强调的),要慎重、辩证地分析研究。

在已经完全街道化的城镇路段,道路平曲线半径小于规定标准的坡弯路段,要侧重强调"禁止超车"和"限制速度",在这种路段行驶的车辆,因受公路技术条件和交通条件的限制,不能按常速行驶,必须及时警告驾驶人不准超车和限速行驶,以预防交通事故的发生。

"限速标志"和"禁止超车"标志在高速公路上也是交通管理必备的设施之一,起着十分重要的作用,是道路交通标志设置中的难点和重点。为使限速标志设置合理合法,提出下列设置原则:

(1)符合标准的一、二级公路不设急弯路,下陡坡标志及低于设计速度的限制速度标志。

(2)限制速度标志的设置依据只与公路本身的技术指标有关,而与使用公路交通流量无关。

(3)限制速度标志应与说明限速理由的辅助标志及解除限制速度标志配套使用。

对于下陡坡标志,其必要充分设置条件是纵坡度大于7%,只要有坡度大于7%的下坡路段,就必须设下陡坡标志,限速40km/h行驶。由于一、二级公路最大纵坡度规定为7%,故只要满足技术标准要求,就可以不设下陡坡标志。

在符合标准的一、二级公路和高速公路上设置低于该等级设计速度的限速标志,必然难以在辅助标志上标出合法的令人信服的限速理由。在这里要加以说明的是,为什么交通流量大小不能作为限制速度标志设置的依据。这是因为交通流量因时间和环境的变化,无法恰当地标示于辅助标志上。目前,国内外的任何交通管理法规都难以定量确定多大交通量允许的车速是多少,唯有授权驾驶人按标志标牌指示行车。

3.标线的设计和作用

对道路、车道分界线,在执行相关标准的同时,要针对公路建设时在使用材料和线宽上做分析比较。目前国内多条道路使用了瓷片标线等材料,其寿命是油漆标线的8倍左右,只要沥青路面情况良好(不泛油)、施工得当,就可以使用4~5年的时间,造价约为油漆的3.5倍。但是,由于建设资金等诸多因素,仍选用油漆。一般是当路面宽度在9m以下时,中心线设计为12cm,车道分界线设计为10cm,相对协调美观,同时要将缘石刷白(缘石的上部宽度达到20cm)。根据驾驶人对标线使用效果的调查,边缘线加宽可增强驾驶人对路边缘的信任程度与安全感,继而自动靠右边行驶,并会减少对撞机遇。

(1)路面标线对驾驶人有一定程度的制约作用。根据对佛开高速公路两个路段进行的观测,63%的车辆能按标线分道行驶,26%的车辆因超车而越线行驶,即遵守交通规则者为89%。不受路面标线制约,即不按交通标线分道行驶的车辆为11%。该项观测证明,路面标线起到了调整交通、疏导车流、"无声语言"指挥的良好效果。

(2)在混合交通中,我们观测到,交通标线对行人和非机动车也起到了重要的不可替代的制约作用。据统计,混合交通时在一般道路上,92%的行人、自行车在非机动车道上行驶,只有8%的在机动车道上行驶。从统计数据可以看出,标线对机动车和行人交通行为的制约作用效果也是比较好的,如果进一步加强交通管理和公众的交通法规宣传教育,其效果将会进一步凸显。

(3)路面标线对各种车辆具有导流作用。经观察,一条新的道路没有画上标线时,汽车盲目地都靠中心位置行驶,行人和自行车有25%不按规范行走。画上标线后,汽车则沿标线在自己的车道上行驶,自行车、行人则基本上都按线行走,离散程度和偏离标线的情况大大减少。由此说明,标线能使机动车行驶的有效路面增加、行车条件改善,加上标线的导流作用,使行车速度提高。

(4)标志标线对地点速度和减少交通事故的作用。如107国道广花高速公路2.6km混合交通路面,交通情况复杂,非机动车、行人及机动车混合通行,同时,汽车进出高速公路时车速快,且流量大,交通事故较多。针对上述情况,交通执法部门在这些路段设置了"注意行人""限速""禁止超车"等标志,有些路段设置中心实线或加筑中间隔离栅。增设这些设施后,在这段路面,地点行车速度分别下降2~4km/h,最高速度下降9km/h,交通事故相对减少,交通情况比较稳定,秩序良好。由于交通标志标线及安全设施的设置起到了提示警告作用,故获得了明显的安全保障效果。

4.标志的埋设位置、支持方式及交通标志效果分析

(1)在对标志杆、轮廓标、示警桩、里程碑的埋设位置和处理方法上,要因地制宜,按《道路交通标志和标线》及实际的路面、路肩情况进行设计。如:道路为全幅式路面,无土路肩,在理性设计时要视断面情况采用不同的处理方式。基本设计原则可为:既不要侵占路面和影响边沟排水,又要保证安全可靠。在土质路堤处用片石护砌予以加固,悬臂立柱埋深为1.4m,轮廓标可埋深0.5m,示警桩埋深为0.6m,里程碑埋深0.5m。

(2)标志的支撑方式可运用柱式、悬臂式、门式及附着式四种,要根据标志的不同性质和路幅宽度予以选定。如果路幅宽度大于12m,为缩小驾驶人观察标志的视角和避免行道树的遮蔽,可设计采用悬臂式支撑,悬臂最远处伸离路缘4.15m悬挂3块3m×1m的巨型指示标志。要避免风力影响,可采用挂钩自由悬挂,挂钩设计为防盗结构。其支线上的让行标志、地点识别、集镇分界等小型标志一般采用柱式支撑,地名、县界标志,如能附着悬于臂立柱上的则设计为附着式,对省际、地区市级分界处,可设置大型龙门架式标志。

(3)多年来,高速公路发展迅速,人们对交通安全日益重视,促使路上的交通标志不断改善。一般来说,人们对完善公路标志、标线等安全设施能提高公路运输的安全性和运输的经济效益的认知是肯定的,正如美国联邦公路局年2008改善公路项目报告中提出的"在公路标线上,每花费1元,就可在事故损失上节约21元,同时还可创造良好的社会效益"。尽管目前路面的交通安全设施已有了相当明显的改善,但近几年,我国道路等级越来越高,交通流量越来越大,对交通安全方面的需求也在不断提高,表现在:一是标志版面越来越大,以前禁令标志的直径一般是45cm、60cm,而现在大多为100cm或120cm,指路标志的文字从30cm扩大到80cm,大大提高了视认性。二是反光材料等级越来越高,高等级公路上大多数采用了高强级反光膜制作交通标志,广东省的广佛、广深和深汕高速公路上更是用了钻石级反光膜,给驾驶人夜间行车带来了清晰明亮的视线环境,反映良好。三是增加了警告标志、辅助标志,如急转弯导向标、轮廓标、分合流标志等;高速公路上还增设了紧急电话标志、距离确认标志、坐标标志、报警标志等;增加了地面诱导标志,如反光道钉、凸起路标、反光成型标线等,同时还设置了高速公路的防眩设施,如深汕、广花高速公路的防眩板;有些贴上钻石级反光膜,使白天夜晚都有良好的诱导作用。四是指路标志变得简单清晰、规范,充分考虑到驾驶人的生理、心理及环境方面的因素,尽量避免使驾驶人产生错觉。目前高速公路的指路标志都加上了白色边框,与夜间背景形成强烈对比,在视觉程度上大大增强了标志牌的效果。

(4)交通标志牌的设计具有国家标准的科学性,体现了设置(路段)的针对性,满足了驾驶人和行人的视认性,提高了行车的安全性。通过对交通标志使用效果分析调查可知：驾驶人和行人普遍反映交通标志的设置美化了路容，增强了行车的安全性，提高了车辆驾驶人的警觉性。据观测，具有鲜红色的禁令标志较能引起驾驶人的警觉，这是视觉和心理影响的结果。分岔路口、急转弯、警告等标志，在地处丘陵的路上，驾驶人不太注意，相当一部分驾驶人没有主动采取减速、避让等措施，事故往往发生在这些路段。目前从反光标志的效果观察了解到，对1m规格的反光标志牌，驾驶人夜间在120~150m处能比较清楚地发现标志轮廓，在70~90m处能认清识别标志及文字，可以满足驾驶人在100km/h速度行车时对标志的发现和识别所需采取措施时的安全视距。

综上所述，目前我国在高速公路上投资设置完善的公路交通安全设施，其社会效益和运输的经济效益是相当可观的，是一项造福社会、造福人民的公益事业工程。但就实际情况来讲，我国在交通标志上的投入与公路投资的百分比方面同国外很多地方相比还是较小。交通管理部门和设计部门要考虑提高交通标志的投资百分比，以便为道路使用者提供更多信息。交通执法部门要针对交通标志、标线设置情况，建立交通安全设施管理档案，定期检查、督促维修、及时更换，保证"道路语言"正常发挥作用，减小事故发生率。因此，提出以下建议：一是在高速公路的收费站票亭、防撞岛能够贴上高亮度的反光膜，及早提醒驾驶人注意保障收费员人身安全。二是要按国家现行标准加强路面养护施工现场的安全标志防护，反光锥、防撞护栏、反光衣、反光标志牌都要用高亮度的材料制作，最大限度地保障路面施工安全。三是学习国外高速公路的安全设施设置经验，在高速公路旁竖立一些反光地名标志，并配以有当地名牌特色的图案，方便道路使用者对沿途地区的了解，协调地方关系，提高地方知名度。

三、高速公路交通安全防护设施

1.防撞护栏

高速行驶易发生车辆失控等故障，所以高速公路的防护设施对保障行车安全起着重要的作用。

（1）高速公路对防护设施的要求：

①防止车辆迎面碰撞或滑出路侧。

②冲撞时产生的减速度能避免驾乘人员受到伤害或减少驾乘人员受伤害的概率。

③撞车后回至原行车道时,尽可能不妨碍其他车辆行驶。

④具有良好的视线诱导效果。

(2)防撞栏的结构与类型。

防撞栏的结构要求坚固、经济、美观以及有良好的视线诱导。

美国国家公路交通安全管理局在路边护栏指南中把护栏分为三类:柔性系统、半刚性系统、刚性系统。我国则将之分为刚性护栏和柔性护栏两种,其中前者多由混凝土、石料等制成,而后者多采用钢材。

为比较水泥混凝土护栏和钢护栏的效果,法国国际交通安全研究所对法国1000km 的汽车行驶线 A6、A7、A9 路 2018 年汽车事故的统计表明:道路路边混凝土护栏与钢护栏事故指标相近。道路中间钢护栏事故指标明显优于混凝土护栏,见表 8-5。

两种护栏的事故指标对比　　　　　　　　　表 8-5

护栏形式	事故性质	混凝土护栏	钢护栏
路边护栏	无伤害事故(次/km)	0.51	0.51
	有伤害事故(次/km)	0.08	0.06
	倾翻比例(%)	11	11
路中护栏	无伤害事故(次/km)	0.54	0.57
	有伤害事故(次/km)	0.14	0.05
	倾翻比例(%)	20	8.4

我国高速公路目前多采用波形钢板护栏。由于分隔带最宽仅为 3m,车辆有冲撞危及对向行车的可能,所以大多设置两排单面型的防撞护栏。

(3)防撞护栏的设置。

路侧防撞护栏应在下列地点设置:

①路堤高度大于 2m,且边坡坡率大于 1∶2.5 的填方路段。

②桥梁、涵洞、高架构造物两端以及隧道入口附近的挖方区段。

③夹在两填方区段间长度小于 40m 的挖方区段。

④净空界限外 1m 范围内有标志柱、紧急电话等区段。

⑤在服务区、停车区与主线之间有宽度小于 5m 的分隔岛处。

⑥平曲线超高处。

⑦匝道及视线需要诱导处。

⑧其他认为有必要设置的区段。

中央分隔带应按下述规定设置防撞护栏：

高速公路一、二、三级中央分隔带上，原则上全线范围内设置两面型（组合型）防撞护栏，或在其两侧设防撞护栏；上下行车道为分离式，高差大于 2m 时，可只在高的行车道一侧设置；当中央分隔带宽度大于 10m 时，也可不设防撞护栏；其余级别可视需要设置。

2.禁入设施

高速公路由于对人、畜实行严格的控制，使之"封闭"起来，消除了侧向干扰，从而可以形成稳定、快速的车流，大大提高行车的安全性和效率。

设于收费口及立交范围内的禁入设施有两种形式：

（1）框架式铁丝网，高 2.5m。

（2）带刺铁丝栅，高 2.5m，起到禁入栅的作用。

3.反光诱导标志和防眩设施

（1）反光诱导标志。

车辆在夜间高速行驶时，可视距离较短，因此夜间引导车辆的行驶尤为重要。高速公路的反光诱导标志为车辆夜间行驶提供了安全保证。

路边缘轮廓标（路右侧）是夜间诱导的重要措施，它明显地划出道路的外侧。通常利用防撞护栏立柱和防冲墙设置红色塑料制的定向反光片，其高度为 1.0m，间距 48m。路左侧（中央分隔带内）设置夜间诱导标，可使道路线充分显示，起到良好的诱导效果。通常用黄色反光片附在防护栏的凹槽处，既可避免占用空间，又可避免因设置在较低处而影响反光效果，其可视距离为 400m，弯道上设置间距为 24m。

在中央分隔带开口处设置圆形诱导标志，反光片直径 10cm。安装诱导反光标志后，夜间借助汽车前照灯的照射，通过标志反射片的定向回光，能显示出道路的轨迹、交通及弯道，从而提高运行能力，提高夜间行车的安全度，减少事故的发生。

（2）防眩设施。

高速公路常用的防眩设备有：

①植树防眩。植树既能防眩又美观，每排树宽为 0.4~0.6m，高 1.5m，排与

排纵向间距为 2.6m,树种可为常青树,树木之间植以草皮。

②用百叶板式和金属网防眩栅。

遮光高度一般为 1.40~1.70m;遮光角度是考虑当对向车间距为 50m 时眩光影响的角度,一般为 10°,用于分隔带绿化及防眩设置。

第七节　异常气候条件下高速公路的行车特性

在雨、雾、风、雪天气条件下,高速公路上行驶的车辆存在危险性较大,驾驶人的视线受影响,车辆难以控制,稍有疏忽,就可能导致交通事故发生。因此,在高速公路上驾驶车辆的驾驶人应掌握特殊气候条件下的驾驶特性,适应各种复杂气候条件下的道路环境。

一、雾天驾驶

在高速公路上行驶的车辆,途经的地域不同,气候变化差异较大,在出进高丘山岭地区行驶时,随时会遇到大雾,因此,高速公路管理人员及驾驶人都应采取安全措施。

雾天能见度下降,妨碍驾驶人的观察。特别是浓雾天气,驾驶人的视力下降更多,影响驾驶人的观察和判断力,更容易发生交通事故。雾天除使视距变短外,还会有空气湿度大而引起的玻璃透视率(透光度)下降和后视效果变差的情况。

在雾中的高速公路上行驶,国外称谓是"最危险的时刻""雾是道路上最危险、最凶狠的刽子手"。在高速公路上,由于交通流量大、车速快,因雾引起的交通事故明显多于一般道路,且经常是多车追尾相撞的重特大恶性事故。在国外,有几百辆车相撞的交通事故。例如:美国加利福尼亚至纽约的高速公路上,因大雾引起的一场世界上最大的一次交通事故,造成 300 多辆汽车相撞,死亡近千人。在我国也有几十辆车相撞的交通事故。如在北京至石家庄的高速公路上,因浓雾弥漫,能见度只有 5m,首先因一辆汽车超速行驶,与前车追尾,接连发生 28 起、86 辆汽车追尾相撞,造成 26 人死亡的特大事故。又如沪宁高速公路南京至上海方向 140km 处,由于局部路段大雾,在发生两车追尾相撞事故后,在不到 0.5h 内,约 500m 的路段上,连续发生多起车辆相撞的特大恶性事故,共造成 10

人死亡,11人致伤,44辆车相撞,致使6辆车报废,12辆车严重损坏,26辆车受损;在2020年11月24日8时,G65包茂高速公路陕西铜川段,因雾而发生了43车连环相撞的事故,十余辆汽车着火,造成3人死亡,6人受伤以及30余辆车受损。

雾的产生有一定规律,通常发生在昼夜温差较大的季节里,早、晚特别容易出现雾气。雾有浓、薄之分,当视距为300~150m时为薄雾,视距为150~50m时为浓雾。浓雾天气通常发生在一年之中的11月至第二年的3、4月之间。山区、盆地空气不易流通,在春、秋季节或雨天过后,也时常有雾气产生。另外,沿河湖和水塘较多的高速公路路段亦时常有雾气产生,对高速公路行车安全构成很大的威胁。

二、雨天行车

雨天对安全行车十分不利,尤其是在高速公路行驶的车辆,存在危险因素较大。高速公路发展较早的一些国家事故统计表明,雨天的高速公路事故危险要比干燥路面时增大2~3倍。

(1)在雨天的高速公路上行驶,会产生"水滑"现象。机动车在高速公路行驶时,因轮胎与路面间的积水不能排除,水的压力使车轮上浮,形成汽车在积水路面上滑行的现象,称为"水滑"现象。在这种状态下,轮胎和路面间没有附着力,制动、转向都将失效。

(2)雨天路面变滑,轮胎与地面的附着系数明显下降,因此,使制动距离大大延长,一般增加2倍左右。车速越高,附着系数越小,在车辆制动时,车轮很容易抱死,发生侧滑和甩尾的可能性增加,使车辆失去控制,最终导致严重事故发生。

(3)在雨天行车,驾驶人的视线受阻碍较大,能见度大幅下降,可视距离大大缩短。受水湿路面的光线反射作用,致使难以看清路面标线,整体视线下降。

(4)遇大暴雨天气,要注意高速公路的边坡有滑坡危险,山区高填挖路段有落石危险。

驾驶人在暴风雪天气驾驶,会本能地感觉到危险而控制车速,并集中精力握紧转向盘。而对普通雨天往往就放松警惕,认为与晴天行车没有什么差别,这正是雨天事故多的真正原因。降雨初期,因路面上的灰尘等刚沾上水分,使得汽车在该路面上极易打滑,事故也多集中于此时发生。如果雨继续下,路面尘土随之流走以后,虽然也打滑,但其滑动性已稳定,所以反而较安全一些。

三、雪天和路面结冰时的行车

冬季下雪时的雪花及雪后经碾压形成的冰雪路面,会严重影响高速公路行车安全。

下雪时,飞舞的雪花阻碍了驾驶人的视线,当雪后天晴时,由于积雪对阳光的强烈反射作用,阳光十分耀眼,会使驾驶人产生眩目感,即雪盲现象,对行车安全极为不利。

冰雪路面是北方冬季的自然气候形成的,一般有以下几种情形:冬季雪天形成的积雪路面;秋冬季转换时,雨水突然遇冷形成的冰路面;冬季早晨因寒冷形成的有霜花的路面。冰雪的路面比雨天的路面更滑,车辆制动、转向所受影响更大,操纵安全难以保证,因此危险性也更大。冬季白天与夜晚温差较大,降雪在白天经气温回升而消融,入夜后又会被冻结,路面的附着系数下降到 0.1~0.2。冰面的附着系数仅为 0.07~0.1。在这样滑的路面上行驶,车轮上作用力(制动时的制动力,加速时的驱动力以及转向时的侧向力)的突然变化很容易破坏轮胎与路面的附着状态,使轮胎失去抵抗侧向力的能力,导致汽车侧滑、甩尾,失去控制,以致发生事故。

第八节 高速公路大型运输车辆行驶与交通安全

一、影响高速公路安全行车的因素

高速公路一般适应的日平均交通流量为 25000 辆以上,是专供设计速度 60km/h 以上的机动车高速行驶的道路,其设计标准是以满足汽车行驶的安全要求为前提,必须符合"线形""载重""净空"三大标准,其平面、纵断面、横断面等有严格的技术规范,行车速度与密度、公路的使用年限等,必须具备足够的通行能力来满足公路的远景要求。如果高速公路的设计标准不合乎规范,就会影响到通行能力,交通条件受到限制,汽车的行驶安全性能减弱。

1.高速公路的工程质量

一个完美的设计方案,如果没有合格的工程质量,也是高速公路影响车辆行驶的一个重要的安全隐患。高速公路在其建设期间,就必须有技术过硬的施工队伍严格按照设计标准施工,同时工程质量的监理机构对整个工程项目严把工程质量关,确保高速公路的设计最小平曲线(弯道)、最小纵曲线(坡度)半径、最大纵坡、最小视距、行车道宽度、中央分隔带宽度、最大组合坡度、最大超高等均应符合高速公路的几何构造,决不允许工程不合格项目交付使用,这样才能使高速公路的基础硬件不对通车后的车辆运行,特别是大型运输车辆运行形成不安全的因素。

2.高速公路的附属设施

高速公路沿线的附属设施包括安全设施、服务设施、交通控制设施及绿化工程等,这些设施是保证高速公路行驶的车辆安全、舒适,调节、缓解驾驶人和乘客疲劳,方便驾乘人员,保护环境而设置的不可缺少的部分。就运输车辆来说,进入高速公路行驶过程中等于与外界相对隔绝,到达目的地之前,要在高速公路上行驶很长时间,驾驶人的精神系统总是处于紧张状态,容易疲劳,而这种疲劳不断积累,很容易发生意外,因而,完善的交通安全设施(如标志标线、轮廓标、分道路纽等)可以让驾驶人明确自己所在的位置、行驶方向及必要的安全行车警示。这些服务设施可以增强驾驶人的愉悦感及为他们提供途中休息场所,从而达到安全行车、保障人民生命和财产安全的目的。

二、交通事故从各个层面呈现不同特点

某省一高速公路在从2018年5月通车至2019年的2年中,共发生交通事故421起,其大、中型运输车辆占253起。

1.对大型运输车辆进行界定

(1)按物理特征:3轴5轮(或以上)车辆。

(2)货车吨位:5t以上(含重型轮挂车或集装箱车)。

(3)客车:30座以上或双层客车(含卧铺车)。

2.从事故不同特点进行分解

(1)从车型上看:大型车辆占39%,中型车辆占25%,小型车辆占30%,其他占60%。

(2) 从时段上看：

①8—12 时占 10%。

②12—18 时占 22%。

③18—24 时占 20%。

④24—次日 8 时占 48%。

(3) 从气候上看：

①晴阴天占 39%。

②雨、雾、风等灾害气候占 61%。

(4) 从车况上看：

①维护好的或行驶 10 万 km 以内的车辆占 20%。

②行驶 20 万 km 以内和维护一般的车辆占 30%。

③行驶 20 万 km 以上和维护不善的车辆占 50%。

(5) 从主客观上看：

①主观因素占主要成分：超速、超载、疲劳驾驶、酒后驾驶、纵向间距不足、注意力不集中等。

②客观因素占主要成分：机械故障、气候影响、路面病害、外界干扰等。

③不可预见因素：挂特殊车牌运砂石的车辆，由于车况差，严重超载，野蛮行车，沿途撒落，出现故障沿途倾倒砂石，是一个较为严重且难以治理的安全行车隐患。

三、分析

1. 影响安全行车的基本因素

(1) 人的因素。

影响安全行车的基本因素分三个方面，即车的因素、人的因素及路的因素，任何一种因素都有可能破坏安全行车，导致交通事故。此三个因素中人的因素最为主要，如果人的生理机能不好，心理素质差，技术水平不高，约束不了自己的不规范行为，加之职业道德差，交通安全意识和法制观念淡薄等情况出现是影响安全行车的直接因素。

在日常管理中，发现一些驾驶人头脑中普遍存在一种错误的概念：认为高速公路路况好，视线清楚，超点速，多载点无关紧要，根本不考虑超速和超载将会给他人及自身带来严重的危害和不安全因素,一心只想"多拉快跑"给个人创收。此种现象是当前高速公路大型运输车辆发生事故的主要原因。

(2)路面因素。

路面的设计标准和实际施工过程中的误差,造成公路的平整度和基础压实不好,公路在使用一阶段后,出现部分基础差的路面下沉现象,一到雨天容易积水,如果积水过多,会给正在高速行驶中的车辆造成很大的事故隐患。惠盐高速公路运营的 4 年中,有 30% 的事故是因为雨天积水造成的。

(3)道路养护作业因素。

现有的高速公路养护作业人员一般采取合同制,这些人员来自不同的地方,文化层次较低,法治意识淡薄,在进行高速公路施工作业时,往往认为在本路段施工,外单位无权干涉,有关监管机构无法全天都在现场监督,因此大多数施工现场都会存在不同程度的违规操作,影响道路的通行能力,使车辆经过施工养护现场时,安全系数降低。

(4)气候因素。

例如,广东省惠盐高速公路地处沿海地区,属亚热带海洋性气候,变化无常,特别是到了春夏两季,有时突如其来的狂风暴雨使行驶在途中的车辆安全行驶系数降低,行驶过程中稍不注意就会发生意外。该高速公路上发生的此类事故中大多是因为受狂风影响,车辆重心不稳,暴雨后路面附着力小,摩擦因数低,车辆行驶安全感差,特别是经验不足的驾驶人。

2.安全行车的基本保障

(1)行车计划。

首先明确行车路线,在行驶时间安排上留有每行驶 2h 休息一次的休息时间,在日期上尽量避开节假日和靠近大城市近郊高速公路交通量的高峰期,因为到节假日和上下班的高峰期,尤其是 17—18 时经常发生交通阻塞现象。

(2)保持精力旺盛。

由于在高速公路上行车视觉结构单调,驾驶人的情绪极易烦躁,如果未进入精神集中状况,加上睡眠休息不好,很快就会进入疲劳驾驶的危险境地。据科学测定,一个正常的人连续开车 2h 后,由于不断地处理交通情况,人的大脑就会缺氧,中枢神经产生疲劳,反应迟钝,知觉减弱,人的注意力变得散漫,疲劳驾驶的事故率非常高。据调查,此种现象发生事故的比例占事故总数的 20% 之多,而且绝大多数都是因为长时间开车未休息,故此行车前休息好和行车 2h 后休息一下是避免发生疲劳事故的一种有效方式。

(3)对车辆进行全面检查。

无论是什么样的车辆,行驶中随时都有可能发生故障,尤其是大型运输车辆,其操纵性、机动性和制动效果都比小型车辆差。因此,出车前一定要做好车辆维护,认真检查车辆的转向系统、转运系统和制动系统,在进入高速公路之前,要对制动和驾驶席、发动机舱、车辆周围进行检查。

检查的要点:

①检查燃油表,看燃油是否充足;

②用油尺测量,看机油是否充足;

③检视散热器,看散热器冷却液量是否充足;

④检查散热器盖是否牢固;

⑤检查散热器水管部分有无漏水现象;

⑥检查风扇皮带的张紧度以及是否有损伤;

⑦检查轮胎气压、轮胎花纹的深浅度;

⑧检查备用配件是否齐全,准备好维修工具、紧急信号灯、紧急停车标志等。

(4)对货物和乘客的检查。

认真严格地检查一下货物摆放是否平衡平稳、绑绳是否完好、捆绑是否牢固,超限货物要采取安全措施,向经过的高速公路管理部门提前办理相关超限运输的报批手续,并有完善的车身警示标志,特殊车辆在运输过程中必须取得公安和交通运输两部门的协助。

客运车辆驾驶人要及时提醒乘客系好安全带,行驶在高速公路上时乘客不要将身体伸出车窗外,不要向车外投掷物品等。

(5)行驶过程中应做到"十禁止"。

①禁止开"英雄车""斗气车";

②禁止争道抢行;

③禁止酒后驾驶;

④禁止非驾驶人驾驶;

⑤禁止强行超车,故意不让车;

⑥禁止开车吸烟、饮食、闲谈、使用手机等;

⑦禁止下坡熄火、滑行；
⑧禁止超载、超长、超高和超宽；
⑨禁止违章停车、拉客；
⑩禁止车辆"带病"行驶。

四、防范避险对策和提高安全管理水平

1.重视交通安全教育，提高国民安全意识

由于高速公路在我国产生的时间不长，广大群众对高速公路上车辆行驶的常识、安全的防范以及高速公路法规等认识不足，因此必须采取多种形式、各种渠道，向社会各界广泛宣传高速公路交通法规和交通安全常识，通过和依靠行政的、社会的、部门的力量，针对不同对象采取以下措施：

（1）重视机动车驾驶人的安全教育，将安全制度的贯彻落实做到年年讲、月月抓、天天提醒，时刻牢记。

（2）对中小学生和幼儿的宣传教育，从小抓起，把遵守交通规则列为纪律品德、学生守则、少先队员活动及学习内容，让他们从小就知道不遵守交通规则的可怕后果。

（3）对职工、干部的安全教育要经常进行，使他们从思想上认识到遵守交通法规是每个人的责任。

（4）机关、团体、企事业单位和城乡居民组织要利用会议、广播、报道等宣传交通法规，使人们自觉地维护交通秩序，保障道路安全畅通。

2.提高车辆的安全性能

可提高车辆的安全性能，目前部分车辆的车辆安全性能还不能达到高速公路行驶的安全标准，尤其是大型运输车辆。从高速公路几年来发生的事故来看，部分事故的发生是由车辆安全性能引起的：

（1）车辆的动力弱、机动性差，安全行驶的车速与高速公路实际规定的车速中间存在差距和不安全因素。

（2）车辆的故障率高，行驶过程中经常发生故障而造成停车，影响高速公路上其他车辆行驶，造成事故。

（3）超龄车辆多，该报废的逾期车辆中有部分因车辆管理部门监管力度不够而继续使用，而这种车辆绝大多数车况极差。

从以上的几点分析来看,提高汽车工业的现代技术,确保机动车的产品质量,加强车辆安全监管,提高驾驶人员安全行车意识和素质,适应高速公路安全行驶的需要势在必行。

3.建立健全现代化交通监管系统,实行高速公路安全综合治理

在我国改革开放不断深入,社会主义进入市场经济日渐完善的新时代,大力发展交通基础设施建设已形成广泛的共识,如何使高速公路的交通管理尽早走上科学化、现代化的轨道,成为高速公路安全管理的课题。

首先,必须学习和引进国外先进的管理经验,依照国家的相关法规,结合现有高速公路的实际情况,建立有效的管理模式,健全高速公路交通安全管理的技术规范和标准,为高速公路交通安全管理提供决策依据,完善技术基础。

其次,加强交通安全管理科技队伍建设,实行专业科技人员培训、深造机制,提高管理人员的现代意识和业务水平,培养一批实用型管理人才。

处理违章违规人员时,公安交警部门一定要依法行政,如果处理力度不够,违章违法人员没有引起足够的重视,那么就有可能出现血的教训,造成危害群众的后果。因此,对于法制观念淡薄的人员一定要加大执法力度,帮助他们从思想上树立安全行车意识,做好交通安全重要性的宣传教育。

为使路况不良的地方得到及时处理,高速公路执法部门应经常对路面病害和损坏的设施提出修复和处理的意见,对标志、标线的科学设置和更新等提出防范措施,为故障和事故的紧急避险提供有力保障。

管理高速公路,确保行驶在高速公路上的车辆安全,乘客舒适,促进国民经济的快速可持续发展,保障人民群众生命财产不受损失,消除高速公路上行车的不安全因素,提高交通安全性还有待于各相关部门,特别是公安、交通运输两主管部门在今后的工作实践中,应探索一条高效、科学、智能化的管理模式,尽快适应高速公路发展的需要。

第九章　高速公路交通安全管理对策及建议

第一节　我国高速公路交通工程建设及现状

高速公路是国民经济和社会发展到一定阶段的产物,现代化高速公路一个重要的标志是具有科学、先进的交通工程系统。交通工程学主要研究对象是道路、行人、车辆及环境的关系。道路交通工程主要涵盖高速公路运营管理的收费、通信、监控、服务、救援、养护和安全设施等。我国从 20 世纪 80 年代末发展高速公路至今,已有约 40 年的历史,高速公路交通工程规划、设计、建设水平有了提高。随着我国高速公路的建设发展,交通工程设计、规划的现状水平与目前国外交通工程发展水平存在差距,高速公路交通工程建设相对滞后,缺乏总体统一规划,各条高速公路建设时独立的建管体制,往往使日后高速公路运营管理、服务产生相应的弊端和矛盾,其具体反映表现如下。

一、交通工程规划、设计不到位

高速公路建设投资多元化渠道筹集资金的途径及一路一公司的管理体制,使得高速公路建设、管理缺乏统一规划的全局性。高速公路交通工程规划、设计不到位,建设过程中分期实施时,由于交通工程规划设计不完善,导致各路段建设的起点和目标不一,存在随意性和盲目性。

二、建设和运营管理单位对交通工程不够重视

在建设高速公路时,有不少决策者认为,交通工程只是高速公路主体的附属设施,没有充分认识其对高速公路运营效益的增加所起到的重要作用。在建设

高速公路过程中,对收费、监控、通信、救援、养护和服务系统等交通工程项目建设滞后,对分期实施的项目削减或者降低交通工程设施标准,使得整个高速公路系统交通工程体系不完整、难以配套,发挥不了交通工程在高速公路管理中的作用。

三、高速公路收费站点不合理,服务区设施不完善

由于高速公路建设规划、协调缺乏统一性,各路段采用分段建设的途径,收费站点的设置主要从投资方收回通行费为目的出发,各高速公路管理以自身为中心,几乎每条收费公路的建设标准、规模、管理水平都不一样。我国目前采取的高速公路封闭式系统,收费站数较多。一般来说,封闭式系统适合于道路距离较长、互通式立交间距较大,车辆行驶的里程较长,收费站点的分布较为合理的情况。

高速公路全封闭、全立交的特点使得在路上行驶的车辆与外界分隔,设置沿线路边服务区和完善的交通服务设施,也是高速公路不同于一般公路的特点之一,是现代化高速公路的特征。服务区设置、服务设施是交通工程研究的内容。国外高速公路的服务区有车辆加油、停车场、汽车修理厂、餐饮便利店、汽车旅馆和通信等设施。

我国高速公路如沈大高速公路、济青高速公路、京沪高速公路、成渝高速公路平均每40~50km都设置有服务区、停车场。但也有的高速公路服务区设施不齐,没有规划项目,100km长的高速公路通车几年,竟没有一处服务区、停车场和洗手间。这说明人们对高速公路交通工程建设重视不够,认识不足。高速公路服务区设置应有统筹规划、分期修建、分期实施,最终达到原设计要求,以满足高水平服务的要求。

四、各路段间的监控通信系统制式不兼容

高速公路监控、通信系统是运营管理信息系统的重要环节,有些高速公路交通工程设计,只是考虑到本路段的交通状况或当时道路状况设置监控和通信设施,并非从整个高速公路网远期规划和全局发展的角度考虑,使得未来高速公路发展到一定阶段形成网络,需要建立高速公路监控通信系统网络时,各路段监控、通信设备由于相互之间不兼容,导致监控数据信息交流不充分和通信系统接口不匹配等问题,从而影响高速公路快速、舒适、安全、高效的发挥。目前全国实行高速公路联网收费,这个状况已在改善中。

五、高速公路交通工程研究的内容、设计原则及作用

高速公路交通工程是多学科的系统工程,它主要对高速公路及路网进行以下方面的内容应用:

(1)在高速公路管理体制方面。对高速公路管理体制的运营管理模式,管理机构性质、职责、人员及设备等以系统科学的手段进行管理。

(2)在收费系统方面。对高速公路及路网收费系统形式以优化方式进行方案论证,确立高速公路收费系统的制式、收费方式。对采用电子不停车收费(Electronic Toll Collection,ETC)系统及不停车自动收费系统设备,系统建设的土建、人员的配备进行系统全面的研究,做好后期的服务完善工作。

(3)在通信系统方面。对高速公路通信系统的网络构成、组成模式、系统功能、网络设备维护、人员、设备等进行研究。

(4)在交通管制及救援系统方面。对高速公路在特殊环境下的交通管制:一是恶劣气候条件及环境下的交通管制;二是公路养护维修作业的交通管制,其目的是维持正常的道路通行秩序,保证高速公路行车安全。

高速公路救援是运营管理的服务内容之一,是一项必须使用专门机械及专业救援服务人员来完成的服务作业,主要是针对事故车、故障车辆进行施救,抢救伤员、消防等。

(5)在交通安全设施方面。对高速公路的标志、标线、防撞护栏、防眩、防噪声等安全设备的配套、材料类型及功能作用进行研究。

(6)在电气、机电设备系统方面。对高速公路监控、通信、电子收费系统及隧道工程中通风、照明、供电、通信、消防、监控等机电设备的系统功能作用进行研究。

(7)在服务区及养护基地方面。对高速公路为驾乘人员提供便利的服务区,包括停车场、修理厂、加油站、餐饮店、便利店的服务设施和管理经营方式进行研究。

同时,对高速公路的养护及大、中型维修养护体制及管理模式、养护设备功能进行系统研究。

(8)在道路环境保护方面。对高速公路防污染、防噪声、道路绿化等环保措施管理方式进行研究。

六、高速公路交通工程的作用

(1)交通工程能使高速公路最大程度发挥其快速、安全、经济、舒适的特点,同时,提供充分的系统可靠性能和安全性能。

(2)交通工程系统能充分利用高速公路全立交、全封闭的优势,保障安全,提高高速公路通行能力及服务水平。

(3)利用高科技、电子技术、计算机通信技术等手段的高速公路交通工程技术使得高速公路监控、通信、收费系统交通安全管理工程智能化、规范化,提高高速公路的运营管理效能,保障道路畅通及提高服务质量。

七、高速公路交通工程规划的目的及意义

高速公路交通工程作为高速公路建设、运营和交通安全管理的重要环节,对整个工程系统设计规划尤为重要,在高速公路交通工程建设时应规划先行,为今后分期实施达到设计要求打下基础。因此,必须充分认识交通工程规划的目的、意义及其重要性。

(1)从高速公路整体性和统一性出发,充分考虑交通工程设计的相互协调,防止高速公路交通工程建设的随意性、盲目性和重复性,以保证高速公路最好的经济效益和良好的社会效益,最大程度地发挥高速公路高效、快速、安全的特性。

(2)高速公路交通工程规划作为公路建设中一项重要的前期工作,是对高速公路管理的进一步完善和深化,对建设高速公路的规范化、系统化、网络化起到推动作用。

(3)高速公路交通工程整体规范化,对以后各条高速公路的交通工程设施网络化提供依据和指导作用。在规划高速公路交通工程系统时,针对目前现有的高速公路在设计建设中出现的问题及矛盾,从总体系统上考虑改进和解决方法,使得规划有实际意义。

第二节　高速公路交通工程建设建议

一、统一规划建设高速公路信息中心

随着高速公路建设的迅速发展,逐步形成高速公路网络。由于高速公路的全

封闭性、独立性较强,可参照国外高速公路管理模式的先进经验、规划建设技术要求开展整个高速公路网络系统规划,分期实施。

高速公路信息通信中心,是连接以省(自治区、直辖市)为整体的各条高速公路信息分中心的枢纽,将各条高速公路的交通信息、收费系统计算机网络数据信息、气象与环境情况等信息,通过电话、传真、图像、可视电话、数据传输等方式收集到信息中心,分析交通状况和调度指挥全省(自治区、直辖市)高速公路管理部门。各省(自治区、直辖市)高速公路通信中心负责管理高速公路通信网,以数字通信、传输干线系统连通省(自治区、直辖市)内各市以全自动数字电话交换网覆盖的移动通信网,建成省(自治区、直辖市)内干线公路的公路交通专用网。在省(自治区、直辖市)内高速公路任何一个位置都可以与通信控制中心互通信息,能够通过卫星与交通运输部全国通信网络联通,具有电话、传真、数据传输、图像、可视电话、监控信息、计算机联网管理电脑收费系统等多种功能。该通信网络覆盖了全省(自治区、直辖市),采用多种先进通信手段,应用高速公路通信中心统一组网的原则,解决了由于高速公路线长、点多、面广、通信不便带来的难题,保证了高速公路监控、通信、收费系统数据信息的准确及时传递。通信网络遵循集中管理、统一规划、统一标准、统一设计、分期实施的原则。高速公路信息网工程主要包括收费系统、通信系统、监控系统等部分,优点是功能全面、技术先进、可操作性强、安全可靠、兼容性和易扩展性好。

建设高速公路信息通信中心势在必行。作为现代化技术密集型的高速公路,应采用先进的通信技术满足高速公路信息传输大量的需要,但要率先进行高速公路网整体规划,制定统一的管理规范。

高速公路交通工程主要是通过电子计算机、通信技术和网络技术的应用,把高速公路建设为一个有机的系统,为高速公路管理者提供更多、更具体的交通信息和服务信息,最终达到科学地组织人力、物力,为建设高度信息化的高速公路,充分发挥道路使用效益。

二、研制适合我国高速公路实际的交通工程产品

由于我国高速公路管理体制及经营不同于国外,在交通工程产品方面,我国高速公路建设所采用的国外监控、通信、收费产品并不一定适用,存在着一些弊端,因此,应开发适用于我国的交通工程产品。

三、制定高速公路交通工程技术的规范标准

交通工程研究,特别是高速公路交通工程研究,在我国起步较晚。目前国内许多科研单位在这方面取得了成果,但在研究和建设积累的经验方面,以及交通工程理论及科技应用方面,与发达国家还有差距。交通工程是一门发展的学科,它与社会经济发展及高新技术的革新密切相关,对高新技术的应用将是高速公路交通工程学的一项重要课题。

目前,交通工程技术处在一个发展时期,亟待解决的问题是制定有关交通工程技术规范。长期以来,高速公路监控系统、通信系统、ETC系统、电机工程系统等都缺乏国家标准规范,各省(自治区、直辖市)采用的交通工程技术规范差异较大,功能不一,整个路网发展联网的兼容性能不统一,造成资源浪费。

近几年来,国家有关部门对高速公路交通工程电子收费系统项目研究比较重视,开展了系列科研活动。

在高速公路ETC系统方面,在国家技术监督局和交通运输部主管部门的指导支持下,国家发展和改革委员会决定开展"公路交通工程设施综合标准化研究",并正式签订研究合同。研究内容是完成公路交通工程设施综合标准化研究和标准化体系表,并在相应的试验基础上编制国家首批急需的20～25项标准,其中ETC系统专用短程通信技术(Dedicated Short Range Communication,DSRC)是其中一项。

四、严格执行公路工程标准、规范

新建高速公路交通工程在规划、设计、建设各个阶段都应充分考虑交通安全这一因素,对之加以足够重视,严格执行国家有关的公路工程标准、规范,这是保障高速公路行车安全的前提条件。

由于各种原因,我国已建成的高速公路中,部分路段的一些指标未达到国家行业标准《公路工程技术标准》(JTG B01—2014)的要求,从而对高速公路交通安全构成了威胁。国内对沈大高速公路事故规律进行了研究,发现部分事故多发路段的道路纵坡大,而且有些路段已接近极限坡,但未设置爬坡道,能力均低于养护标准。某些高速公路有些路段不平整,雨天经常积水,由于高速行车时产生"高速水膜滑行"现象,诱发交通事故。这都是高速公路交通工程研究改进的

内容,如果不按《公路工程技术标准》(JTG B01—2014)施工并参照国内高速公路设施成熟的科技研究成果,将危及高速公路使用者的人身安全。

因此,新建高速公路在规划、设计、建设各个阶段都应执行有关的现行技术标准、规范,对已建成的高速公路,应加强对道路交通工程安全设施的养护及完善,为道路使用者提供良好的通行条件。

第三节　高速公路交通监控系统的建立

高速公路交通监控系统综合了电子技术、自动化控制、通信技术、计算机技术、公路工程及交通工程技术等多门学科,是一项现代化、高技术应用程度比较密集的系统工程,是高速公路交通管理的重要组成部分。

在国外的交通控制管理系统方面,美国自20世纪80年代以来已具有世界上先进的交通管理系统,包括交通控制、公路监视和检测设置、可变信息标志、交通信息网络,以收集交通信息、预测和判断交通拥挤或交通事故发生地点,进而采用先进的人工智能专家系统(Expert system),推出一系列的交通管制对应策略和方案,迅速有效地解决道路交通问题。

一、高速公路交通监控系统建立的目的

高速公路监控系统是高速公路交通安全运行的一种手段,其主要目标为:

(1)监视高速公路交通运行状况,收集并处理交通信息。

(2)及时发现可能引起高速公路交通拥挤的问题,采取适当的控制措施和诱导交通流。

(3)减少交通事故率和人员伤亡率,提高高速公路安全性能,预防二次事故发生。

(4)为道路使用者提供道路交通信息及事故应急设施等便利。

(5)遇特殊气候及恶劣环境,迅速采取交通控制应急措施,保证车辆通行安全。

二、高速公路交通监控系统的构成及其功能

1.监控系统构成

(1)监控中心控制室,主干道、匝道控制系统、检测通信系统以及交通调度

管理系统等。

（2）监视系统，包括高速公路的交通状况监视与系统设备的监视。

（3）通信传输系统，用于传输交通信息或控制信息，包括同轴电缆、光纤、微波、电话线等。

（4）交通信息系统，即交通信息、系统控制指令显示系统，常用传递方式有视觉和感觉两种。交通控制主要是采集交通数据信息，如交通量、速度、占有率、气象情况、交通事故等。由于高速公路交通控制系统设施投资比较大，目前主要用于交通流量大，事故易发地段及隧道、大型桥梁。

2.功能

监控中心又称调度指挥中心，它可以在领导决策下调度高速公路管理机构的各个运营部门；对道路养护维修、路政巡查、交警处理事故、拯救队伍施救行为进行统一指挥和协调。在各个方面，监控中心能对高速公路上的信息了如指掌，如道路车辆故障或事故的前因后果等，监控中心可通过闭路电视（CCTV）记录。对突发性事故，监控中心快速反应，通知有关部门迅速处理，疏导交通，对保证高速公路行车顺畅起到重要作用。

三、高速公路交通监控手段

（1）匝道控制。利用信号灯、电动栏杆等设施控制进入高速公路的车辆，以限制高峰期进入高速公路车辆流量，调节车辆密度，预防各类交通阻滞，提高高速公路的效率和安全性。

（2）可变限速标志。在高速公路上设置可变限速标志，用于警告提示车辆限速行驶，可使交通流平稳，提高在道路养护、施工、事故救援现场或遇特殊气候、恶劣环境下，车辆行驶的安全性。

（3）可变信息标志。主要用于向道路使用者提供各种实时交通情报，包括交通拥挤状况、实施交通控制匝道关闭可利用的绕行路线及影响车辆正常行驶的气候与环境状况等，并提交有关实时信息。

（4）路侧无线电。路侧无线电作为一种驾驶人信息系统，将各种交通信息通过设置在道路两侧的无线发射机发射，利用车辆无线收音机接收由控制中心发布的交通信息。

（5）紧急电话系统。当行驶在高速公路上的车辆出现故障或发生事故时，可以及时用专用号码电话向高速公路管理部门和交通管理部门寻求救援。

四、高速公路监控系统的特点

1. 高速公路监控系统的信息容量大

高速公路监控系统是综合性较强的学科,它包括交通工程、道路通行能力、道路养护、施工、收费及为道路使用者提供服务等多方面的信息。

2. 高速公路监控系统的实时控制性强

通过监控中心,交通管理人员对反馈的各种交通信息进行控制决策,系统通过道路沿线设置的车辆检测器、紧急电话、闭路电视以及路政、救援巡逻车收集的道路交通状况信息情报,反馈到监控中心,进行收集、处理信息、统计存储,由监控中心地图板、图形显示器、汉字显示器、汉字显示终端、CCTV 监视器等设施,把道路交通状况参数如路段断面交通量、速度、占有率、交通阻塞自动判断结果、气象状况实时地显示出来。交通控制管理人员根据信息情报,决策交通控制方案,发布必要的控制指令,对可变限速标志、可变信息标志发出命令,向道路使用者提供警示及道路状况信息。

五、高速公路监控系统的信息收集

事故是导致高速公路发生交通拥堵的主要原因,只有尽早发现和排除高速公路上的事故,才能减少事故对交通流的影响。运用高速公路监控系统实施交通监视手段,通过电子监测、闭路电视监视、紧急电话和公路路政、交警巡逻等方法,及时获悉发生的突发性事件,以便迅速提供所需要的服务,如在发生突发事件后,提供拯救、清障、消防、救护、车辆维修服务;在偶然事件可能影响的范围内,为驾驶人提供信息服务等;维护高速公路上的交通顺畅,确保道路使用者的安全、舒适,最大限度地发挥道路的效能。

1. 交通阻塞判断系统

监控中心利用计算机,通过埋设在高速公路出入口主线上的阻塞判断、阻塞距离测定感应检测器,实时监测高速公路交通流数据(车流量、占有率、速度),综合分析确定某道路断面事故发生的时间、地点、道路阻塞长度。

2. 闭路电视信息

在充分利用现有的收费站、广场闭路电视的基础上,还应在高速公路交通复杂、事故易发生地段采用闭路电视监视手段。交通控制管理员在监控中心直接观察到安置在摄像机地段的交通状况，及时获悉事件发生的时间、特性和要求清障救援、维修等服务的类型，快速确定对道路交通的影响，及时采取相应的应急措施。闭路电视监控设施系统的投资较大，新建高速公路可量力投资，在重点路段，如大型桥梁、隧道、事故易发生地段应率先配置。

3.紧急电话的作用

在高速公路上行驶的车辆，发生事故或故障要求救援时，可通过设置的专用紧急电话号向监控中心报告。监控中心根据事故或故障的性质，通知相应救援单位提供救援服务。紧急电话是道路使用者和管理者间最直接的联系手段。

在国外，高速公路一般都设有紧急电话，许多车辆本身还配有无线移动电话。随着我国电信事业的迅速发展和无线移动电话的不断普及，人们之间远程通信非常方便。高速公路上的紧急电话作为配套服务设施，因具备方便、快捷、应急能力强等特点，对事故报警、车辆故障求助起到了很大作用。管理人员通过紧急电话，可以及时了解道路信息，通知有关部门迅速赶赴现场处理事故或故障，及时救援受伤人员，排除路障，疏导交通，减少经济损失，保护路产，具有显著的经济效益和广泛的社会效益。

4.紧急电话的设置

紧急电话在高速公路交通控制管理中起到反馈信息的作用，是高速公路管理不可缺少的设施。目前，从紧急电话传输信号的方式上分为无线紧急电话和有线紧急电话。无线紧急电话以无线方式发送和接收信息，而有线紧急电话是靠埋设或架设的电缆来传输信息。比较这两种形式，无线方式可以节约电缆，节省投资，缩短建设周期。有线方式则具有保密性好、话音清晰、不受气候影响等特点。设置在远郊频率利用率低、地势平坦或距监控中心较远处的紧急电话，应考虑利用无线方式。而在频率利用率高、地形复杂、紧急电话密度大、无线频率易受干扰的地区选用有线方式。

六、我国交通控制管理系统现状

1.高速公路交通控制管理体制

目前，我国大部分高速公路的管理体制中道路交通安全管理问题由公安机关交通管理部门负责,高速公路交通监控管理由公路交通监控管理部门负责。而交通监控管理部门与公安机关交通管理部门分属不同系统,在调度指挥上,只能是通知协商而不是命令,即使是突发性重大事件也是如此。监控中心对系统内的路政、救援等部门,以指令、命令、指挥其行动,反应迅速,待命即发。根据统计,在高速公路上所发生的车辆故障及交通事故案件中,90%以上都是由监控中心接到信息,立即通知交警、路政、救援人员上路赶赴现场的。

2.在交通管理体制上存在以下问题

(1)监控管理部门与交警部门分属不同。交警了解的信息,特别是道路交通安全方面的信息,不能及时传递反馈到交通监控部门,造成道路交通安全方面的信息不全。

(2)由于交通管理部门与交警部门分属不同。交警只是处理道路交通事故,判定事故责任问题,对因车辆事故等安全问题导致的高速公路路产损失,没有处理的权限。有些情况下不能及时通知高速公路管理部门,出现路产损失案件得不到有效赔偿的情况,造成公路路产损失。

存在上述问题的主要原因就是由于政出多门,克服问题的最好方法就是理顺其关系。

3.高速公路监控建设应当引起重视

高速公路的监控管理是高速公路运营管理的重要内容,当前我国的高速公路是经营性的收费道路,因而存在着道路经营决策者简单地认为高速公路经营就是收费维护管理,对建立交通监控系统来提高道路通行能力、减少延误及交通事故等产生社会经济效益意识不强,认为高速公路交通事故由交警进行处理,路产路权由路政、救援机构人员处理,是否建立道路交通监控系统无关紧要,从而出现了高速公路交通工程项目中监控系统项目规划设计不全或被忽视,造成高速公路交通监控技术研究、应用实施方面的发展缓慢,同时使得高速公路的社会效益受到制约。

从发展的观点分析,随着我国高速公路网的迅速发展,在高新技术迅速发展的信息时代,发展高速公路交通监控系统,提高高速公路的管理效能势在必行。因此,高速公路交通监控系统项目建设应当引起重视,为保障高速公路交通安全创造良好的条件。

七、高速公路交通监控系统建设建议

1.监控系统应整体规划、分期实施

目前,我国经济处在稳步增长阶段,建一条高速公路需要投入大量的资金,在这种情况下,高速公路设置什么样的监控系统成了公路交通建设方面研究的一个新课题,研究的重点是现阶段监控系统如何适应安全管理需求,发挥应有的作用。实际上,监控系统的建立不只是增强了道路的信息反馈,更主要的是通过反馈及相应的措施,最终体现高速公路的服务水平。这是一种无形的长远效益,是通过向道路使用者提供"无声语言"与服务来完成的,建立实用有效的监控系统是实现高速公路现代化管理必不可少的手段。在国际上,交通监控已经被普遍采用,监控已发展成为一个日益成熟的现代化交通管理方式。但我国交通监控还不完善,特别是在某些经济欠发达省(自治区、直辖市)情况较为明显,在这种资金和经验不足的情况下,监控系统的建立应本着实事求是的原则,不可盲目建设。

(1)高速公路交通监控系统可分期实施。现行的高速公路交通监控系统可先设置一些规模较小、简便、有资助的监控设施,例如车辆检测器、紧急电话、可变限速标志等监控设备。对于比较大型的监控系统,可先在土建时做好管道及设施的预留,以待今后分期实施。如闭路电视监视系统,大型可变信息标志及气象检测装置等。

(2)隧道监控设施的分期实施要根据道路交通量的预测情况、建设的资金情况以及道路的整体规划情况来具体确定。整体规划的设计目的是在隧道的施工过程中,将预埋的工作完成,以免将来扩充设备时造成对隧道结构的破坏。

建议在交通量不大的情况下,通风、照明设备、人工控制、自动报警、紧急电话、信号灯可在一期实施,设置少量检测器进行交通量的统计,长隧道消防设施必须在一期实施。随着交通量的增加,可根据具体情况增加火灾报警设施、闭路电视设施及可变信息标志,并逐步完善自动控制通风与照明设施、消防设施及隧道监控系统。

2.监控系统的设计应与土建设计同步

在高速公路建设过程中,监控系统的实施属于后期工程,监控设备应在土建完工或基本完工的条件下进行安装调试,但它要求在土建工程中预埋系统正常运营所必需的电力管道和通信管道。目前通常的做法是土建的设计和实施工作先行,监控系统的设计工作滞后,这样就无法在土建工程实施过程中合理地预埋一些监控系统设施和安装运营所必需的电力和通信管道,在监控系统的实施阶段,建设单位就必须重新组织施工队伍进行埋设,这不但会造成人力、物力的重复投资,而且会遇到很多麻烦。例如,开槽会破坏路面的整体性,从设备周围的构筑物绕行会增加系统的功耗,同时会影响车辆的正常通行。因此,在土建工程的设计阶段,就应着手进行监控系统的设计,将监控系统所需预埋管道的设计与土建设计结合起来,通盘考虑、一体规划。

3.监控系统的设计应具有超前意识

当今社会,科学技术飞速发展,尤其是计算机和通信技术的发展更是日新月异,有些设备配备时还很先进,过段时间就已经落后或被淘汰。而一个监控系统从设计(与土建设计同步)到实施和运营一般需要3~5年或更长的时间。因此,监控系统的设计人员应具有超前意识,监控系统的设计应考虑到科学技术的发展趋势,采用设计阶段较先进且有发展前景的技术和设备,只有这样才能跟上时代发展的步伐。

4.监控通信系统网络建设应与时俱进

近年来,全社会加速数字化、智能化发展,尤其是云计算、大数据、人工智能等技术的兴起,有力推动了智慧交通应用的落地。随着"工业4.0"和"中国制造2025"战略的推进,智慧交通领域也正进行着一场深刻的变革。我国高速公路运营管理企业普遍开发了智慧交通管理系统,特别是对道路交通安全事件管理,之前主要是通过人工视频巡查及路政养护路面巡查的方式,对道路的运行状况进行监测。但是,随着高速公路车流量的逐步增长,原有的人力监测模式就难以满足突发事件增多带来的安全管理需求。当前随着智慧交通建设的逐步发展,高速公路事件检测系统也取得突飞猛进的进步,依托于视频分析及深度学习算法,能够实时检测路面上的异常情况。人工智能识别异常事件后,自动获取事件类型、定位等信息,基于系统内预置的应急预案等处置流程,一键分发至相关人员,快速联动处置,全程定位跟踪,提高了处理拥堵的效率,加快了异常情况的发现和处置速度,一定程度上减少了二次事故的发生。

当然,实践中发现事件检测的发现率和准确率受现场环境和视频条件等客观影响较大。目前全国的事件检测系统均处于探索阶段,而事件检测系统建设成本较高也是难以进行大规模推广应用的一个制约因素。

第四节 恶劣气候条件下高速公路交通事故的原因和交通管理措施

一、冰雪、雨、雾等特殊天气是引发交通事故的主要原因

交通事故,是指车辆在道路上行驶过程中,发生碰撞、碾压、刮蹭、倾覆、坠车、爆炸、失火等,造成人员和牲畜伤亡、车辆损坏等。

高速公路交通事故的主要原因首先是交通环境的原因,其次是驾驶人的原因,再次是车辆原因,它们占了整个交通事故总数的94.4%。

表9-1是2019年广东省高速公路交通事故中驾驶人原因导致的统计表。表中数据表明,超速行驶,尤其在雨、雾等特殊天气下超速行驶是驾驶人原因中的首要因素,占事故总数的51.7%,远大于其他原因。

2019年广东省高速公路交通驾驶人原因统计 表9-1

序号	驾驶人原因	占比(%)	序号	驾驶人原因	占比(%)
1	违章掉头	5.4	3	疲劳驾驶	10.8
2	违章行车	14.4			

特殊天气引发高速公路交通事故的主要原因有两个方面:一是主观上的原因。如有的驾驶人不注意高速公路可变信息标志和标志牌的限速预告,没有及时减速行驶;驾驶人只凭感觉估计车速,而与实际车速相差过大,造成超速行驶;个别驾驶人守规意识差,不严格遵守限速规定。二是客观原因。如雪、雨、雾天能见度差,影响驾驶人视线;道路湿滑,机动车的制动稳定性、转向操纵稳定性都变差;制动非安全区延长,车辆难以控制。在这种情况下,如果采取紧急制动、急转弯,势必造成车辆侧滑或跑偏,导致车辆相撞或倾覆引发交通事故。

二、恶劣天气安全行车的管理措施

根据国内外高速公路管理的经验,加强恶劣天气车辆行驶高速公路的管理

是减少道路交通事故发生的有效途径,这也是高速公路管理部门面临的必须解决的问题。现以雾天安全行车为例,建议采取以下管理措施:

1. 设立提示警告标志

在收费站入口的各车道设醒目的"前方雾大,减速行驶,保持车距"提示牌,让驾驶人在行车过程中提高警惕;在事故多发地段或多雾地段设置可变信息标志,使驾驶人知道车辆即将进入危险地段。

2. 开启广播

各收费站均配有广播,遇雾天,由当班班长(班长或票管员)开启广播,播放雾天行车的注意事项。比如"前方有雾,请开启防雾灯、示廓灯,放慢车速,保持车距"等简短提示注意事项。

3. 发放提示卡

凡遇雾天,车辆进入高速公路收费站取卡时,收费员同时向驾驶人发放一张雾天行车的提示卡,这不但在事前起到提示作用,同时也是安全宣传。

4. 加大巡逻密度

巡逻过程中,开启示警灯和喇叭,并通过车载喇叭喊话提示驾驶人注意安全。若遇浓雾区,在入雾区前靠港,闪灯、喊话提示驾驶人,使驾驶人提前降低车速安全进入雾区,低速行驶,因为在视线好时车速较快,突然进入雾区就可能紧急制动减速,这是最容易发生追尾事故的时候。

5. 限时控制放行车辆

能见度在 50~100m 之间时,收费站入口限时控制间断放车,一般 10~20 辆车放行一次,也可每隔 10min 左右放行一次,这样让驶入的车辆结队而行,车速自然也就放慢了。

6. 用执法巡逻车带出雾区

在能见度 50m 以下且雾区距离不长时,采取用执法巡逻车带队强行控制车速的办法,将车队带出雾区。如雾区过长,将暂时封闭高速公路,收费人员做好宣传解释工作。

7. 在特殊地段设置特殊标志

若路段特殊,比如有路障时,使用目前国内较先进的"移动标志车",将移动标志车设置在路障前方不少于150m的明显地方,同时开启闪烁标志和扩音器(警笛)。

8. 事故现场处置要快

雾天交通事故往往是连续追尾,这就要求路政、交警要快速反应,一旦遇到事故,路政、交警要以最快的速度赶到现场。现场清理一定要快,避免连续追尾事故的发生。到现场后,除了现场处理人员外,一定要派出1~2名现场执法人员向来车方向喊话,提醒驾驶人前方有事故发生,避免车辆碰撞,乱停乱放,堵塞道路,影响救援。

9. 入口控制

严禁车况差、灯光不齐且速度低于60km/h的车辆驶入高速公路,尽量减少道路的故障车辆,创造安全、畅通的道路行车条件。

10. 对"超限"车辆进行控制

凡遇雾天,在入口处一定要将"超宽、超高、超重"车控制在高速公路入口以外。这些车辆进入高速公路,因时速慢、占道宽,影响其他车辆的正常行驶,会引发安全事故,所以当这些车辆经批准放行后,要适当地安排巡逻车开道或护送,将其安全地送出高速公路。

11. 加强对驾驶人雾天行车的基本知识教育

部分驾驶经验不足的驾驶人对雾天行车应开启防雾灯这一基本要求不清楚,个别驾驶人还从来没有使用过防雾灯,无法开启,这是行车安全的一大隐患。为此,交通执法人员在收费站入口,用广播提醒驾驶人开启防雾灯,防患于未然。

12. 加强客运车辆驾驶人安全意识的教育

从有关部门获悉,成渝高速公路的客运车辆占车流量的25%左右,而从2017年、2018两年的典型追尾事故统计资料来看,客运车辆占追尾事故车辆的15.6%~23.2%,比例较大。因此,加强客运车辆驾驶人行驶高速公路安全知识的教育很有必要,这也是预防重特大交通事故的重要措施。

13. 增装防雾灯

目前,公安机关交通管理部门要求凡进入高速公路的车辆须增装防雾灯,这是一种加强雾天行车安全管理的有效办法。

第五节　高速公路救援工作的实施方法

一、救援的必要性

高速公路采用全封闭、全立交的管理方式,车辆在故障或事故发生时,客观上无法得到外界的帮助,易于引发事故而造成人员伤亡、道路堵塞。救援工作可迅速清障,及时抢救伤员及国家和人民财产,降低事故率,确保道路畅通。因此,救援工作是高速公路"高效、安全、畅通"宗旨的有力保障,是健全高速公路管理、维护路产路权、搞好高速公路管理工作的一项重要内容。

二、救援的任务

(1)为发生故障的车辆提供维修服务,帮助陷入困境的驾驶人摆脱困难。

(2)提供紧急服务:包括消防、救护、车辆牵引、起吊、供应燃油等,并协助现场事故处理。

(3)交通管制:事故发生后进行事故现场的交通管制,维持车辆的正常秩序,向过往车辆提供信息报告服务。

(4)人员救护:事故的发生常伴随着人员伤亡,应迅速运送伤员到最近的医院抢救。

三、救援方法与措施

(1)高速公路"救援系统"对确保道路的"安全、畅通、高效"有着举足轻重的作用,因此,应特别强调一体化管理,步调一致,行动迅速,形成全天候运转的紧急救援实体,并配备训练有素的救援人员和必要的设备、装备。

(2)救援人员进行救援工作时的要求。

①应对在高速公路上从事救援作业的人员进行专门的安全教育和救援作业操作规程的训练。

②进入高速公路的作业人员必须穿着安全标志服。

③救援人员不得随意走出救援作业区,不得将任何救援设备置于作业区外。

④救援人员应按作业要求设置好救援作业区,不得随意变更。

⑤救援完毕后,应将所有的交通引导、控制装置撤销,恢复正常的交通秩序。

(3)救援应遵循以下救援程序。

①救援人员到达事故现场后,首先应在事故现场摆放好有关标志,以避免其他车辆再次出现交通事故。

②将滞留人员撤离危险区并抢救伤员,同时防止有毒、有害、易燃、易爆物的侵害。

③抢救贵重物品及乘客财产。

④保护路产。

⑤生活保障:事故处理期间,事故现场工作人员应对事故当事人及其他有关人员提供饮食安排与服务。

(4)一般拖吊、清障时应采取的措施。

①由监控中心报警的拖吊,应先了解被拖吊车辆的吨位、车型情况,以决定出动拖吊车的大小、人员等。

②一般简易拖吊在抵达现场后,应先安排专人摆放好有关标志牌,移动作业时应有人持指挥旗(灯)疏导车流。对占用车道时间较长、装载复杂的拖带,应实行作业现场交通管制,管制方式可根据实际情况现场调整。

③对于小规模的清障,由于机动性较强,可于现场前方500m处开始设置第一级限速标志,200m后设置第二级限速标志,采用渠化隔离装置布设作业区或改道,于后方100m处设解除限速标志。

④排除易燃、易爆、有毒物品时,要采取防毒、防接触等必要措施,确保人身安全。

⑤清障完毕后,要清扫作业区,将残留物品清出现场,及时撤除有关标志。

(5)遇重大事故或大规模清障时,应采取交通管制。

高速公路救援时实行重大事故、大规模清障等交通管制。交通管制主要是通过设置标志(包括移动式灯光导向车、指向标志、限速标志、隔离装置、车道变化标志等),改变某一区段的交通流,引导车流安全通过,并保证人员安全。

第六节　高速公路交通安全总体对策与措施

道路交通系统是由道路使用者(包括驾驶人和行人)、车辆、道路(包括环境)三者共同组成的,它们是交通安全的三要素。因此,提出高速公路交通安全的总体对策就必须从人、车、路这三个方面进行综合的考虑。针对我国高速公路发展的实际情况,提出如下总体对策。

一、建立统一的管理体制

高速公路交通安全是整个社会系统管理的难题,它需要社会各个行业、部门及其相关的人员共同遵守有关交通安全方面的法规。高速公路需要统一管理的体制,加大运营管理的力度。由于我国高速公路运营管理的体制不顺,影响了交通安全的协调和管理。针对高速公路运营管理的特点,必须建立收费管理、养护管理、路政管理、交通安全管理和服务一体的统一管理体制,以提高高速公路的管理效能。

高速公路管理水平是保证高速公路行车安全、舒适、快速、畅通的先决条件。高速公路的运营管理包括两方面:一是道路、桥梁及其附属设施,标志标线等安全设施,交通监控、通信、照明、计算机收费等路产设施的维护管理;二是高速公路管理手段及配套的管理法规、规章制度和管理措施。我国在高速公路管理方面,虽然借鉴了国外高速公路交通管理的理论、经验,但在实际管理中经验不足,管理力度不够、管理体制不顺,主要存在以下问题:

(1)目前交通运输主管部门与公安机关交通管理部门管理分属不同,公安机关交通管理部门了解的交通信息,特别是道路交通安全方面信息不能及时反馈,造成对交通安全设施、道路交通设施损失不能及时抢修,拖延了交通疏导时机,埋下了交通事故发生的隐患。

(2)高速公路的管理法规尚未健全,特别是对高速公路行车知识的宣传不够广泛。交通监控系统没有发挥作用,交通管理的手段相对滞后。

(3)对高速公路的养护、维修不及时,施工现场交通安全的监督管理不严。不按交通运输部有关养护施工现场交通管制规定设置安全标志和设施。

(4)高速公路交通安全标志、标线不完善,不能及时在交通事故频发地段增设警示标志、限速标志;在特殊路段、恶劣气候条件下坑洼、积水路面缺少临时性警示标志;中央分隔带防眩设施不齐,夜晚驾驶受到眩光影响。

二、培养管理人才、建立交通控制系统

高速公路管理是一门系统性、综合性较强的科学,它与一般公路管理的观

念、理论、方式有许多不同之处,需要高素质、高技能的管理人才,以适应现代化管理的需要。高速公路建立了先进完善的现代化设施,其中交通控制系统是高速公路交通管理的重要手段,它适应高速公路路况交通巡逻、监视、疏通、通信的需要。在恶劣气候变化及道路阻塞情况下,及时通过交通监控系统的诱导标志的信息,引导驾驶人安全驾驶,疏导交通,具有极其重要的作用。

(1)建立、健全交通情报系统,增设可变信息标志,用来提示雨、雪、雾等天气的路况。

(2)增设雷达测速设备警告并处罚超速行驶行为。

(3)完善急救设施。与发达国家相比,我国高速公路交通事故较为严重。为减少事故发生时的人员伤亡和财产损失,保障交通畅通,应健全急救设施,高速公路全线两侧均应按规定的间隔设置紧急电话。

三、规范设计、建设标准,完善养护安全保障措施

新建高速公路在规划、设计、建设各个阶段都应充分考虑交通安全这一因素,对之加以足够的重视,严格执行国家有关的公路工程标准、规范,这是保障高速公路行车安全的必要条件。由于各种原因,我国已建成的高速公路中,部分路段的一些指标未达到《公路工程技术标准》(JTG B01—2014)的要求,从而对交通安全构成了威胁。国内对沈大高速公路事故规律进行了研究,发现部分事故多发路段的道路纵坡较大且有些路段已接近极限纵坡,但未设置爬坡车道;几处立体交叉匝道的超高横坡未达到技术标准,经常在这些匝道上发生倾翻、撞击固定物及坠车等交通事故,整条公路上、下行车道抗滑能力均低于养护标准,这进一步说明了严格执行标准的必要性。

技术标准的制定和选用对安全有重要的影响。中华人民共和国成立以来,先后多次编制和修订《公路工程技术标准》,其趋势是采用的技术指标逐渐提高。例如:最新版本的《公路工程技术标准》(JTG B01—2014),与编号为JTJ 01—88的旧标准相比,在路线的设计上,过去的标准主要考虑汽车运动学和力学上的要求,即保证汽车行驶的安全和顺适,而新标准则更多考虑了道路的使用主体——人(主要指驾驶人)对公路线形的视觉和心理上的要求。2014年版《公路工程技术标准》规定:"线形设计……应考虑车辆行驶的安全舒适性以及驾驶人员的视觉和心理反应,引导驾驶人员的视线"。经过近几年的使用,各省(自

治区、直辖市)一致认为原 JTJ 01—88 中对高速公路和一级公路的路肩规定过窄,经过调查研究和专家讨论,2014 年版《公路工程技术标准》对公路路肩进行了较大的修改,提高了硬路肩的宽度。

专家们在研究中发现,技术标准的制定越来越强调人的自然性。即承认人与自动化调节的机器不同,没有绝对可靠的程序化的反应系统,人是会犯错误的。对驾驶人而言,需要直观地根据眼前出现的各种复杂情况迅速做出判断,其神经处于高度紧张状态,可能会犯错误、出事故。因此,各国现行的标准都充分考虑了这样的情况:驾驶人因失误而导致肇事,如何通过改进设计最大限度地使后果减至最小。新型护栏的运用、易折柱的使用、路缘带的设置等其实都是基于这种思想的指导。

解决交通安全问题需要从各个方面综合治理,应加强对高速公路使用者,尤其是高速公路行车驾驶人的安全教育,提高交通法规意识,提高车辆安全性能,保障车辆行驶安全,提高高速公路管理服务水平,加强管理力度,完善安全设施和行车条件等都是重要的环节。

附录

附录一　美国高速公路管理概况及体会

一、概述

为加强高速公路管理,学习国外高速公路管理的先进经验,广东省交通运输系统组织高速公路运营培训小组(共6人)赴美国培训考察。培训地点在美国新泽西州理工学院,历时45天,培训内容包括:

一是面授。主要课程有美国交通工程概况、美国公路网、美国运输规划、运输统计资料分析、高速公路通行能力、高速公路融资和债券等公路运输管理。结合高速公路运营管理实际分析课程有开放式与封闭式收费系统和电子收费系统实例、收费公路运输管理设施及高速公路紧急电话系统、收费公路组织机构、收费公路规划、收费公路养护维修、收费公路、交通安全及警察职能、交通事故统计分析和资料管理系统等。

二是参观新泽西州交通厅、新泽西州运输规划委员会、新泽西州高速公路收费管理委员会、新泽西州 TURNP IKE 收费公路委员会和 TRANSCOM 委员会,以及采用电子不停车收费系统 E-ZPASS 的 TAPPAN ZEE 大桥、纽约电子不停车收费系统研制等单位。

二、美国的公路运输管理

美国高速公路作为道路运输的主要载体,在国家经济发展过程中起到重要作用。公路运输快速、灵活、安全,并与其他运输方式连接方便,覆盖面广。1996年,美国运输业产值占国内生产总值的11%,其中高速公路作为公路运输的主要方式,其产值占国内生产总值的2%。高速公路已覆盖国土的80%,形成四通八达的公路网络。美国是一个典型的立法、司法、行政分立的联邦制国家,在交通运输行政方面,联邦运输部、各州政府有运输厅,地方政府中也有相应的交通运输主管部门。

1.联邦运输部及公路管理机构

联邦运输部成立于1967年,是主管美国各种运输事务的最高行政机构,主要由联邦公路管理局、公共运输管理局、海运管理局、交通运输统计局等10多个部门组成。联邦运输部的主要职能是通过各业务局、办公室实现的,主要任务是为美国公众提供快速、高效的交通运输服务,近期的战略主要是增进交通安全性,提高运输效率。

美国联邦公路局(FHA)是主管全美公路规划、建设、养护、运营以及汽车运输的职能部门。其主要是按照各个不同的时期由国会批准的法案,对州际高速公路、国家公路交通的建设活动进行资助与管理。其主要任务是通过积极的引导,服务和创造高效的交通运输系统。

美国运输部负责公路交通安全技术、政策等方面工作,设有联邦公路交通安全管理局。其主要职能是:制订、完善公路交通安全的法令、法规;实施专项公路交通安全行动计划;全面负责公路(包括高速公路)交通安全管理。在正常情况下,交通警察不能在道路上拦车检查。高速公路运营收费管理中,警察还受雇于收费公路管理部门(如新泽西收费高速公路管理委员会)。管理委员会每年要支付警察工资、福利、办公费用等,并为其配备相应的车辆、通信工具等,双方签订合同确立权利、义务,警察执法完全服从、服务于高速公路运营管理的要求。

2.州运输厅的公路管理机构

美国50个州及各地政府是高速公路建设、运营的主要管理部门,具体职能由相应的同级运输部门行使。州运输厅不仅负责州际高速公路建设运营,而且全面负责州内其他干线公路建设及运营管理。由于各州的情况不同,相应的运输管理机构设置有所不同,高速公路及运营管理中,各州运输厅设有公关办公室、法律顾问办公室,对公路项目规划、建设、运营管理。跨区域的高速公路一般要按行政、地理区划进行管理,在各区设立办事处,对高速公路建设、运营中养护及交通安全等进行全面管理。

公路经过30多年的持续建设与发展,到20世纪80年代末,美国州际高速公路系统基本建成,到1997年该系统总里程达到7.46万km,占全美公路总里程的1.2%,承担着22.8%的交通周转量,并连接了主要的工业区、旅游区及其他的交通枢纽。这些高速公路干线与其他一般公路构成了长达680万km的公路网络。

3. 公路运输系统

美国的公路运输系统可分为,联邦公路里程 30 万 km;州际公路里程 19 万 km;地方公路里程 464.60 万 km,其他集散专用公路约 160 万 km。按道路的种类划分,干线公路(包括州际公路系统)65.30 万 km;集散道路 130 万 km;地方道路 464.60 万 km。这些公路中,联邦资助的州际公路里程 7.2 万 km;主要公路里程 41.70 万 km;城市公路 23.70 万 km;次要公路 64.40 万 km。其中,干线公路和集散道路系统占道路总里程的 31%,负担着机动车总周转量的 6%;州际公路虽占道路总里程的 1.2%,负担着总周转量的 22.8%;地方道路占总里程的 69%,负担总周转量的 14%;城市道路占总里程的 18%,却负担着总周转量的 59%。在道路管理方面,美国绝大部分的道路由州政府及地方政府管理,其里程占道路总里程的 94%;联邦政府管理的里程只有 36.4 万 km,占道路总里程的 6%,其中包括国家森林中道路、国家公园内道路。

4. 公路建设资金来源

美国的公路建设资金来源于公路使用税、财产税、发行公债、财政补贴及过路(桥)费。美国是世界上由道路使用者负担道路建设资金最多的国家,联邦政府的道路建设财源来自道路信托基金。基金的 78% 来自民间汽车燃料税收,其余来自重车的道路使用税和轮胎税。根据联邦政府报告,道路基金主要投向两个方面:一是维持全部干线道路状态需要,二是改造建设干线公路和桥梁的需要。

5. 收费公路

随着汽车、交通的日益发展,从 1956 年起,美国先后在佐治亚、宾夕法尼亚、新泽西、堪萨斯等州修建了 4000km 较高等级的收费公路,并于同年颁布了《联邦补助道路条例》,规定凡是收费公路,必须并入州际公路网,方可享受联邦政府的经费补助。目前美国的收费公路 1 万余千米,全国 38 个州设有收费站,另 12 个州未设收费站。美国号称"轮子上的国家",高速公路四通八达,连接全国各地,作用远超过铁路。东海岸地区纽约、新泽西、马里兰等州的高速公路收费站较多,西海岸以及中部、南部许多地区很少有收费公路。美国收费最多的是 95 号州际公路,这条南北向的高速公路从最南边的佛罗里达一直通往最北边的缅因州。这条公路沿线的收费站是全美国最多的,举例来说,从首都华盛顿沿 95

号公路北上到纽约的曼哈顿,370km 的路程,沿途至少经过 5 个收费站,小汽车收费在 45~55 美元之间。美国收费公路的特点是:等级高、里程少,管理和服务水平高,已形成了一整套有关建设、管理、经营收费公路的法规和制度。因而收费公路的作用日益增大,效益高,促进了公路交通的发展。

收费公路所以能在美国兴盛,主要的原因是:

第一,利用民间资金加速公路事业的建设发展。面对公路建设发展与资金相对短缺的问题,采取了设法调动社会力量,利用民间资金发展公路事业的方法。由于收费公路主要靠贷款和发行债券,可以不受国家预算的约束去实施,从而加快了公路建设的发展。

第二,可加快工程进度,尽快取得效益。由于收费公路通过收取的通行费按时还贷本息,因此,筹集资金比较容易,促使收费公路建设单位的经济责任感,以便尽快建成通车,尽快受益。

第三,有利于改善、提高管理和服务质量,提高道路使用率。美国收费公路运营服务设施和服务水平,都明显高于一般的免费公路,具有较完善、齐全的服务区和配套服务设施,包括停车场、餐饮、应急服务等。收费公路较高的服务水平也是吸引道路使用者、提高利用率的因素。

第四,美国的收费公路具有养护及时、管理严格、服务周到、安全设施较齐备、监控通信设备较完善,以及完善的交通抢救应急措施等特点。所以,收费公路不但可以减少交通阻塞,还能保证较高的车辆行驶安全性和较低的交通事故发生率。美国收费公路的每公里人身伤亡事故率仅为不收费公路的 6.5%。

三、高速公路运营管理机构

美国公路网络相当发达,全国共有 680 多万千米的公路,其中州际公路占 20%,约 130 万 km。美国的州际高速公路与国家公路网是由联邦各州公路局负责规划、设计和施工,由各州负责对高速公路进行管理、养护,属地方区域的管理体制。高速公路养护管理方面,各州按地域划分,由各类技术人员及各大、中、小型结合的成套机械设备组成养护组织,它除了对所辖路段的常规养护、路面检查,同时兼管养护计划、技术、财务等项工作。

高速公路交通安全方面,各州通过公路警察行使道路交通安全管理职能,由联邦有关部门立法、各州公路警察执法、法庭和监察部门司法。各州制定《公路安全计划管理程序》,各有关部门协作完成公路管理工作。

1. 收费高速公路管理机构

美国高速公路在20世纪80年代末出现了使用过度的现象,尤其是20世纪60年代州际高速公路系统建设高峰期修筑的高速公路,已达到设计使用寿命,有的还超期使用,无论是联邦政府,还是州政府,均不能加税征收更多资金用于此部分公路的正常维护与建设。因此,在交通繁忙地区修建收费高速公路的观念逐步得到公众的认可。此外,由于电子技术发展,收费方式也发生了革命性的变化,收费效率大大提高,收费成本大幅度降低。美国收费高速公路得以发展的第三个原因在于,人们对公用基础设施建设、管理方式认识的转变。其中,收费高速公路被认为是私人企业可以投资获利的主要领域之一。这种公共部门与私人企业共同经营收费高速公路之做法,使美国高速公路短期内获得了较快的发展。目前,美国共有收费高速公路超1万km,其中7500km属于国家公路系统(包括2800km州际高速公路)。

2. 交通管理中心

目前,美国高速公路管理中开始大量采用电子信息技术对道路交通状况进行实时监控,地方交通部门一般都有交通管理中心对高速公路运营进行管理。就培训小组访问的纽约交通管理中心来看,其拥有先进的通信及计算机设备的中央控制室,不仅可以全面监控、记录数百千米以外的交通繁忙路段、交叉路口的车流状况,随时对突发情况(交通事故等)作出反应,而且当地警察机构多与这些交通管理中心合署办公(有些地区交通警察曾归属交通部门管理),设备联网,高速公路上的事故可以得到迅速处理,避免了交通阻塞和连续事故的发生。此外,美国东北部6个州(马萨诸塞州、新泽西州、特拉华州、纽约州、宾夕法尼亚州、马里兰州)12个高速公路管理部门及经营单位共同研究开发的电子收费技术(E-Zpass),为该地区高速公路(尤其是收费高速公路)运营效率的提高,起到了巨大的推动作用。

3. 交通管理协调委员会(TRANSCOM)

该机构是纽约新泽西州等大都会地区(城市群及城市带)15个交通运输及公共安全机构组成的一个联合体。它成立于1986年,主要目的是为该地区交通运输管理提供一个合作、协调的途径。

交通管理协调委员会主要服务方式有以下几种:一是利用先进的通信监控

手段,通过 100 个机构及成员单位收集、传播实时的交通事故或道路建设(影响交通)信息,为广大高速公路设施使用者提供优质服务;二是建立该地区高速公路改建、扩建工程项目计划数据库,为成员单位合理安排有关工程项目,避免相邻或相连路段因施工而影响其他路段交通顺畅;三是在联邦基金资助下,通过技术开发计划,改进高速公路交通信息发送质量、电子收费系统技术及智能运输系统技术,确保成员单位之间的设备相互衔接、兼容,最大限度地提高该地区客户的交通运输机动性。事实上,交通管理协调委员会目前已成为美国跨地区智能运输技术应用的一个典范,而且也得到国际桥梁、隧道及收费高速公路协会、交通运输工程师协会的奖励。

交通管理协调委员会的日常运作经费,由 15 个成员机构及联邦公路局共同承担,其组织机构主要是各成员单位行政长官或总经理组成的一个董事会,下设管理委员会、交通运输信息中心、信息与通信系统管理部门等。

四、高速公路运营管理

1.运营管理方面

高速公路运营管理包括收费管理、道路养护、交通管理、服务区设施的改善、绿化、道路情报信息提供等。以新泽西州 TURNPIKE 收费高速公路运营状况为例。新泽西州 TURNPIKE 收费公路委员会负责管理从新泽西州哈肯萨到迪沃特全长 236.8km,该路共有 28 座立交、13 个服务区、33 个沿线汽车维修厂(其中大型的 4 个),TURNPIKE 委员会实行总经理负责制,管理 10 个职能部门,由运营部、养护部、收费部三个部门负责管理运营;服务部门为工程部、规划部、行政部、计财部、信息管理部、材料采购部等。该机构共有员工 1980 多人,其中收费部门 941 人,收费员占 500 多人;养护部门 540 多人,负责高速公路沿线的公路设施养护、机械设施养护、绿化、监控和通信设施的维护等。该路 1996 年交通量为 1.9 亿辆,通行费收入 3.36 亿美元,用于运营管理的费用 1.63 亿美元,每年运营开支占总收费额的 37%。可见,美国高速公路运营管理的开支经费较大。

从培训小组访问的新泽西收费高速公路管理委员会情况来看,其管理机构设置非常讲求实效,它成立于 1951 年,目前主要经营管理着 238km 的收费高速公路(双向六车道,部分路段八车道或十二车道),其间共设有 9 个养护工区,拥有 945 台养护车辆(其中货车 478 台,清扫冰雪车 392 台)。2017 年雇员名额

1702人,其中收费人员525人,养护人员842人。此外,指定雇佣州警察218人,提供州警用车170台。2018年度,警察费用预算1996.75万美元,占当年经营费用的11.2%。交警大队分三个管理所,向管理委员会负责高速公路的交通安全,其中经营收费桥梁、收费隧道是其重要的业务内容。

2.交通管理方面

新泽西州TURNPIKE高速公路管理部门,在交通管理方面对日益增加的交通量所造成公路在高峰时期繁忙、拥挤的现象后,采取了许多措施。自2001年11月开始,TURNPIKE委员会采用多乘客车道(HOV)形式,在高速公路第11~14座立交之间23.5km的路段,实行高载量和乘车交通车道的方式,要求每辆车至少乘3人才可以在规定的时间内行驶多乘客车道。多乘客交通方式,是在人均拥有车辆数增长的情况下,促使人们在道路条件受到限制下,增加客流量的最好方式。

3.科技应用方面

在新技术应用方面,美国纽约州早在1997年底就逐步推广ETC系统。该系统是无线频率传输,无须停车,通过收费亭的车速限制为20~30km/h,采用储值IC卡的电子自动收费系统,它可以有效地提升车道通行能力,缩短收费时间,减少收费广场车辆阻塞,降低运营成本,节省人力,同时减少现金的处理事务。

美国在20世纪80年代末开展了智慧型车辆与高速公路系统的研究,发展迅速。智慧型车辆与高速公路系统包括5个方面的内容:先进的交通管理系统、先进的旅游信息系统、先进的公众运输系统、先进的车辆运输系统及大型车辆运行系统。发展该系统的目标,不仅在于减少交通阻塞,增加高速公路通行能力,降低空气污染和机动车辆噪声,提高服务水平,更重要的是提供了交通资讯信息,从而改善高速公路交通运输环境,使车辆在高速公路上安全、快速、畅通、舒适地运行。

五、体会

联想到我国部分省(自治区、直辖市)高速公路管理实际,高速公路建设的时间相对国外来说短得多,尽管近年来对高速公路管理上进行尝试性的探索,仍存在一些较为突出的问题。

1. 管理体制不顺

由于交通与公安两个部门之间不协调，交通拯救方面分工不明，产生不少矛盾，同时使高速公路运营效益受到影响。美国高速公路管理的法规在公路管理与警察执法职责有相当明确的条文，不会产生相互推诿的现象。

2. 管理力度不够

高速公路运营管理存在"重建轻管、养"的现象，在人力、财力上投入的力度不够，配套服务设施不足。我国高速公路是收费公路，应该学习美国收费公路的经验，以完善齐备的服务设施，以较高的服务水平管理收费公路，提高服务水平，加大收费管理和道路养护管理的力度，同时加强路政、监控、服务经营方面的管理。加强高速公路管理的立法，健全高速公路管理体制，重视培养管理人才、提高管理队伍素质和提高服务水平。

3. 健全管理法规

高速公路运营管理，应在全国范围内制定统一的法规，建立健全管理体制，加强依法治路条件的建设，对高速公路实行法制化、规范化、科学化、系统化管理。高速公路在管理上有其本身特定的规律，必须针对高速公路管理的特点制定系列法规，特别是高速公路运营管理，应该有法可依。目前，我国各省（自治区、直辖市）高速公路在依法管理、依法治理上只是套用一些相关的法律、法规和政策，缺乏适用性，给高速公路运营管理造成许多不便。因此，尽快制定健全的高速公路管理法规已刻不容缓。结合实际制定与现行管理相匹配的实施政策，在运营管理方面加强法制化、规范化、科学化、系统化管理。

健全法律和严格依法办事是高速公路规范管理的基础，应当健全高速公路管理法律法规体系，增强管理部门和公众的法律意识。我国高速公路的法制建设滞后于高速公路的设施建设，有关高速公路管理的法律还未制定，《中华人民共和国公路法》的一些规定过于原则，缺乏可操作性，而交通法规与公路法规的一些规定又不一致甚至相互抵触，造成公安部门、交通部门在高速公路交通安全管理上权责关系不清。一些涉及高速公路管理的部门与使用者、利用者的法律意识不够强等，已经成为影响高速公路发展的不可忽视的问题。因此，应当加强高速公路法制建设，完善高速公路管理的法律法规，对现行法律、法规中不适应高速公路管理实际的条文及时进行修改，同时要加强高速公路管理法律法规的宣传教育，增强管理者、使用者的法律意识，推进高速公路依法管理。

附录二 相关政策依据

一、《公路安全保护条例》(国务院令第 593 号)

第二十七条 进行下列涉路施工活动,建设单位应当向公路管理机构提出申请:

(一)因修建铁路、机场、供电、水利、通信等建设工程需要占用、挖掘公路、公路用地或者使公路改线;

(二)跨越、穿越公路修建桥梁、渡槽或者架设、埋设管道、电缆等设施;

(三)在公路用地范围内架设、埋设管道、电缆等设施;

(四)利用公路桥梁、公路隧道、涵洞铺设电缆等设施;

(五)利用跨越公路的设施悬挂非公路标志;

(六)在公路上增设或者改造平面交叉道口;

(七)在公路建筑控制区内埋设管道、电缆等设施。

第二十八条 申请进行涉路施工活动的建设单位应当向公路管理机构提交下列材料:

(一)符合有关技术标准、规范要求的设计和施工方案;

(二)保障公路、公路附属设施质量和安全的技术评价报告;

(三)处置施工险情和意外事故的应急方案。

公路管理机构应当自受理申请之日起 20 日内作出许可或者不予许可的决定;影响交通安全的,应当征得公安机关交通管理部门的同意;涉及经营性公路的,应当征求公路经营企业的意见;不予许可的,公路管理机构应当书面通知申请人并说明理由。

第二十九条 建设单位应当按照许可的设计和施工方案进行施工作业,并落实保障公路、公路附属设施质量和安全的防护措施。

涉路施工完毕,公路管理机构应当对公路、公路附属设施是否达到规定的技术标准以及施工是否符合保障公路、公路附属设施质量和安全的要求进行验收;影响交通安全的,还应当经公安机关交通管理部门验收。

涉路工程设施的所有人、管理人应当加强维护和管理,确保工程设施不影响公路的完好、安全和畅通。

第五十一条 公路养护作业需要封闭公路的,或者占用半幅公路进行作业,作业路段长度在 2 公里以上,并且作业期限超过 30 日的,除紧急情况外,公路养护作业单位应当在作业开始之日前 5 日向社会公告,明确绕行路线,并在绕行处设置标志;不能绕行的,应当修建临时道路。

第六十条 违反本条例的规定,有下列行为之一的,由公路管理机构责令改正,可以处 3 万元以下的罚款:

……

(二)涉路工程设施影响公路完好、安全和畅通的。

第六十二条 违反本条例的规定,未经许可进行本条例第二十七条第一项至第五项规定的涉路施工活动的,由公路管理机构责令改正,可以处 3 万元以下的罚款;未经许可进行本条例第二十七条第六项规定的涉路施工活动的,由公路管理机构责令改正,处 5 万元以下的罚款。

二、《中华人民共和国道路交通安全法》(2014 年 4 月 29 日第十三届全国人民代表大会常务委员会第二十八次会议《关于修改〈中华人民共和国道路交通安全法〉第八部法律的决定》第三次修正)

第二十二条 机动车驾驶人应当遵守道路交通安全法律、法规的规定,按照操作规范安全驾驶、文明驾驶。

饮酒、服用国家管制的精神药品或者麻醉药品,或者患有妨碍安全驾驶机动车的疾病,或者过度疲劳影响安全驾驶的,不得驾驶机动车。

任何人不得强迫、指使、纵容驾驶人违反道路交通安全法律、法规和机动车安全驾驶要求驾驶机动车。

第二十八条 任何单位和个人不得擅自设置、移动、占用、损毁交通信号灯、交通标志、交通标线。

道路两侧及隔离带上种植的树木或者其他植物,设置的广告牌、管线等,应当与交通设施保持必要的距离,不得遮挡路灯、交通信号灯、交通标志,不得妨碍安全视距,不得影响通行。

第三十条 道路出现坍塌、坑槽、水毁、隆起等损毁或者交通信号灯、交通标志、交通标线等交通设施损毁、灭失的,道路、交通设施的养护部门或者管理部门应当设置警示标志并及时修复。

公安机关交通管理部门发现前款情形,危及交通安全,尚未设置警示标志的,应当及时采取安全措施,疏导交通,并通知道路、交通设施的养护部门或者管理部门。

第三十一条 未经许可,任何单位和个人不得占用道路从事非交通活动。

第三十二条 因工程建设需要占用、挖掘道路,或者跨越、穿越道路架设、增设管线设施,应当事先征得道路主管部门的同意;影响交通安全的,还应当征得公安机关交通管理部门的同意。

施工作业单位应当在经批准的路段和时间内施工作业,并在距离施工作业地点来车方向安全距离处设置明显的安全警示标志,采取防护措施;施工作业完毕,应当迅速清除道路上的障碍物,消除安全隐患,经道路主管部门和公安机关交通管理部门验收合格,符合通行要求后,方可恢复通行。

对未中断交通的施工作业道路,公安机关交通管理部门应当加强交通安全监督检查,维护道路交通秩序。

第四十二条 机动车上道路行驶,不得超过限速标志标明的最高时速。在没有限速标志的路段,应当保持安全车速。

夜间行驶或者在容易发生危险的路段行驶,以及遇有沙尘、冰雹、雨、雪、雾、结冰等气象条件时,应当降低行驶速度。

第五十二条 机动车在道路上发生故障,需要停车排除故障时,驾驶人应当立即开启危险报警闪光灯,将机动车移至不妨碍交通的地方停放;难以移动的,应当持续开启危险报警闪光灯,并在来车方向设置警告标志等措施扩大示警距离,必要时迅速报警。

第五十五条 高速公路、大中城市中心城区内的道路,禁止拖拉机通行。其他禁止拖拉机通行的道路,由省、自治区、直辖市人民政府根据当地实际情况规定。

在允许拖拉机通行的道路上,拖拉机可以从事货运,但是不得用于载人。

第六十七条 行人、非机动车、拖拉机、轮式专用机械车、铰接式客车、全挂拖斗车以及其他设计最高时速低于七十公里的机动车,不得进入高速公路。高速公路限速标志标明的最高时速不得超过一百二十公里。

第六十八条 机动车在高速公路上发生故障时,应当依照本法第五十二条的有关规定办理;但是,警告标志应当设置在故障车来车方向一百五十米以外,车上人员应当迅速转移到右侧路肩上或者应急车道内,并且迅速报警。

机动车在高速公路上发生故障或者交通事故,无法正常行驶的,应当由救援车、清障车拖曳、牵引。

第六十九条 任何单位、个人不得在高速公路上拦截检查行驶的车辆,公安机关的人民警察依法执行紧急公务除外。

第九十一条 饮酒后驾驶机动车的,处暂扣六个月机动车驾驶证,并处一千元以上二千元以下罚款。因饮酒后驾驶机动车被处罚,再次饮酒后驾驶机动车的,处十日以下拘留,并处一千元以上二千元以下罚款,吊销机动车驾驶证。

醉酒驾驶机动车的,由公安机关交通管理部门约束至酒醒,吊销机动车驾驶证,依法追究刑事责任;五年内不得重新取得机动车驾驶证。

饮酒后驾驶营运机动车的,处十五日拘留,并处五千元罚款,吊销机动车驾驶证,五年内不得重新取得机动车驾驶证。

醉酒驾驶营运机动车的,由公安机关交通管理部门约束至酒醒,吊销机动车驾驶证,依法追究刑事责任;十年内不得重新取得机动车驾驶证,重新取得机动车驾驶证后,不得驾驶营运机动车。

饮酒后或者醉酒驾驶机动车发生重大交通事故,构成犯罪的,依法追究刑事责任,并由公安机关交通管理部门吊销机动车驾驶证,终生不得重新取得机动车驾驶证。

第一百零四条 未经批准,擅自挖掘道路、占用道路施工或者从事其他影响道路交通安全活动的,由道路主管部门责令停止违法行为,并恢复原状,可以依法给予罚款;致使通行的人员、车辆及其他财产遭受损失的,依法承担赔偿责任。

有前款行为,影响道路交通安全活动的,公安机关交通管理部门可以责令停止违法行为,迅速恢复交通。

第一百零五条 道路施工作业或者道路出现损毁,未及时设置警示标志、未采取防护措施,或者应当设置交通信号灯、交通标志、交通标线而没有设置或者应当及时变更交通信号灯、交通标志、交通标线而没有及时变更,致使通行的人员、车辆及其他财产遭受损失的,负有相关职责的单位应当依法承担赔偿责任。

第一百零六条 在道路两侧及隔离带上种植树木、其他植物或者设置广告牌、管线等,遮挡路灯、交通信号灯、交通标志,妨碍安全视距的,由公安机关交通管理部门责令行为人排除妨碍;拒不执行的,处二百元以上二千元以下罚款,并强制排除妨碍,所需费用由行为人负担。

附录三 相关标准条款

一、《道路交通标志和标线 第3部分:道路交通标线》(GB 5768.3—2009)

4.11 道路出入口标线

4.11.1 道路出入口标线用于引导驶入或驶出车辆的运行轨迹,提供安全交汇,减少与突出缘石碰撞的可能,一般由出入口的纵向标线和三角地带标线组成。

4.11.2 出入口标线的颜色为白色,大样如附图3-1所示,应结合出入口的形式和具体线形进行设计布置。出入口标线设置示例如附图3-2、附图3-3所示,图中除指明仅表示行车方向的箭头外,其他导向箭头的尺寸、设置位置、设置间距、重复次数应符合4.15的规定。

单位为厘米

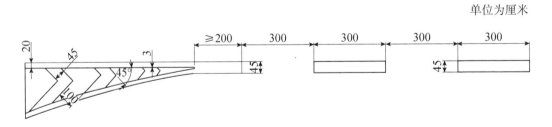

附图3-1 线18 出入口标线大样图

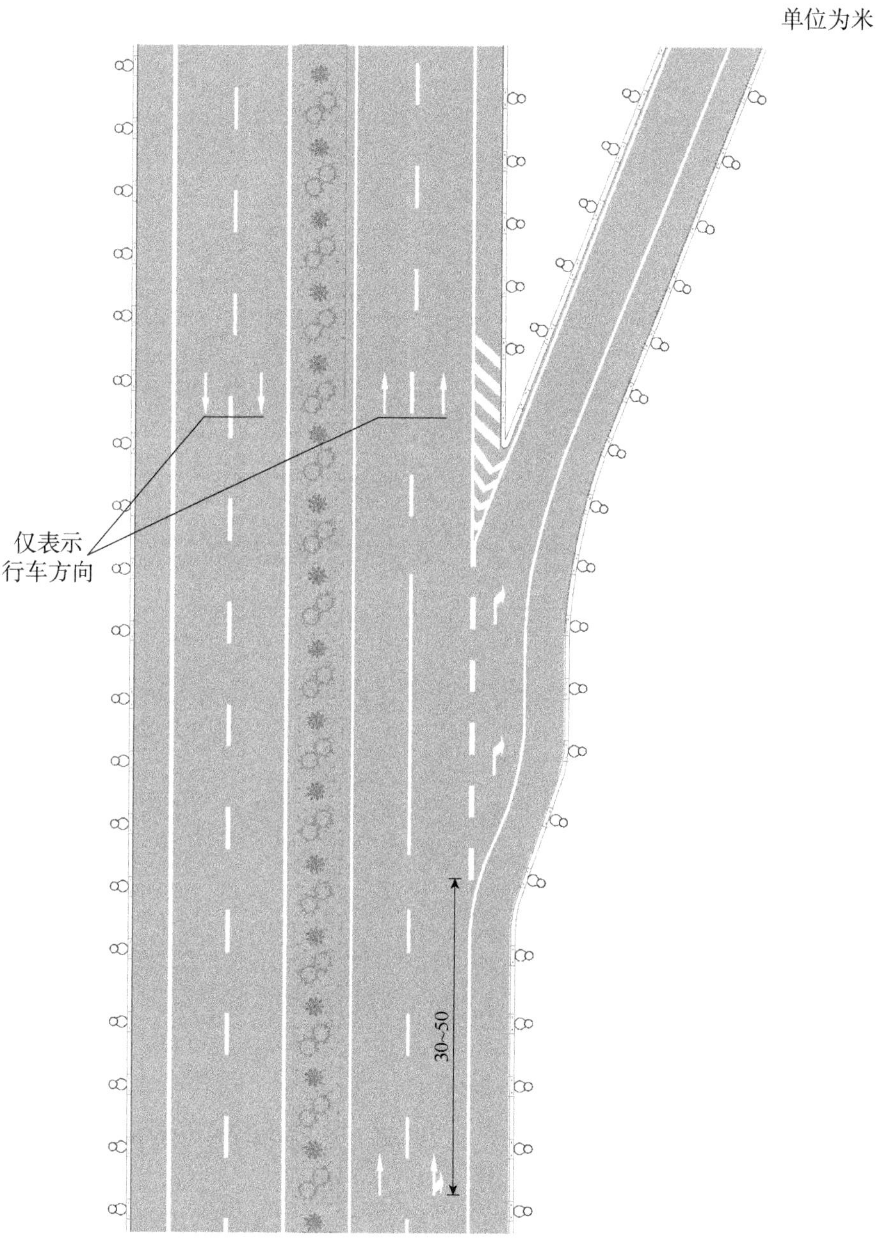

单位为米

仅表示
行车方向

30~50

附图 3-2　出口标线设置示例

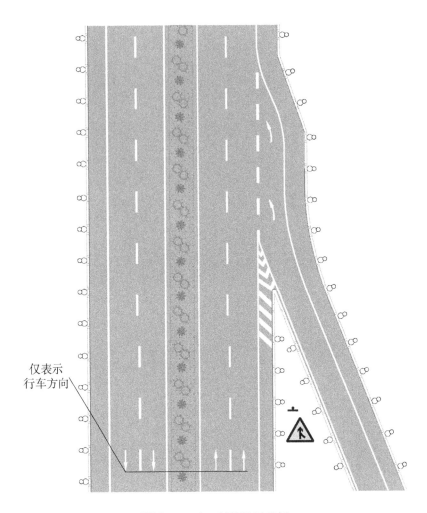

附图 3-3　入口标线设置示例

二、《道路交通标志和标志　第 4 部分：作业区》（GB 5768.4—2017）

5.1.8　注意交通引导人员标志

用以告示前方有交通引导人员指挥作业区路段的交通，设置于交通引导人员之前至少 100m 处（附图 3-4）。

附图 3-4　注意交通引导人员

5.1.9　出口关闭标志

用以表示高速公路或城市快速路的出口因作业关闭的情况,宜附着于关闭出口的 2km、1km、500m 出口预告标志和出口标志上,字高不低于 50cm(附图 3-5)。根据需要,可于关闭出口的前一个出口前增加设置,并以辅助标志说明关闭出口的名称或编号。

附图 3-5　出口关闭

5.1.10　出口标志

当作业区影响驾驶人对出口的判断时,用以指示出口,可根据需要设置。字高不低于 50cm(附图 3-6)。可以辅助标志说明出口的名称或编号。

附图 3-6　出口

应设置在路栏顶部,同时宜设置在渠化设施的顶部,也可同时设置在围绕工作区的其他设施上。设置间距不宜大于 20m,高度宜为 1.2m 且不应低于 1.0m。

6.12　作业区附近存在隧道、急弯、陡坡、铁路道口、视线不良等路段时,应根据实际情况增设相应的标志。

7 高速公路、一级公路作业区布置要求

7.1 一般规定

7.1.1 根据需要在警告区起点上游可增设一块作业区距离标志,其与警告区起点距离不宜超过1000m。

7.1.2 单向三车道及以上时,警告区内设置的作业区交通标志应同时设置于路肩外侧及中央分隔带上。

7.1.3 高速公路因作业关闭出口时,应在所关闭出口的出口标志和出口预告标志上附着设置出口关闭标志或遮蔽该出口原有的相关交通标志。作业区影响驾驶人对出口位置和开放情况的判断时,应在受影响的出口前方视线较好的位置设置出口标志。

7.2 单向三车道及以上公路因作业区封闭部分车道

7.2.1 同时封闭两条及以上车道时,宜在每条车道设置上游过渡区和下游过渡区,如附图3-7所示。

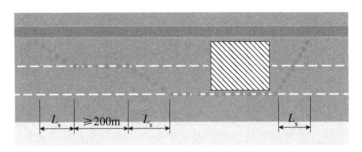

附图3-7 每条车道设置过渡区的示例

7.2.2 中间车道作业时,应符合以下规定:

a) 一般情况下应封闭作业车道及两侧车道中的一条;

b) 交通量大、封闭两条车道会发生严重拥堵的情况时,经交通工程论证后,可只封闭作业车道,但应在道路作业区上游设置前置缓冲区,如附图3-8所示。

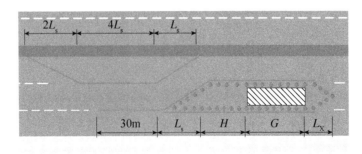

附图3-8 前置缓冲区设置示例

7.3 作业区借用对向车道

7.3.1 在借用的对向车道结束端应设置线形诱导标或可变箭头信号,指引车辆驶回原车道。

7.3.2 在被借用车道的开始端前设置对向缓冲区、对向过渡区和对向警告区,指引对向车辆注意避让,如附图3-9所示。

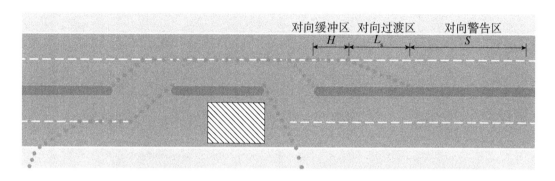

附图3-9 对向车道设置缓冲区和过渡区示例

7.4 因作业区道路封闭

7.4.1 在封闭路段两端应设置路栏。高速公路封闭路段的前一出口的主线处、进入封闭路段的入口匝道前均应设置路栏,路栏与主线或匝道宽度相同。

7.4.2 应在封闭路段前的交叉口或互通立交出口处设置橙色箭头,指引车辆离开;应在绕行路线沿线设置橙色箭头;在封闭路段后的交叉口或互通立交入口处设置橙色箭头,指引车辆驶回。

7.4.3 相关的"入口预告标志""出口预告标志""出口标志""出口地点方向标志"交叉口指路标志和绕行路线沿线指路标志上均应附着橙色箭头。

7.4.4 宜利用公路信息发布系统发布路段封闭信息。

7.5 作业区位于加速车道

7.5.1 加速车道上游主线路段应设置作业区距离标志,其距离汇流点不宜小于表2的规定。

7.5.2 匝道上应设置作业区距离标志,如果警告区的最小长度大于匝道长度,作业区距离标志应设置于匝道起点附近。

7.5.3 作业区的上游过渡区应延长至匝道内,并应在汇流点前适当位置设置停车/减速让行标志和标线。下游过渡区可不设置,渠化设施应设置至加速车道终点处。如附图 3-10 所示。

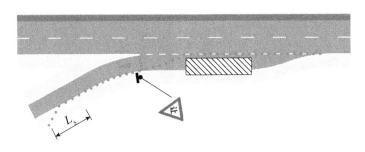

附图 3-10　加速车道上作业区过渡区布置示例

7.5.4　必要时可封闭汇流点附近部分相邻车道,如附图 3-11 所示。封闭相邻车道时,汇流点前可不设置停车/减速让行标志和标线。

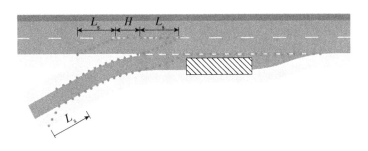

附图 3-11　加速车道作业区封闭相邻车道示例

7.6　作业区位于减速车道

7.6.1　作业区距离标志应设置在渐变段起点前。

7.6.2　作业区可能影响驾驶人对出口的判断时,应增设作业区出口标志。

7.6.3　上游过渡区应起始于渐变段的起点附近,可根据实际情况缩减上游过渡区和缓冲区的长度,如附图 3-12 所示。

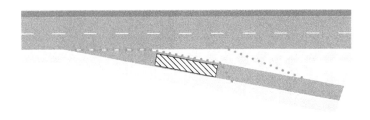

附图 3-12　减速车道上作业区过渡区布置示例

7.7 作业区位于匝道

7.7.1 作业区位于入口匝道时,如果警告区长度大于匝道长度,作业区距离标志宜设置于匝道起点附近。

7.7.2 作业区位于出口匝道时,主线渐变段起点附近应设置施工标志。

7.8 作业区位于加/减速车道相邻车道

7.8.1 作业区位于加速车道的相邻车道上时,主线和匝道上均应设置作业区距离标志。匝道上警告区长度按匝道设计速度选取,如果警告区长度大于匝道长度,作业区距离标志宜设置于匝道起点附近。上游过渡区应起始于鼻端前,如附图 3-13 所示。

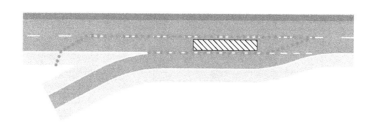

附图 3-13 加速车道相邻车道上作业区过渡区布置示例

7.8.2 作业区位于减速车道相邻的车道时,应设置渠化设施分离驶入匝道的交通流,设置长度不宜小于 300m,如附图 3-14 所示。上游过渡区设置的可变箭头信号或线形诱导标,应避免影响匝道上车辆。

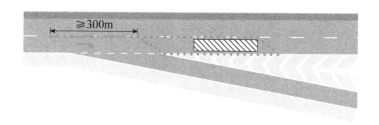

附图 3-14 减速车道相邻车道上作业区过渡区布置示例

车道作业区布置示例如附图 3-15~附图 3-24 所示。

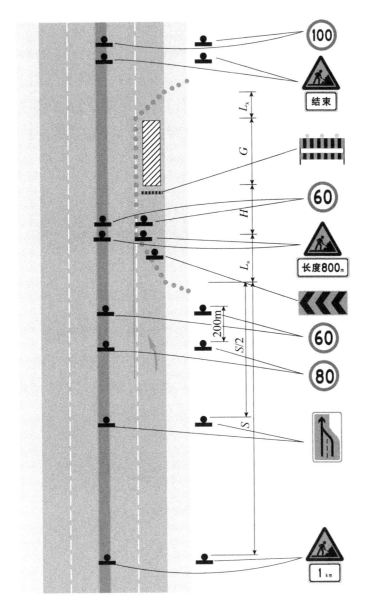

附图 3-15　四车道高速公路、一级公路封闭外侧车道作业区布置示例
注：以原限速为 100km/h 为例。

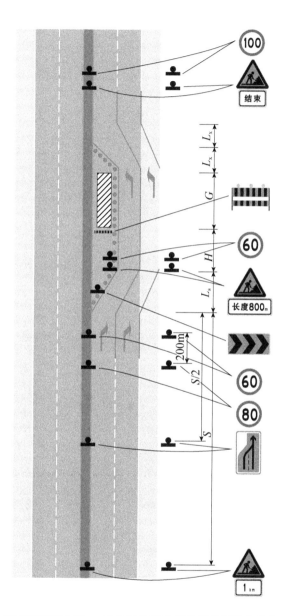

附图 3-16　四车道高速公路、一级公路封闭内侧车道借用路肩作业区布置示例
注：以原限速为 100km/h 为例。

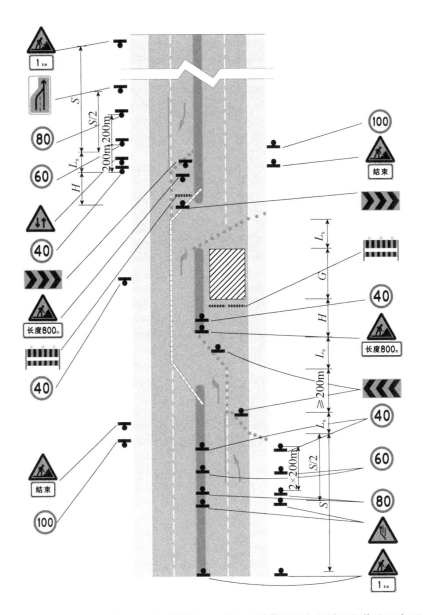

附图 3-17 四车道高速公路、一级公路封闭一个方向交通借用对向车道通行作业区布置示例
注：以原限速为 100km/h 为例。

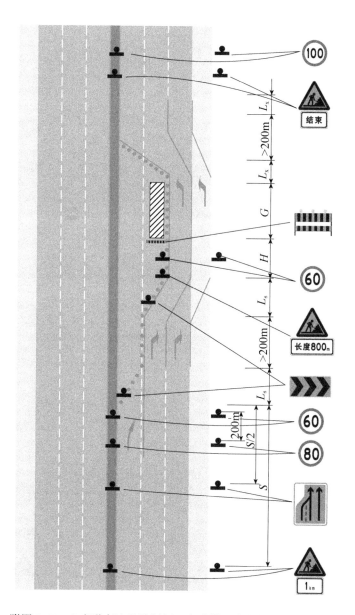

附图 3-18　六车道高速公路封闭两车道借用路肩作业区布置示例

注：以原限速为 100km/h 为例。

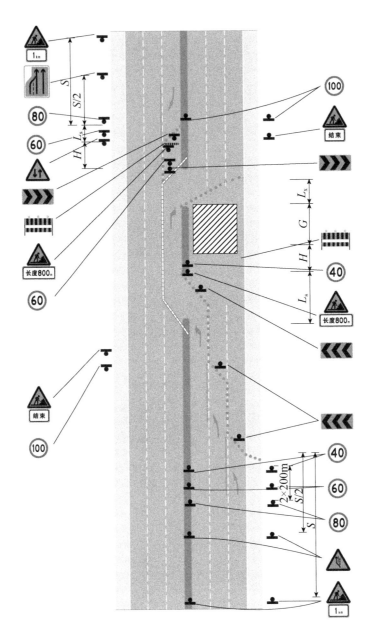

附图 3-19 六车道高速公路封闭一个方向作业借用对向一车道通行作业区布置示例

注：以原限速为 100km/h 为例。

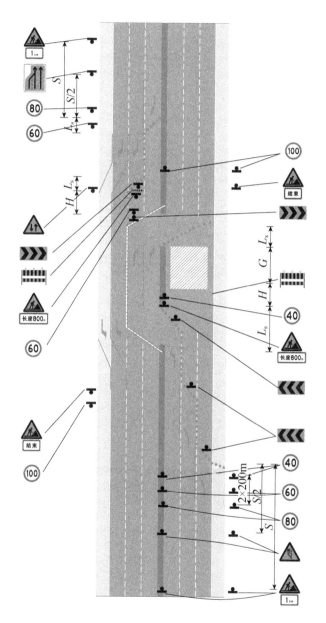

附图 3-20 六车道高速公路封闭一个方向作业借用对向两车道通行作业区布置示例

注：以原限速为 100km/h 为例。

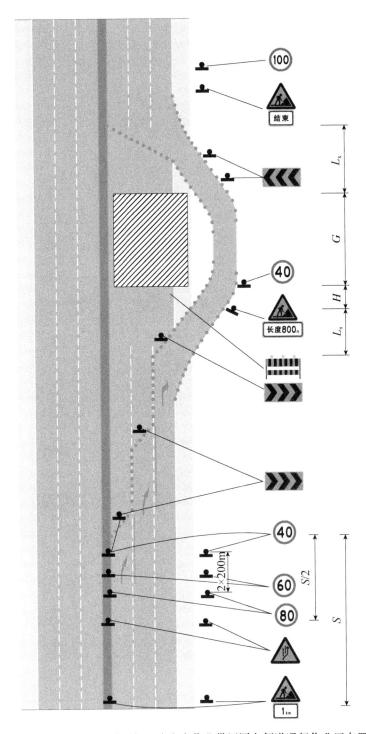

附图 3-21　六车道高速公路封闭一个方向作业借用同向便道通行作业区布置示例
注：以原限速为 100km/h 为例。

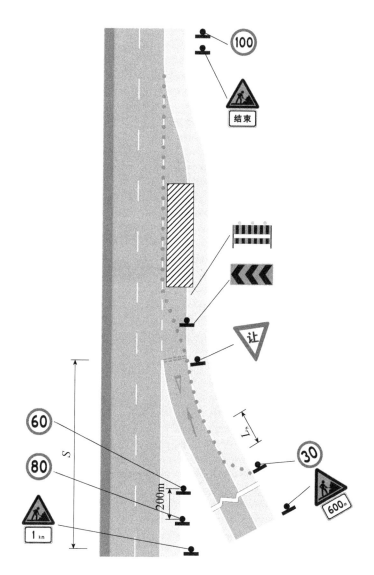

附图3-22　高速公路、一级公路入口加速车道作业区布置示例(一)

注：以原限速为100km/h为例。

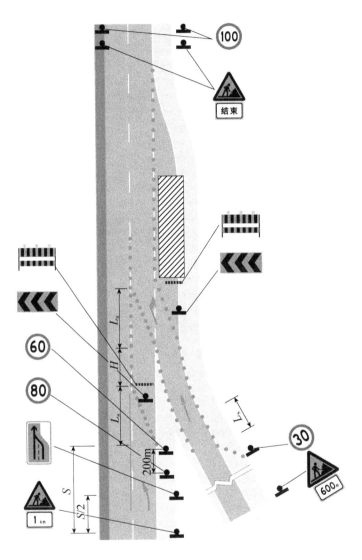

附图3-23　高速公路、一级公路入口加速车道作业区布置示例(二)

注：以原限速为100km/h为例。

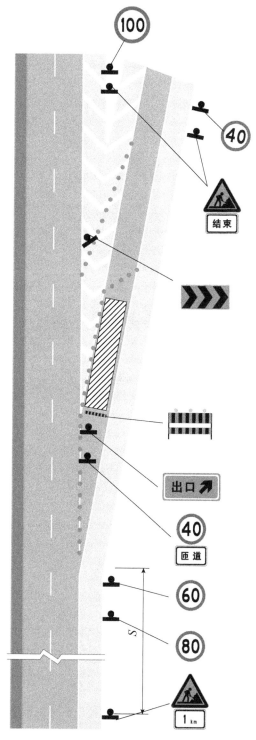

附图 3-24 高速公路出口减速车道作业区布置示例
注：以原限速为 100km/h 为例。

C.2.9 高速公路、一级公路出口匝道路段作业时,作业区布置示例如附图3-25所示,相邻车道作业区如附图3-26、附图3-27所示。

附图 3-25　高速公路、一级公路出口匝道路段作业区布置示例

a)应利用塑料注水(砂)隔离栏(或交通锥、交通桶、交通柱,有条件时可用活动护栏)将上游过渡区、缓冲区、工作区及下游过渡区围起。剩余车辆通道宽度应符合6.3的规定。

b)主线渐变段起点附近设置施工标志。

c)上游过渡区的起点前应设置作业区限速标志。

d)上游过渡区内,应根据车辆行驶方向设置线形诱导标或可变箭头信号。

e) 工作区前端设置路栏。

f) 终止区末端宜设置作业区结束标志。

g) 终止区末端应设置限速标志,限速值为该路段的原限速值。

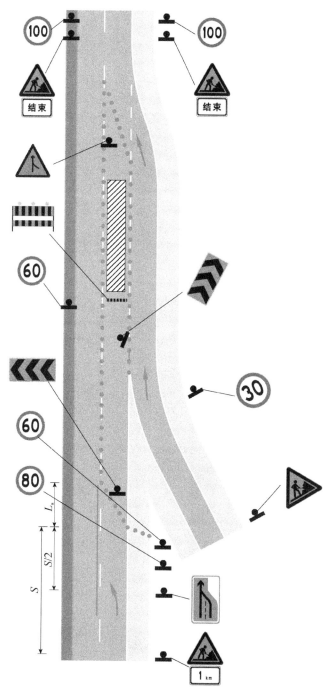

附图 3-26　高速公路、一级公路加速车道的相邻车道作业区布置示例

注:以主线原限速为 100km/h 为例。

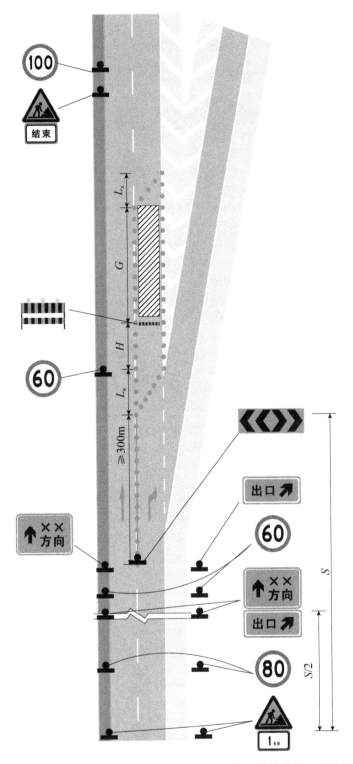

附图3-27 高速公路、一级公路减速车道的相邻车道作业区布置示例

注:以主线原限速为100km/h为例。

三、《道路交通标志和标线 第5部分:限制速度》(GB 5768.5—2017)

5 限制速度值确定

5.1 考虑道路功能、运行速度、道路环境以及历史事故等因素,参见附录A。

5.2 限制速度值以道路的设计速度值为基础,可以取设计速度值或低于设计速度值。在符合法律规定的前提下,限制速度值也可以提高10km/h~20km/h,但不高于120km/h。限制速度值比设计速度值高10km/h~20km/h的,应进行交通工程论证。

5.3 对限速区内部分代表断面进行观测或预测,确定第85%位速度,参见附录B。以第85%位速度值为基础,取其上下5km/h~10km/h范围内的值。选取代表断面时要避免信号灯控制交叉口的影响。

5.4 如果5.2和5.3的差值超过20km/h,则需进一步分析、观测或预测、调整。

5.5 道路上长大结构物,如跨海大桥、特长隧道、山区高墩特大桥等,限制速度值不宜高于设计速度值。

5.6 路域交通环境复杂,存在横向干扰的路段,限制速度值不宜高于设计速度值。

5.7 限制速度值是10km/h的整数倍。

5.8 当道路功能或环境发生较大变化时,宜对限制速度值进行评估,根据需要对限制速度值进行调整。

5.9 限速区最小长度参见附录C。

6 限速标志设置

6.1 限速标志宜设置在限速区起点。

6.2 在经过高速公路、作为干线的一级公路及城市快速路入口和平面交叉后或其他需要提醒驾驶人的地方可重复设置。

6.3 限制速度标志宜单独设置,除最低限速标志(GB 5768.2—2009的示16)或辅助标志外,限制速度标志柱上不宜附着其他标志。

6.4 如果需要对某一类车型的速度进行限制,应以辅助标志表示,不宜直接在标志面上附加图形或文字。示例见附图3-28。

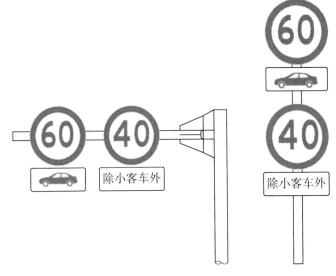

附图3-28　辅助标志表示不同车型的限制速度示例

6.5　同向3车道及以上道路宜在两侧同时设置限速标志,或在车道上方设置限速标志。限速标志的设置应考虑到车辆遮挡和视认角度等因素。

6.6　分车型限速标志示例见附图3-29。

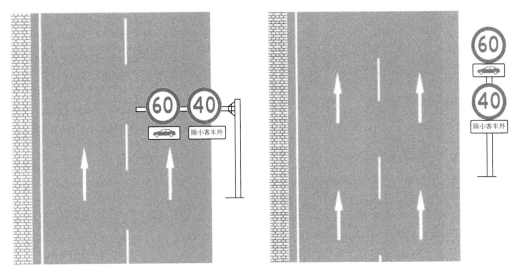

附图3-29　分车型限速标志示例

6.7　分车道限速,限速标志宜设置在车道正上方。示例见附图3-30。

6.8　分车道和分车型结合限速,限速标志和车道专用标志宜设置在车道正上方。示例见附图3-31。

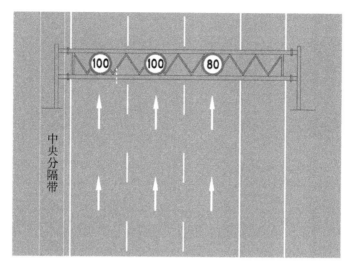

附图 3-30 分车道限速示例

6.9 限速区内部分路段可根据实际情况采取低于最高限速值的建议速度标志。低于最高限速值的建议速度标志不应和限速标志设置在同一位置或较近位置。

6.10 作业区限速标志设置见 GB 5768.4。

6.11 区域限制速度标志(GB 5768.2—2009 的禁 43)朝向进入区域的车辆,设置在进入限制速度区域前便于车辆观察到的适当位置。

6.12 区域限制速度解除标志(GB 5768.2—2009 的禁 44)朝向离开区域的车辆,便于驶离车辆观察。

6.13 高速公路和城市快速路的主线和匝道的限速差不宜超过 30km/h。如果长度允许,宜采取逐级限速方式。示例见附图 3-32。

7 可变限速标志设置

7.1 根据以下需要,条件许可时,可设置可变限速标志。

a) 天气变化,如雾、冰雪等;

b) 超载超限检测站预检后车辆引导;

c) 减缓交通拥堵的速度自适应控制。

7.2 可变限速标志显示的数字形式及颜色应符合 GB 5768.2—2009 关于限速标志和可变情报标志的要求。

7.3 可变限速标志显示时以可变限速标志为准。

7.4 不同天气条件下限制速度标志也可采用附图 3-33 所示限制速度标志

及附图 3-34 所示建议速度标志。

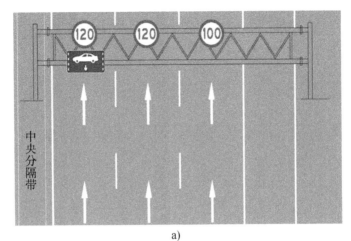

注：图中标志含义为左侧车道小客车专用并限速120km/h，中间车道限速120km/h，右侧车道限速100 km/h。

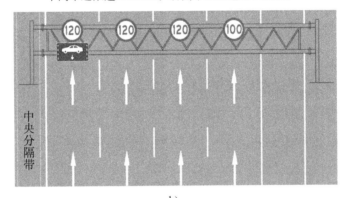

注：图中标志含义为左侧车道小客车专用并限速120km/h，中间2个车道限速120km/h，右侧车道限速100 km/h。

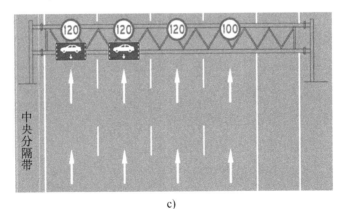

注：图中标志含义为左侧2个车道小客车专用并限速120km/h，中间靠右侧车道限速120km/h，右侧车道限速100 km/h。

附图 3-31　分车道和分车型结合限速示例

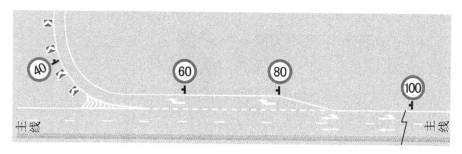

附图 3-32　高速公路和城市快速路的主线和匝道逐级限速示例

附图 3-33　路面结冰、雨雪天气限速标志示例

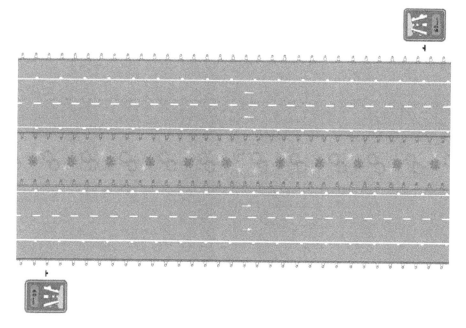

附图 3-34　高速公路和快速路上雾天建议速度标志和标线示例

8 路面限速标记设置

8.1 路面条件许可时,可根据需要在接近限制速度标志的路面上设置路面限速标记。

8.2 路面限速标记的限速值与限制速度标志的限速值应一致。

8.3 设置的路面限速标记应符合 GB 5768.3 的要求。

参 考 文 献

[1] 汪建江.公路执法务实[M].北京:人民交通出版社股份有限公司,2018.
[2] 《危险货物道路运输安全管理手册》编写组.危险货物道路运输安全管理手册[M].北京:人民交通出版社,2014.
[3] 王文武.交通执法管理手册[M].北京:人民交通出版社,2009.
[4] 王文武.交通执法现场勘察与信息化技术[M].北京:人民交通出版社,2005.
[5] 王文武.路政岗位[M].北京:人民交通出版社,2004.
[6] 王文武,李华.公路路政管理手册[M].2版.北京:人民交通出版社,2000.
[7] 王文武.高速公路路政管理学[M].广州:花城出版社,1997.
[8] 周文清.高速公路管理[M].北京:人民交通出版社,1997.
[9] 王亚军.高速公路行车指南[M].北京:机械工业出版社,1996.
[10] 中国道路交通安全协会.中国高速公路安全行车必读[M].北京:新华出版社,2001.